国家社科基金项目"基于全球生产网络构建的我国先进制造企业成长模式研究"
（13CYJ054）资助出版

我国制造企业
全球生产网络构建式成长研究

蒙丹　姚书杰　著

中国社会科学出版社

图书在版编目（CIP）数据

我国制造企业全球生产网络构建式成长研究/蒙丹，姚书杰著.—北京：中国社会科学出版社，2021.2
ISBN 978-7-5203-7866-6

Ⅰ.①我… Ⅱ.①蒙…②姚… Ⅲ.①制造工业—工业企业—全球化—生产体系—研究—中国 Ⅳ.①F426.4

中国版本图书馆 CIP 数据核字（2021）第 022832 号

出 版 人	赵剑英
责任编辑	刘晓红
责任校对	周晓东
责任印制	戴　宽

出　　版	中国社会科学出版社
社　　址	北京鼓楼西大街甲 158 号
邮　　编	100720
网　　址	http://www.csspw.cn
发 行 部	010-84083685
门 市 部	010-84029450
经　　销	新华书店及其他书店
印刷装订	北京君升印刷有限公司
版　　次	2021 年 2 月第 1 版
印　　次	2021 年 2 月第 1 次印刷
开　　本	710×1000　1/16
印　　张	13.5
插　　页	2
字　　数	208 千字
定　　价	78.00 元

凡购买中国社会科学出版社图书，如有质量问题请与本社营销中心联系调换
电话：010-84083683
版权所有　侵权必究

前　言

先进制造企业代表了一国制造业发展的水平，中国制造要由大变强，需要一批能够适应科技与产业革命要求，能领导中国制造向中国创造转变的先进制造企业。自 20 世纪中期以来，信息技术与自由贸易制度推动制造业的竞争由区域性的、单纯的价格竞争和质量竞争转变为全球范围的价格、质量与速度的竞争，构建全球生产网络（GPNs）成为先进制造企业应对这种全球和全方位竞争挑战，塑造、维持和提升自身先进性和全球竞争优势的重要手段，全球化和网络化竞争成为当代制造的新特征。面对成长环境巨大改变带来的机遇与挑战，我国本土制造企业中有的成功建设起了自己的自主 GPNs，成为行业中具有相当影响力的先进制造企业，有的却始终游荡在 GPNs 的边缘，在价值链低端徘徊，在网络陷阱中挣扎。对比两类企业，前者的成功与其主动的 GPNs 构建行为密不可分。当前发达国家跨国公司与我国本土制造企业的实践都表明构建 GPNs 是推动制造企业创造和利用先进制造技术与先进制造模式实现持续成长的重要手段。从 GPNs 构建视角探讨我国制造企业的成长问题，从成功企业的实践中找出可供借鉴的经验，对推动我国先进制造企业成长并带领中国制造走向中国创造具有重要的意义。

GPNs 的形成推动了企业成长理论向着网络化成长理论发展。但对于一个产生不过半个多世纪的新事物，理论研究还很不充分，特别是针对发展中国家本土制造企业的研究，主要的研究视角仍然是将其作为一个被动的 GPNs 参与者看待，缺乏从主动的网络构建角度讨论其成长过程。当事实证明被动嵌入只能带来低端锁定，主动构建才是成长之道时，本书突破嵌入视角，以我国本土制造企业为研究对象，围绕其如何通过自主GPNs构建方式成长为先进制造企业这一核心问题展开研究。通过对我国制造业500强中20家代表性企业的成长情况进行考察，提炼出我国先进制造企业最具典型性的两种GPNs构建式成长模式——自主发展型GPNs构建式成长模式和嵌入—突破型GPNs构建式成长模式。通过对两种成长模式的基本特征、成长机制、实现路径等问题的深入探讨，对GPNs竞争环境下我国制造企业如何通过主动地全球化和网络化战略推动专有能力和网络优势两种竞争力发展，实现企业持续、快速成长进行了解读。通过对两种GPNs构建式成长模式的讨论，展现了我国先进制造企业具有差异化的自主GPNs发展道路，说明了作为后发企业在GPNs背景下多样化的成长路径，从自主GPNs建设的角度拓展了关于后发企业全球化和网络化成长机制的理解。为提升我国制造企业全球生产体系建设能力，引导和支持我国制造企业更好地进行生产组织网络化建设，实现对主动GPNs构建式成长机制的有效利用提出了对策建议。

本书共分六章，通过深入的理论分析和案例研究，对我国先进制造企业GPNs构建式成长形成了如下观点：

（1）作为一种顺应全球化、网络化发展环境的企业成长模式，GPNs构建式成长是一种通过企业生产组织形态的网络化、成长空间的全球化和企业行为的主动化来实现自主全球生产体系建设，并借此实现全球资源整合，形成由内部专有能力与外部网络优势联合推动企业成长的成长模式。

GPNs构建式成长以开放动态的组织边界、网络组织竞合关系，聚集了企业和非企业形态的各类价值创造相关主体，突破了企业内部资源积累的成长制约，提高了外部资源利用效率；以价值链的全球布局使企业获得更大范围的成长空间和由更多的比较优势组合创造的成长能力；以主动的网络调整规避不利的网络关系，避免了网络负效应带来的网络陷阱，因而是一种更能适应环境不确定性和更能以较快成长速度保证企业持续成长的成长模式。

（2）在全球化和网络化的竞争环境下，蕴藏于企业内部的专有能力和由外部网络合作创造的网络优势是先进制造企业竞争优势之源和领先地位之本。特定价值环节上的专业性专有能力和价值链高端的高层次专有能力成为制造企业在特定领域先进性的体现和行业领导地位确立的基础。由全体网络合作节点共同创造的群体竞争优势和由有利的网络关系、网络位置带来的网络结构优势成为支撑制造企业采用先进制造模式，获取质量、价格、速度全方位竞争优势，以及加快先进制造技术开发、应用，建立和维持行业领先地位的关键。

同时，企业的专有能力是企业建立网络关系的重要条件和决定网络结构的重要因素，企业的网络优势是企业提升专有能力、加快专有能力培育的重要推手，两者良性互动成为企业保持长期快速成长的根本。在GPNs构建式成长中，企业通过自主全球生产体系的建设实现专有能力的提升和网络优势的增强，获得由专有能力与网络优势共同支撑的先进制造技术和先进制造模式的快速开发、利用与再创造。培育专有能力和提升网络优势由此成为先进制造企业GPNs构建式成长的动力所在。

（3）作为一种成长战略，企业GPNs构建式成长模式是企业对特定成长环境和成长压力作出的适应性选择。作为后发者，发展中国家本土企业是在发达国家跨国公司GPNs基本形成的情况下生长、发展的，由于所处行业GPNs发展状况的不同、企业面临主要成长压力以及企业自身的能力特点不同，形成了我国制造企业两类不同的GPNs构建式成长模式——自主发展型GPNs构建式成长模式和嵌入—突破型GPNs构建式成长模式。两种不同模式具有不完全相同的成长机制和实现路径，也各有其发展的局限。

（4）自主发展型GPNs构建式成长模式的主要特点是在网络关系发展过程中始终关注自身在网络中的行为自主性和强调对网络关系一定的控制力。这类企业3个最为主要的成长机制体现为：运用全球网络节点资源、能力互补机制打造网络竞争优势；运用全球网络开放创新机制推动技术水平、创新能力提升，实现高层次专有能力培育；运用基于网络构建的商业模式创新与技术创新协同发展机制实现专有能力和网络优势的双提升。其主要的实现路径包括：成长初期依托国内市场/非主流市场生存，积累网络构建能力；从反向工程模仿学习到合作中自主学习实现技术能力追赶；以遵循可控原则的渐进式网络构建保证网络的"自主性"。

（5）嵌入—突破型GPNs构建式成长模式的主要特点在于成长的两阶段性，即初期的"嵌入非自主网络"和后期的"突破非自主网络，发展自主网络"。这种模式的主要成长机制为：嵌入先发企业GPNs，运用网络内学习机制推动专有能力快速发展；构建自主GPNs，运用网络结构优化机制获取网络优势；构建自主GPNs，利用能力—结构互动机制实现专有能力、网络优势双提升。对应于不同的成长阶段，嵌入—突破模式的企业主要经历了以下成长路径：以低成本制造嵌入非自主GPNs；充分利用专有能力优势，以主动的网络关系调整优化网络结构；通过网络结构的调整和专有能力的提升，发展自主GPNs。

（6）不论是自主发展型还是嵌入—突破型，我国制造企业GPNs构建式成长都存在一定的局限性。其中，自主发展型GPNs构建式成长模式的企业易陷入对低端市场和弱势网络的过度依赖。同时面临企业跨国网络建设能力不足的突出矛盾。嵌入—突破型GPNs构建式成长模式的企业易落入"学习陷阱"而丧失创新动力。同时受限于多种主客观因素，自主GPNs建设难度较大。

（7）造成我国制造企业GPNs构建式成长能力不足、动力不够的既有企业自身的原因，也有体制、制度的因素。就企业而言，影响其GPNs构建式成长的既包括网络构建能力、企业学习方式和技术能力发展模式不够科学等客观因素，也包括企业家心智模式不够健全等主观因素。就政府而言，国家创新体系不完善，企业跨国投资的国家支持体系、服务体系不健全，影响了企业GPNs构建能力和构建效率；体制、机制不健全，制度不完善导致的国内市场分割、市场环境不佳等因素使本土企业不能很好地利用国内市场优势提升GPNs构建能力，使企业在国内生产网络建设中面临重重阻碍。

（8）要改善我国制造企业在GPNs竞争中的不利地位，培育具有自主GPNs竞争力的本土先进制造企业，既需要企业的努力，也需要政府的作为。从企业层面来说，要求企业有意识地培养GPNs构建能力;加强 GPNs 构建与技术能力发展的协同性;加强自主发展与嵌入—突破两类模式企业间的合作;把握 GPNs 演进趋势和抓住 GPNs 构建机会。同时,在主观上,要改变企业家心智模式,培养主动的网络化思维。从政府层面来说,需要推进国家创新体系建设;优化制度环境,消除企业国内生产网络建设障碍;引导国内需求和规范国内市场竞争环境;建立健全跨国投资政策支持体系和服务体系;积极推动区域一体化和全球一体化建设,为企业跨国网络发展创造良好的国际环境;助力企业国际标准权建立。

全球化和网络化对制造企业先进性提出了新要求,网络化的双面效应推动我们思考如何更好地利用网络关系促进企业发展,从主动的 GPNs 构建视角出发,本书对我国先进制造企业 GPNs 构建式成长模式进行了探索性研究。其学术价值主要体现在以下几个方面:

(1) 不同于很多研究将发展中国家制造企业视为发达国家跨国公司主导的 GPNs 中被动嵌入节点,本书从自主 GPNs 的主动构建者角度讨论我国制造企业成长。这一视角的转变使我们认识到,作为一种更为主动的成长方式,GPNs 构建使后发企业获得了来自网络关系建立的更加多样、更有保证的成长支持,主动的网络构建也是企业规避网络负效应的有效手段。这一认识将有利于引导对后发企业网络化成长的讨论向着自主 GPNs 构建的方向发展。

(2) 对我国制造企业 GPNs 构建式成长的具体模式进行了提炼。所提出的两种典型的 GPNs 构建式成长模式代表了我国制造企业在 GPNs 竞争环境下的不同成长战略的选择。对两种 GPNs 构建式成长模式不完全相同的成长机制的研究,在理论上丰富了对后发企业 GPNs 下成长机制的理解。

(3) 对两种 GPNs 构建式成长模式实现路径的研究,说明了后发企业网络化发展的多样性,论证了不具先天优势的后发者也可以发展起具有主导权的全球生产体系,是对 GPNs 下后发企业成长路径理论研究的补充和完善。

GPNs 构建式成长涉及问题众多,我国制造企业的 GPNs 构建式成长之路才刚刚开始,两种典型的我国本土制造企业 GPNs 构建式成长模式都存在一定局限性,而我国体制、机制也在一定程度上阻碍了企业自主 GPNs 的建设。本书在深入的理论探索和广泛的实践研究的基础上,从企业和政府层面提出的对策建议,对推动我国制造企业构建自主 GPNs,并借此成长为具有 GPNs 竞争力的先进制造企业具有重要的实践应用价值。

目 录

第一章 绪论 …………………………………………………… 1

    第一节 研究背景与问题提出 ……………………………… 1

    第二节 研究内容与研究方法 ……………………………… 7

    第三节 核心概念界定 ……………………………………… 10

第二章 理论基础与文献综述 ………………………………… 14

    第一节 理论基础 …………………………………………… 14

    第二节 文献综述 …………………………………………… 28

第三章 GPNs 下企业成长模式的演变及先进制造企业 GPNs
构建式成长 ………………………………………………… 54

    第一节 分工深化、跨国公司组织变革与 GPNs 的形成 ……… 54

    第二节 GPNs 下企业竞争优势与成长模式的演变 …………… 56

    第三节 我国先进制造企业 GPNs 构建式成长概况 …………… 64

    第四节 先发国家和地区先进制造企业 GPNs 构建式
成长的典型模式 …………………………………………… 71

第四章 我国先进制造企业 GPNs 构建式成长模式之一
——自主发展型 GPNs 构建式成长模式 ……………………… 84

    第一节 自主发展模式的内涵及特征 ………………………… 85

    第二节 自主发展模式代表企业 GPNs 构建情况及成长
绩效 ……………………………………………………… 86

第三节　自主发展模式的成长机制 ………………………… 93
　　第四节　自主发展模式的实现路径 ………………………… 102
　　第五节　自主发展模式的局限性 …………………………… 107

第五章　我国先进制造企业 GPNs 构建式成长模式之二
　　　　——嵌入—突破型 GPNs 构建式成长模式 …………… 112
　　第一节　嵌入—突破模式的内涵及特点 …………………… 112
　　第二节　嵌入—突破模式代表性企业 GPNs 构建情况及
　　　　　　成长绩效 …………………………………………… 114
　　第三节　嵌入—突破模式的成长机制 ……………………… 124
　　第四节　嵌入—突破模式的实现路径 ……………………… 131
　　第五节　嵌入—突破模式的实现条件与局限性 …………… 137

第六章　推动我国先进制造企业 GPNs 构建式成长的
　　　　对策建议 ………………………………………………… 144
　　第一节　企业层面的对策措施 ……………………………… 144
　　第二节　政府层面的政策建议 ……………………………… 160

参考文献 …………………………………………………………… 191

第一章

绪　论

第一节　研究背景与问题提出

20世纪中后期，技术与制度的共同推动使企业成长的外部环境发生了巨大变化。随着交通、通信技术的发展，技术更新与信息传播的速度不断加快，市场竞争的范围不断扩大。同时，开放与自由贸易制度得到越来越多国家的支持。这从客观上促进了全球竞争的加剧，企业不光要面对国内的竞争对手，还要挑战越来越多的跨国公司。随着消费者对个性化产品的需求和产品更高性价比的要求，从20世纪80年代起，产品竞争优势已由20世纪60年代的生产成本、20世纪70年代的产品质量发展为成本、质量与速度的全面竞争优势。企业必须在较短的时间内对市场需求做出快速反应，并且以较低的成本和较高的质量供给产品才能在竞争中胜出。巨大的竞争压力迫使制造企业加快研发速度和技术更新速度以保持技术的领先性，通过制造模式的改进来获得低成本、高质量和快速市场响应的供给能力，这种改变推动了全球生产网络（Global Production Networks，GPNs）的形成。

为了应对全方位竞争的要求，一些觉悟较早的发达国家跨国公司主要从两个方面调整了自己的竞争战略：一是分拆价值链，以更加细致的专业分工，将产品价值创造活动交由具有特定价值环节资源和能力比较优势的合作伙伴完成。二是改变竞争方式，用更加开放的思想和合作竞争的思维，吸收一切可以推动自身竞争力提高的经济主体，包括政府、消费者等非企业主体，甚至自己的竞争对手共同参与价值创造，以竞合的思想代替传统的竞争思维。这些战略调整导致了分工形式由产业间、产业内分工发展为产品内分工，同一产品的生产也由企业内部门分工发展到全球范围的企业间分工。为了将全球范围内与价值创造活动相关的各类型经济主体组织起来，跨国公司的生产组织形式向GPNs演变，网络组织逐渐发展为介于层级与市场之间的一种重要的组织形式。这种以价值链垂直分解、全球范围企业间价值链分工、多元经济主体共同创造价值和企业间网络合作关系为主要特征的GPNs成为新的竞争环境下最具竞争力的生产组织模式，成为先进制造企业塑造和维持竞争优势的重要手段。

在发达国家跨国公司的推动下，GPNs迅速向全球拓展，越来越多发展中国家本土企业被纳入全球生产体系，成为发达国家跨国公司GPNs中的一个个价值创造节点。这种参与给发展中国家制造企业的成长带来了巨大的推动力，"二战"后迅速崛起的"四小龙"以及21世纪快速发展成长起来的新兴工业化国家的制造业都得益于GPNs的发展。但另一方面，GPNs的嵌入也给发展中国家的制造业发展带来了问题，在自身资源能力可替代性较强，对网络领导企业的资源能力又存在较强依赖的情况下，长期作为被动嵌入者参与GPNs的后发企业的行为主动性受到影响，长期发展和持续升级成为一种不确定事件。当韩国、新加坡、中国台湾等新兴工业化国家和地区的制造企业不同程度地获得了价值链提升[1]的同时，墨西哥、巴西、泰国等国家却逐渐走入价值链低端锁定，菲律宾、越南、巴基斯坦等国家不断陷入"网络陷阱"，GPNs对发展中国家制造企业成长影响的双面性日益显现。

作为发展中国家，我国制造企业在GPNs中成长的表现同样喜忧

---

[1] Gereffi, G., "International Trade and Industrial Upgrading in the Apparel Commodity Chains", *Journal of International Economics*, 1999, Vol. 48, pp. 37–70.

参半。20世纪八九十年代，在对外开放、吸引外资和鼓励加工贸易等政策的引导下，我国制造业快速参与到 GPNs 的分工体系中，并且广度和深度不断提高。通过承接来自发达国家和新兴工业经济体的大供应商、大品牌商的生产订单，利用网络内知识转移和溢出，我国制造企业的生产能力、技术水平获得了大幅提高。从初期主要承接传统产品制造到后来高新技术产品出口比例不断增加，从劳动密集型的加工组装逐步延伸到技术密集型的零部件生产与研发设计，"中国制造"已经成为 GPNs 非常重要的组成部分。与此同时，中国制造的隐忧也不断凸显。随着土地、劳动力等生产要素价格上升，东部沿海大批从事加工贸易的中小企业的制造优势不断下降。长期依赖大购买商和大供应商的订单，习惯于按图纸和技术参数生产使我国的代工企业缺乏必要的市场开拓和创新能力，对所嵌入的 GPNs 的领导企业有较强的依赖性，这极大地限制了我国企业升级，中国制造面临低端锁定和"网络陷阱"的困境。当我国不少制造企业挣扎在 GPNs 的边缘，受困于领导企业的利益挤占和订单转移，面临接订单是找死，不接订单是等死的两难选择时，华为、万向等一批本土制造商却成功实现了企业升级。面对激烈的全球竞争，这些本土制造商从最初几乎没有市场竞争优势和自主创新能力的 GPNs 边缘企业，成长为拥有全球市场竞争力和相当自主创新能力的行业领先企业。这促使我们思索：同样面对全球化和网络化的发展环境，何以产生了如此迥异的结果？那些成功企业如何能够实现持续成长？中国先进制造之路该如何走？

作为社会财富最重要的创造者和国家经济实力的代表，企业成长与国家、地区经济发展息息相关，因此从来都是理论关注的热点。在不同历史时期，面对不同技术条件、制度环境和竞争压力，成功的企业总在寻求适应环境的最佳成长方式，各学科的学者也在努力从不同视角探索成功企业的成长模式。总体来看，在20世纪六七十年代以前，对企业成长模式的研究都聚焦于科层化组织的单个企业，20世纪80年代以后，从网络化组织的视角寻求企业成长源泉的理论不断兴起，逐渐成为当代企业成长理论的主流。

在传统的企业成长模式理论中，不论是强调企业内部资源和能力的内生成长模式还是主张外部整合的并购式成长模式，都是在一个有形的企业边界内讨论企业成长的。到了20世纪80年代，随着网络组织的发展，这些传统的企业成长理论开始受到挑战。人们越来越意识到一种更具竞争性的企业成长动力源自企业与其他不同形式的行为主体之间的联系，这些联系使企业获得了跨越有形边界的竞争优势。现实环境对传统理论的挑战引发了各学科对建立新的产业组织与经济发展范式——生产网络范式的探讨。① 在网络化范式下，企业间及企业与其他非企业组织通过各种正式或非正式的合作方式建立网络关系，以网络合作的形式实现在特定地理范围内的资源获取和资源共享，这种网络化的成长方式成为企业在复杂的全球化商业环境下一种重要的发展方式和策略。② 随着越来越多各种形式的企业联盟的出现，从网络视角探寻企业成长动力机制、实现手段的网络化成长理论开始盛行。Jarillo认为，借助网络伙伴的力量来应对竞争的挑战正在成为一些大型制造公司的战略选择；③ Yeung认为，生产网络是跨国公司在不同领域和不同地理空间开展生产经营活动时所依赖的组织形式与流程；④ Small（2007）认为，先进的跨国制造公司利用价值网络来增强自己的竞争优势。尽管目前尚未形成网络化成长模式的统一界定，但相关理论都表明了这是一种不同于以往企业成长模式的新的企业成长战略。它强调企业跨越有形的组织边界去寻求成长动力和竞争优势，以组织或嵌入GPNs的方式来推动企业成长。

在网络化成长理论中，传统的企业成长理论和新的企业成长观点被综合起来，国内外学者广泛运用资源基础、国际分工、产业组织、社会网络等理论，对GPNs的形成和结构特征进行了研究，从战略资

---

① Sturgeon, T. J., "Modular Production Networks: A New American Model of Industrial Organization", *Industrial and Corporate Change*, 2002, Vol. 3, pp. 451 – 496.

② 邬爱其：《企业网络化成长——国外企业成长研究新领域》，《外国经济与管理》2005年第10期。

③ Jarillo, C. J., "On Strategic Networks", *Strategic Management Journal*, 1988, Vol. 9, pp. 31 – 41.

④ Yeung, Henry Wai - chung, "Rethinking Relational Economic Geography", *Transactions of the Institute of British Geographers*, 2005, Vol. 30, pp. 37 – 51.

产获取[1]、网络关系建立[2]等不同角度展现了跨国公司的 GPNs 构建活动，讨论了 GPNs 构建作为一种新的企业发展战略如何更好地帮助跨国公司整合全球资源以应对技术与市场变化下的全球竞争。相关研究认为，更广阔的全球发展和更广泛的网络合作提供了企业内部能力发展的新动力[3]和外部经济的新源泉[4][5][6]，是一种更优的企业成长模式。世界先进制造企业正通过构建全球价值网络，利用网络伙伴的力量构筑竞争优势。[7][8] 以 Gereffi 等为代表的一批学者指出，当跨国公司重新布局全球价值链时，发展中国家制造企业被卷入到 GPNs 中，它们在网络领导者的知识转移、溢出和督促下实现了升级。[9] 我国学者也从这一视角讨论了我国本土企业的成长问题。[10][11][12][13]

---

[1] Dunning, J. H., "Location and the Multinational Enterprises: A Neglected Factor?", *Journal of International Business Studies*, 1998, Vol. 29, No. 1.

[2] Ernst, D., "Global Production Networks and the Changing Geography of Innovation Systems: Implications for Developing Countries", *Economies of Innovation and New Technology*, 2002, Vol. 11, No. 6, pp. 497–523.

[3] Barnes, J. and Kaplinsky, R., "Globalization and the Death of the Local Firm? The Automobile Components Sector in South Africa", *Reginal Studies*, 2000, Vol. 34, No. 9, pp. 797–812.

[4] Doz, Y. L. and Hamel, G., *Alliance Advantage*, Boston: Harvard Business School Press, 1998.

[5] Dyer, J. H., Singh, H., "The Relational View: Cooperative Strategies and Sources of Inter-organizational Competitive Advantage", *Academy of Management Review*, 1998, Vol. 23, No. 4, pp. 660–679.

[6] Jarillo, C. J., "On Strategic Networks", *Strategic Management Journal*, 1988, Vol. 9, pp. 31–41.

[7] 卢锋：《产品内分工：一个分析框架》，《北京大学中国经济研究中心讨论稿》2004 年第 13 期。

[8] 刘林青、谭力文、施冠群：《租金、力量和绩效——全球价值链背景下对竞争优势的思考》，《中国工业经济》2008 年第 1 期。

[9] Gereffi, G., Humphrey, J. and Sturgeon, T., "The Governance of Global Value Chains", *Review of International Political Economy*, 2005, Vol. 1, pp. 78–104.

[10] 宁越敏：《外商直接投资对上海经济发展影响的分析》，《经济地理》2004 年第 3 期。

[11] 刘德学等：《全球生产网络与加工贸易升级》，经济科学出版社 2006 年版。

[12] 刘春生：《全球生产网络的构建与中国的战略选择》，中国人民大学出版社 2008 年版。

[13] 卜国琴：《全球生产网络与中国产业升级研究》，暨南大学出版社 2009 年版。

针对发展中国家本土制造企业在 GPNs 中的升级困境，学者也展开了大量研究。但总体来看大部分研究都仍停留于将后发企业置于 GPNs 参与节点的视角（我们称为嵌入视角）。然而正如我们看到的，华为、万向等企业的成功升级并不是在特定 GPNs 中以网络节点的身份实现的，而是作为 GPNs 的自主构建者，像发达国家跨国公司那样，通过组织自己的全球生产体系实现的。对此，刘志彪和张杰[①]、毛蕴诗等[②]、李放和林汉川等[③]一批学者提出了要培育中国的跨国公司，推动中国制造企业实现由融入 GPNs 到构建自主全球生产体系转变。但目前这方面的研究仍处于起步阶段，成熟的理论观点还未形成。随着越来越多发展中国家后发企业开始探索自主 GPNs 的建设，这方面的研究将成为今后一个阶段企业成长理论研究的一个重要方向。

当企业成长理论经历了从有形边界的单个企业到无形边界的网络组织的视角转变，当对发展中国家后发企业的成长模式的讨论正由网络嵌入视角向网络构建视角转变，从我国本土企业的实践出发讨论其如何通过 GPNs 构建来推动企业成长无疑是对企业成长理论发展的很好回应。在新的竞争环境下探寻当代先进制造企业成长之道，明确具有竞争力的先进制造技术与先进制造模式是如何通过 GPNs 构建之路形成的，对推动我国先进制造企业成长，并带领中国制造实现成功转型具有重要意义。基于我国制造企业成长的实践需要以及理论研究的不足，本书将主要围绕以下问题展开：

（1）在 GPNs 竞争环境下，我国先进制造企业都采取了哪些自主 GPNs 构建活动？形成了哪些典型的 GPNs 构建式成长模式？

（2）不同的自主 GPNs 构建式成长模式的特点是什么？成长机制

[①] 刘志彪、张杰：《全球代工体系下发展中国家俘获型网络的形成、突破与对策——基于 GVC 与 NVC 的比较视角》，《中国工业经济》2007 年第 5 期。

[②] 毛蕴诗、林晓如、李玉惠：《劳动密集型产业升级研究——以中国台湾自行车产业整体升级及其竞合机制为例》，《学术研究》2011 年第 6 期。

[③] 李放、林汉川、刘扬：《全球化视角下中国先进制造模式动态演进研究——基于华为公司的案例分析》，《东北大学学报》（社会科学版）2011 年第 3 期。

如何?

（3）我国先进制造企业是如何构建自主GPNs？并以此推动企业成长的，也即不同的GPNs构建式成长模式的成长路径是什么？

（4）我国先进制造企业的GPNs构建式成长模式都存在哪些不足或局限？

（5）从企业的角度、从政府的角度可以和应该采取哪些措施，推动我国先进制造企业构建自己的GPNs来实现成长目标？

第二节　研究内容与研究方法

一　研究内容

本书围绕我国制造企业如何通过构建自主GPNs向先进制造企业迈进这一问题展开研究的。在对我国不同行业位列制造业500强的代表企业自主GPNs构建情况和成长状况进行深入考察的情况下，归纳出我国制造企业最为主要的GPNs构建式成长模式。通过对这些成长模式的典型特征、成长机理与实现路径的分析，讨论具有不同成长路径的我国制造企业如何通过自主GPNs的构建成功实现快速和持续的成长，通过它们在成长过程中表现出的问题和矛盾，提炼出不同成长模式的局限性。最终在理论研究与案例讨论的基础上提出针对性的对策建议。本书分六章、四个部分进行论述。

第一部分（第一章、第二章），主要是引出研究问题和明确理论基础。第一章，绪论。简要介绍研究背景，从理论发展和现实需要的角度引出本书主要研究的问题；界定核心概念，并简要介绍本书主要研究内容和研究方法。第二章，理论基础与文献综述。因为GPNs构建是一个涉及多学科的问题，现有研究在对相关问题进行讨论时所依据的理论基础和选择的理论重点也有所不同。同时，对企业成长问题的研究也形成了不同的理论体系。在广泛借鉴相关理论和现有研究成果的基础上，根据研究目标确定合适的理论基础，可以使我们的实践研究更具理论指导性，也能更好地对现有研究进行补充和完善。

第二部分（第三章），GPNs下企业成长模式的演变及先进制造企业GPNs构建式成长。从GPNs的形成、GPNs下企业成长模式的演变、GPNs下我国制造企业嵌入式发展困境和由此引发的先进制造企业对GPNs构建式成长的探索等方面较全面地展现我国先进制造企业GPNs构建的背景；通过几种成长模式的比较，提出GPNs构建式成长模式的内涵及特点；对我国先进制造企业GPNs构建式成长情况及特点进行概述；就发达国家跨国公司GPNs构建式成长典型模式进行讨论。

第三部分（第四章、第五章），包括第四章我国先进制造企业GPNs构建式成长模式之一——自主发展型GPNs构建式成长模式和第五章我国先进制造企业GPNs构建式成长模式之二——嵌入—突破型GPNs构建式成长模式两个章节，对我国先进制造企业GPNs构建式成长的两种典型模式进行了详尽的讨论。按照模式内涵及特征、代表企业GPNs构建情况及成长绩效、模式的成长机制、实现路径以及模式的实现条件与局限性的线索，分别就我国先进制造企业两种GPNs构建式成长模式进行研究。通过对代表企业成长情况的讨论，就每种模式的成长性和局限性进行了正向经验式研究和反向问题式讨论，解答了自主GPNs构建为何、如何能够推动我国先进制造企业成长，我国制造企业如何通过不同的GPNs构建路径实现成长目标。

第四部分（第六章），推动我国先进制造企业GPNs构建式成长的对策建议。在理论研究和对我国制造企业的实践考察的基础上，本章从企业和政府两个层面就如何推进我国先进制造企业GPNs构建式成长提出对策建议和政策建议。本书的研究逻辑框架如图1-1所示。

第一章 绪 论

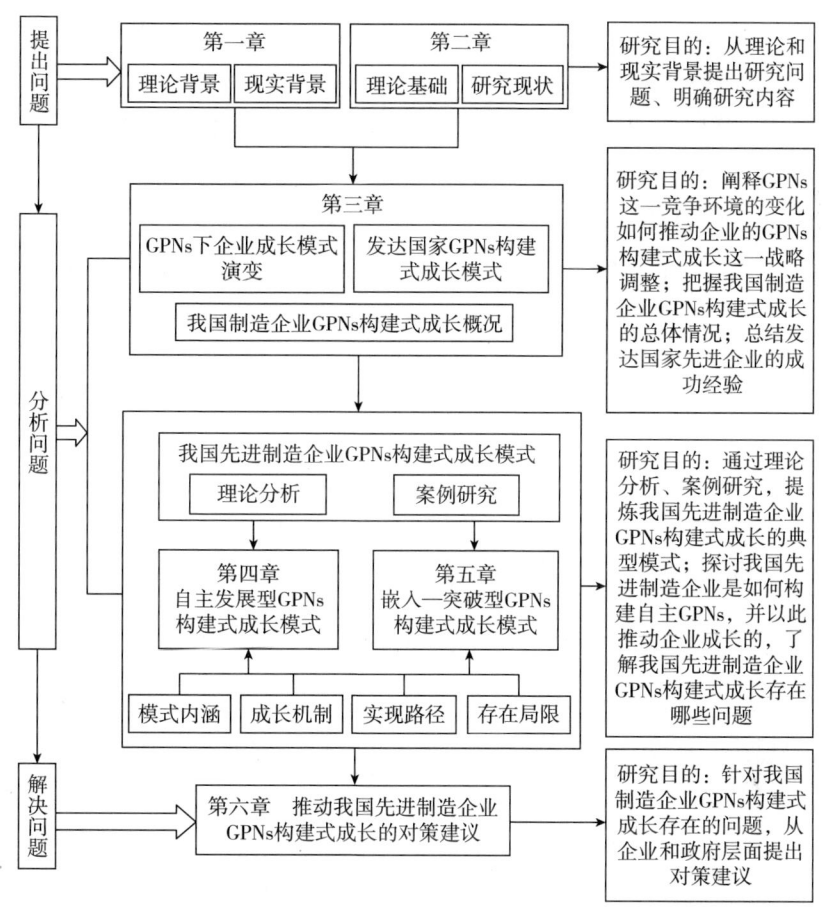

图1-1 本书的内容结构及逻辑关系

二 研究方法

全球生产网络的形成和发展及其在网络背景下的企业成长，很难用某个单一理论进行解释，本书广泛借鉴了各学科相关理论，综合运用了各种研究方法。

（1）文献研究法。广泛收集、系统梳理与之相关学科的中英文文献，借鉴已有研究成果，发现已有研究不足，为本书的研究寻找理论支撑。

（2）归纳演绎法。综合运用归纳与演绎相结合的方法，通过对我

9

国先进制造企业 GPNs 构建活动进行考察，归纳总结其网络构建活动特征，提炼其 GPNs 构建模式。在相关理论支撑下对我国先进制造企业 GPNs 构建式成长不同模式的成长机制、实现路径进行演绎式探究。

（3）案例分析法。为了从我国先进制造企业的实践中获得作为后发者的我国制造企业 GPNs 构建式成长的基本特征和一般规律，本书通过我国制造业 500 强企业中代表企业的多案例研究，对不同模式 GPNs 构建式成长特点和企业成长情况进行考察。利用多案例研究的重复"准实验"特性，更有把握地断定"模式"的存在性，使从案例提取出来的"模式"具有普遍意义。

第三节 核心概念界定

一 全球生产网络（GPNs）

全球生产网络（GPNs）是一个与全球价值链、全球价值网络等密切相关的概念，在实际运用中学者并没有对它们进行明确区分。同时，对全球生产网络目前也没有一个统一的界定。较早明确使用 GPNs 这一概念，并提出了相应研究框架的 Ernst 将其定义为跨国公司的企业内和企业间关系，是跨国公司在产品生产过程中从研发设计到生产制造和销售服务一系列价值创造活动的组织载体。[①] 而另一有影响力的曼彻斯特学派对 GPNs 的理解是，GPNs 不仅是一种组织形式的创新，更是一个涵盖了全部价值创造相关主体的全球生产系统。[②] 从各相关研究看，学者通常从两个层面讨论 GPNs，一个是较宏观的视角，即将 GPNs 视为一种新的国际分工方式或产业组织形态（曼彻斯特学派的观点就是这一视角）。采用这一视角的研究一般使用"全球

[①] Ernst, D., Kima, L., "Global Production Networks, Knowledge Diffusion, and Local Capability Formation", *Research Policy*, 2002, Vol. 31, pp. 1417 – 1428.

[②] Henderson, J., Dicken, P., Hess, M., Coe, N. and Yeung, H. W. C., "Global Production Networks and the Analysis of Economic Development", *Review of International Political Economy*, 2002, Vol. 9, pp. 4436 – 4464.

生产网络（背景）下"、"全球生产网络中"等字样。另一视角是从微观企业的角度，将 GPNs 视为企业的全球生产组织形式（Ernst 的观点就是这一视角）。

本书是对企业成长模式的研究，是从企业生产组织方式的角度，考察制造企业如何通过跨越地域与企业有形边界的全球生产体系的建设来获取成长动力。因而，本书更多地在微观层面上使用 GPNs。但与 Ernst 只关注企业关系不同，我们对 GPNs 构成主体的认识是，这一组织形态包括了与价值创造活动相关的企业与非企业形态的各类主体。因此，我们将 GPNs 界定为，网络构建者围绕价值创造过程，在全球范围内组织各类相关主体，实现共同价值创造的一种生产组织形式。同时，从企业成长环境角度来看，当产业中，以及跨产业的企业间和其他价值创造主体间彼此建立了网络合作关系，实际上也改变了产业组织形态，改变了企业生存发展的环境，而这种环境的改变是我们在研究企业微观网络构建行为时不得不考虑的。故而，我们也会在涉及企业成长外部环境时，从较宏观的全球生产系统特征的层面使用 GPNs 的概念。

二 先进制造企业

对于先进制造企业，有两个划分的角度，一是产业角度，二是企业角度。从产业先进性进行划分的观点认为，在高技术产业或新兴产业中从事价值创造活动的企业就是先进制造企业。从企业特征划分又有两种观点，一元观认为先进制造企业的先进性主要是技术先进性，如谭杰、孙成良等认为，先进制造业主要是指以先进制造技术为主要生产手段的制造业。[①] 先进制造企业的"先进性"体现为技术的先进性，发展先进制造业就是运用先进的制造技术，创造更先进的生产方式和更高的生产效率。二元观在制造技术先进性基础上加上了制造模式的先进性，认为，所谓先进制造企业就是应用信息技术与其他先进制造技术，采用先进制造模式，以先进的生产方式和更高的生产效率

[①] 谭杰、孙成良、于冬梅、宋述坤：《加快发展我省先进制造业问题研究》，《山东经济战略研究》2004 年第 4 期。

创造良好的经济、社会和市场效益的制造企业（肖高，2007）。①

对于以产业先进性判断企业先进性的观点，我们看到，在 GPNs 的分工体系下，不少在电子信息、精细化工、新材料、新能源中承担粗加工和生产组装任务的制造企业，它们并没有自主创新能力，所拥有的技术知识也仅限于特定价值链的片段化专业知识。尽管所处行业属于先进行业，它们所从事的却是低附加值的生产活动，不但在价值分配中没有话语权，在企业升级中也缺乏自主性，这样的企业很难称其为先进制造企业。相反，在一些传统行业中，一些企业利用先进的生产技术、组织模式获得了不菲的经济效益，实现了长期的企业发展，我们不能否认这些企业的成长战略和实现手段是具有先进性的。

对于以单一的技术先进性衡量企业先进性的观点，我们看到的，在 GPNs 的竞争环境下，单纯的技术优势并不足以支撑企业的竞争。夏普、洛克福特等具有行业领先技术的制造企业，因高昂的生产成本和不具优势的制造能力等因素，在竞争中不敌鸿海、万向这样的代工企业，并最终被后者收购。这说明单纯的技术优势并不能保证企业在 GPNs 的竞争环境下胜出。因此，本书认为，先进的制造技术固然重要，但单一的技术先进并不能称为先进。作为行业标杆的先进制造企业应该是更具竞争性和价值创造性的企业。这要求企业能够将先进的制造技术转化为实际的生产力，实现更大的价值创造。这样的能力是建立在有效的生产方式和生产组织形式的基础上的，而后者即是先进的制造模式。从制造模式的演进来看，经历了小市场、低技术时代的小批量、手工定制，到需求膨胀、卖方市场时代的大规模批量化生产阶段，再到当代高技术和买方市场主导的个性化定制和柔性生产阶段。相应的生产组织形式也经历了家庭手工作坊到垂直一体化的大企业，再到产品内分工的企业网络。从当代最具影响力的几大制造模式：精益生产（LP）、敏捷制造（AM）、虚拟制造（VM）、分散化网络制造（DNM）等来看，其组织特征都呈现出网络化的特点。芮明杰

---

① 肖高：《先进制造企业自主创新能力结构模型及与绩效关系研究》，博士学位论文，浙江大学，2007 年。

（2004）将当代先进制造企业的这种新的生产方式总结为"以网络为平台的智能化大规模定制生产方式"[①]，这也使20世纪90年代后对先进制造企业的研究逐渐转向网络化阶段（李放等，2010）。[②] 由此可见，在信息技术飞速发展、全球化竞争不断深化的时代，以GPNs这一组织形式来适应市场需求变化，有效利用先进技术获取全球竞争优势正成为先进制造企业的一大特征。这也是我们从GPNs构建视角，考察那些采用这一先进的全球生产组织形式达到良好制造效果的先进制造企业实现持续成长的主要出发点所在。

由此，本书认定的先进制造企业的先进性表现为先进制造技术与先进的生产方式和生产组织形式的结合，先进制造企业就是采用先进的制造技术和先进的制造模式实现更多价值创造和更高生产效率的制造企业。

[①] 芮明杰：《中国产业发展的挑战与思路》，《复旦学报》（社会科学版）2004年第1期。

[②] 李放、林汉川、刘扬：《面向全球价值网络的中国先进制造模式构建与动态演进——基于华为公司的案例研究》，《经济管理》2010年第32期。

第二章

理论基础与文献综述

第一节 理论基础

一 企业能力理论

企业能力理论是我们研究企业成长内在动力的最主要的理论基础。从 1959 年 Penrose 提出资源基础论到今天，企业能力理论大致经历了资源基础理论、核心能力理论、知识基础观和动态能力理论等发展阶段。尽管企业能力理论不断地遭受质疑和挑战，但其仍然是指导我们从企业内部发掘成长动力的理论基础。

自 1959 年 Penrose 打开企业的黑箱，提出企业成长的差异性在于内部资源的差异性后，Barney 在 1991 年发表的《企业资源与持续竞争优势》一书中指出，对企业来说，具有价值性、稀缺性、不可模仿性与不可替代性的资源是其竞争优势的来源。之后 Peteraf 进一步发展了 Barney 的理论，从资源与租金的关系角度提出了基于资源的企业竞争优势的分析框架，指出资源的异质性是企业租金的来源，资源的稀缺性是特定企业获取租金的途径，要获得高于成本的租金，企业必须拥有难以模仿的资源，而要想持续获得租金这种资源还必须具有不可替代性。① 随着资源观向能力观演进，核心能力被认为是企业竞争优势的来源和企业成长的根本动力，Hitt、Ireland、Hamel 和 Prahalad 等论证了核心能力对企业成长的重要作用。对核心能力的认识有两种主要的视角，一种关注核心能力的构成，即认为企业核心能力包括企业的研发、生产制造和营销能力。另一种则强调核心能力的特性，即认为核心能力是那些企业独有的、不可模仿和不可替代的能力。相比较，第二种观点得到了更为普遍的接受。但由于核心能力理论并没有认识到环境变化所引起的"核心刚性"问题，使学者又进一步发展了动态能力的概念。Teece 从动态能力的角度说明企业吸收、整合和重塑内外部资源以适应环境变化的动态能力是保证企业持续成长的根本。② 与核心能力相比，动态能力更强调企业的组织能力，正如 Teece 等对动态能力的定义就是，动态能力是"企业整合、建立和重构内外部能力以适应快速变化的环境的能力"。③

面对新环境对理论的挑战，企业能力理论的支持者们不断地进行理论的修正和完善。从已有研究成果看，学者从网络内知识传递特征、资源共享特点、企业能力发展特征等角度讨论 GPNs 下的企业成长和企业升级等问题。处于价值链不同环节的企业有不同的资源能力[④⑤⑥]，企业结网的一大重要原因是寻求互补性的资源和能力，代工企业所积累的主要规模生产和计划执行能力，这成为它们成长的基

---

① Peteraf, M. A., "The Cornerstones of Competitive Advantage: A Resources - based View", *Strategic Management Journal*, 1993, Vol. 14, pp. 79 - 191.

② Teece, D. J., "Competition, Corporation and Innovation", *Journal of Economic Behavi - or and Organization*, 1992, Vol. 6.

③ Teece, D. J., Pisano, G. and Shuenl, A., "Dynamic Capabilities and Strategic Management", *Strategic Management Journal*, 1997, Vol. 7, pp. 509 - 533.

④ Gereffi, G., "International Trade and Industrial Upgrading in the Apparel Commodity Chains", *Journal of International Economics*, 1999, Vol. 48, pp. 37 - 70.

⑤ Schmitz, H. and Knorringa, P., "Learning from Global Buyers", *Journal of Development Studies*, 2000, Vol. 37, No. 2, pp. 177 - 205.

⑥ 卜国琴：《全球生产网络与中国产业升级研究》，暨南大学出版社 2009 年版。

⑦ 郑准、王国顺：《全球生产网络、俘获效应与集群企业转型升级——整合性分析框架与政策建议》，《国际经贸探索》2012 年第 28 期。

础和限制因素①等观点都得到了广泛的认同。而从网络角度探讨网络组织与企业能力的关系也成为企业能力研究的新方向。②由此可见，企业能力理论仍然是我们探寻企业成长问题的重要途径，学者关于企业能力与网络结构、网络关系、网络位置等方面的研究对我们认识企业全球生产网络建设和内部资源、能力发展以及由此带来的成长效应之间的关系有广泛的借鉴意义。从事物发展内外因关系来看，作为内部动因的资源和能力应该是推动企业成长的根本，聚焦于企业内部差异化资源和能力的企业能力理论也理应成为我们探讨企业成长模式的基础。

二 企业网络理论

近二三十年，企业网络越来越成为一种主要的组织形态，由此引发了各学科学者对这一组织形态的广泛研究，也使企业网络理论成为一个跨越社会学、经济学和管理学的多学科交叉的理论体系。学者从各自的研究领域以及跨领域的综合研究视角对企业网络的内涵、功能、构建等问题进行了研究。

新制度经济学将企业网络定义为市场与层级制之间的一种制度安排和一群具有独立决策能力③，而又相互关联的企业通过专业分工和协作形成的企业间组织联合体。④新经济社会学将企业网络看作一种关系联结，是企业间相互作用形成的长期的、有目的的组织安排。⑤

学者关于企业形成和功能等问题的研究证实了企业网络可以有效

---

① 瞿宛文：《中国台湾后起者能借自创品牌升级吗?》，《世界经济文汇》2007年第5期。
② 曹红军、王以华：《西方企业能力理论研究：演进历程、前沿主题与当前困境》，《清华大学学报》（哲学社会科学版）2008年第23期。
③ Thorelli, H., "Networks: Between Markets and Hierarchies", *Strategic Management Journal*, 1986, Vol. 7, pp. 37 – 51.
④ 陈守明、韩雪冰：《基于制造业产业集群的生产者服务业发展模式》，《上海企业》2006年第5期。
⑤ Johanson, J. and Mattsson, L. G., "Interorganizational Relations in Industrial Systems: A Network Approach Compared with the Transaction Cost Approach", *International Studies of Management and Organization*, 1987, Vol. 17, No. 1, pp. 34 – 48.

地降低交易费用、减少不确定性风险[1]、有助于创造规模经济和范围经济[2]、有利于企业获取所需资产[3]以及进行互动和学习[4]，因而是企业创造竞争优势和获取超额利润的重要手段。[5] Gomes – Gasseres 更是将网络中企业的竞争优势概括为基于团体的优势（group – based advantages）和基于企业特定能力的优势（firm – based advantages）。[6] 同时，学者还从社会网络的研究视角讨论了网络位置、网络联结程度等因素对企业行为和绩效的影响[7][8]，将社会网络理论和企业能力理论结合起来提出了网络资源、网络能力等概念。[9][10][11] 在对企业网络的形成进行讨论时，除了成本收益等企业层面的因素外，市场和产业的因素也得到了学者们的关注，Harrigan 指出，当市场需求迅速增长时，企业倾向于在垂直方向上进行网络整合，而当市场需求萎缩时，企业倾向于进行水平方向的网络整合。[12]

---

[1] Williamson, O. E., *The Economic Institutions of Capitalism: Firms, Markets, Relational Contracting*, Macmillan, 1985.

[2] Jarillo, C. J., "On Strategic Networks", *Strategic Management Journal*, 1988, Vol. 9, pp. 31 – 41.

[3] Harrigan, K. R., "Joint Ventures and Competitive Strategy", *Strategic Management Journal*, 1988, Vol. 9, pp. 141 – 158.

[4] Paul Almeida, Bruce Kogut, "Localization of Knowledge and the Mobility of Engineers in Regional Networks", *Management Science*, 1999, Vol. 45, No. 7.

[5] Burt, R., *Structural Holes: The Social Structure of Competition*, Cambridge: Harvard University Press, 1992.

[6] Gomes, C., *The Alliance Revolution: The New Shape of Business Rivalry*, Harvard University Press Cambridge, 1996.

[7] Uzzi, B., "Social Structure and Competition in Interfirm Networks: The Paradox of Embeddedness", *Administrative Science Quarterly*, 1997, Vol. 42, No. 7, pp. 35 – 67.

[8] Zaheer, A., Zaheer S., *The Structure of Global Competition: A Network Approach*, Paper Presented at the SMJ Special Issue Conference, 1999.

[9] Freeman, J., Barley, S. R., "The Strategic Analysis of Inter – organizational Relations in Biotechnology", *The Strategic Management of Technological Innovation*, 1990, pp. 127 – 155.

[10] Dyer, J., "Specialized Supplier Networks as a Source of Competitive Advantage: Evidence from the Auto Industry", *Strategic Management Journal*, 1996, Vol. 17.

[11] Gulati, R., "Network Location and Learning: The Influence of Network Resources and Firm Capabilities on Alliance Formation", *Strategic Management Journal*, 1999, Vol. 20, pp. 397 – 420.

[12] Harrigan, K. R., "Joint Ventures and Competitive Strategy", *Strategic Management Journal*, 1988, Vol. 9, pp. 141 – 158.

除此之外，战略管理理论对于企业网络的研究从联盟网络的组织和治理等角度讨论了如何建立和管理网络。如 Kale 等指出，企业应该选择那些有融洽的私人感情或相同爱好的合作者，应该从历史、战略和哲学背景对合作者的兼容性进行考察。[1] Uzzi 认为，有社会联系的合作伙伴间更容易建立合作关系。[2] 而在合作方式，或者说网络组织方式的选择上，学者从交易费用[3][4][5]、知识传递效率等角度讨论了资本联结和契约联结等合作方式的优越性和局限性。[6][7][8] 在网络治理机制的研究中，有学者指出，不同联结形式的网络所采取的治理机制有所不同，在较为松散的网络联结中，合作采取双边治理的机制，合作双方通常不签订正式的契约，而是通过谈判和讨价还价的方式来解决冲突，而在联结紧密的网络中，层级治理或第三方规制的方式更为盛行。[9] 随着社会学关系网络理论的信任机制被引入网络治理的研究，

---

[1] Kale, P., Singh, H. and Perlmutter, H., "Learning and Protection of Proprietary Assets in Strategic Alliances: Building Relational Capital", *Strategic Management Journal*, 2000, Vol. 21, pp. 217–237.

[2] Uzzi, B., "Social Structure and Competition in Interfirm Networks: The Paradox of Embeddedness", *Administrative Science Quarterly*, 1997, Vol. 42., No. 7, pp. 35–67.

[3] Williamson, O. E., *The Economic Institutions of Capitalism: Firms, Markets, Relational Contracting*, Macmillan, 1985.

[4] Pisano, G. P., "Using Equity Participation to Support Exchange: Evidence from the Biotechnology Industry", *Journal of Law, Economics, and Organization*, 1989, Vol. 5, pp. 109–126.

[5] Ring, G. and Van de Ven, "Innovation and the Emergence of Industries", Paper presented at the annual meeting of the Academy of Management, New Orleans, 1992.

[6] Mowery, D. C., Oxley, J. E. and Silverman, B. S., "Strategic Alliances and Interfirm Knowledge Transfer", *Strategic Management Journal*, 1996, Special Issue, Winter, pp. 77–92.

[7] Mohr, J. and Spekman, R., "Characteristics of Partnership Success: Partnership Attributes, Communication Behavior, and Conflict Resolution Techniques", *Strategic Management Journal*, 1994, Vol. 15, pp. 135–152.

[8] Colombo, "Alliance form: A Test of the Contractual and Competence Perspectives", *Strategic Management Journal*, 2003, Vol. 24, No. 12, pp. 1209–1229.

[9] Dyer, J. H., Singh, "The Relational View: Cooperative Strategies and Sources of Inter-organizational Competitive Advantage", *Academy of Management Review*, 1998, Vol. 23, No. 4, pp. 660–679.

信任被认为是与价格、权威相并重的控制机制和网络治理机制。①②

在关于企业建立网络以实现成长目标的能力的研究中，学者们指出，为了更好地与合作伙伴互动，企业发展了一些特殊的能力。Ritter 等称它为网络胜任力，并认为这是一种由企业自身的资质条件和跨组织的任务执行力构成的特殊能力。③ 利用网络能力，企业实现了在网络中的战略定位、选择合适的合作伙伴并管理伙伴间的关系，实现预期的绩效。

学者们对企业网络的这些研究是我们寻求企业 GPNs 构建式成长的动力机制、分析 GPNs 构建式成长的影响因素和 GPNs 构建式成长的实现手段等问题的重要理论基础。

三 企业成长与环境关系理论

企业并不是一个处于真空中的个体，企业的成长也不可能不受外部环境的影响，关于企业成长与环境的关系同样得到了多个学科的关注。其中，种群生态学从生物学的角度将组织视为一个生命体，研究其产生、发展、消亡与环境的关系，并认为种群与其生存的环境和利基密切相关，环境决定了组织生存发展的战略，利基提供了组织生存发展的资源。种群生态学的这一观点使我们认识到，环境在企业成长中起着至关重要的作用，懂得很好地利用利基和根据环境选择战略的企业才能实现很好的发展。资源依赖理论认为组织与环境间的关系是一种资源依赖和资源交换关系，组织并不拥有其生存发展所需的所有资源，因而它总是依赖所处环境中的其他组织的互补性资源。同时，为了使自身在所处环境中处于一个有利的地位，组织总是企图降低自身对环境中其他组织的资源依赖，同时提高环境中其他组织对自身的资源依赖。相比种群生态理论，资源依赖学派在强调环境重要性的同

---

① Bradach, J. L., Eccles, R. G., "Price, Authority, and Trust: From Ideal Types to Plural Forms", *Annual Review of Sociology*, 1989, Vol. 15, pp. 97 – 118.

② Larson, A., Starr, J. A., "A Network Model of Organization Formation". *Entrepreneurship Theory and Practice*, 1993, Vol. 17, No. 2, pp. 5 – 15.

③ Kim, M., Ritter, J. R., "Valuing IPOs", *Journal of Financial Economics*, 1999, Vol. 3.

时，更注意到了组织的能动性。根据资源依赖理论的观点，企业可以通过提高自身资源的质量、稀缺程度和不可替代性来使自身在与其他组织的合作中占据上风，取得更多的合作利益。这将有助于我们理解企业为何发展网络组织和怎样在网络合作中获得更大的收益。制度学派指出，组织的行为必须符合社会普遍认知的价值观、行为准则和信仰[1]，政府的规制和社会文化对组织行为具有相当的强制力。面对制度环境的要求，企业可以有不同的选择，从而形成在特定情境下的权变模型。制度学派的这一观点有助于我们从制度环境的角度考察企业的网络构建行为，认识制度环境在促使企业采取网络组织方式适应环境要求提供了理论支持。同时，制度学派也指出，在同一产业内，组织对不确定性环境的处理行为会通过模仿机制促使组织形式和组织行为趋同。[2] 在对 PDA 网络形成的研究中，Gomes-Casseres[3] 指出，PDA 联盟的出现是因为这是一个需要整合多个产业技术的产品，为了利用其他产业的技术和降低研发风险，企业采取了建立网络联盟的方式。其他学者的研究表明，制度环境使网络内的企业采用一种被网络中其他企业普遍接受的组织形式和做法[4]，而网络成员认可的文化习俗会影响企业网络的外在形式。[5] 这些观点使我们有理由相信在同一产业内，网络组织形态是具有传染力的，对企业 GPNs 构建式成长模式的研究也应该考虑企业所处的产业的 GPNs 发展状态。

同样是从生态观视角考察企业与环境关系的另一研究领域是商业

---

[1] Suchman, Mark, C., "Localism and Globalism in Institutional Analysis: The Emergence of Contractual Norms in Venture Finance", in W. Richard Scott and Soren Christensen eds., *The Institutional Construction of Organizations: International and Longitudinal Studies*, Thousand Oaks, CA: Sage, 1995, pp. 39–63.

[2] Dimaggio, P., Powell, W., "The Iron Cage Revisited: Institutional Isomorphism and Collective Rationality in Organizational Fields", *American Sociological Review*, 1983, Vol. 42, No. 2, pp. 147–160.

[3] Gomes-Casseres, Ben, "The History of eBay", *International Economics and Finance*, 2001, Vol. 1, No. 1, pp. 1–2.

[4] 吴结兵、徐梦周：《网络视角下产业集群竞争优势：理论模型与实证研究》，《浙江大学学报》（人文社会科学版）2008 年第 4 期。

[5] 张杰、刘东：《我国地方产业集群的升级路径：基于组织分工架构的一个初步分析》，《中国工业经济》2006 年第 5 期。

生态系统理论。Moore[1]提出的商业生态系统（business ecosystem）的概念是与我们的 GPNs 非常近似的一个概念。Moore 将商业生态系统定义为一个组织互动的经济联合体，是一个由产业领导企业、客户、供应商、金融服务机构、贸易合作伙伴、标准制定者、工会、政府和社会公共服务机构等利益相关主体结成的相互支撑体系。[2][3] 根据商业生态系统理论的观点，企业要想发展壮大就必须能够正确地理解所处的环境，明确自身在系统中扮演的角色，并选择相应的战略和影响环境中的其他组织。[4][5] Gamsey 和 Leong 将商业生态系统看作是企业的交易环境，并且运用资源基础理论和演化理论讨论了企业与所处生态系统中的客户、分包商、供应商、研究机构、竞争对手、监管者等交易对象的互动机制，进而解释了企业如何构建商业生态系统的问题。[6]

这样一些研究成果对于我们理解企业如何定位自身的网络位置，如何处理与 GPNs 中的其他网络节点间的关系，从而成功地通过 GPNs 构建活动实现企业成长提供了很多研究思路。

四　GPNs 理论

较早采用 GPNs（Global Production Networks，GPNs）这一概念，并建立了相应理论框架的是夏威夷大学的 Ernst 教授和以 Henderson、Dicken、Coe 等为代表的曼切斯特大学学派，但两者的研究重点并不相同。

---

[1] James F. Moore, "Predators and Prey: A New Ecology of Competition", *Harvard Business Review*, 1993, Vol. 71, No. 3, pp. 75 – 87.

[2] Ibid.

[3] James F. Moore, "The Rise of a New Corporate Form", *The Washington Quarterly*, 1998, Vol. 21, No. 1.

[4] M. Lansiti, R. Levien, *Keystones and Dominators: Framing the Operational Dynamics of Business Ecosystem*, http://www.hbs.edu/units/tom/seminars/2002/Marco.pdf, 2002.

[5] M. Lansiti, R. Levien, *The Keystone Advantage: What the New Dynamics of Business Ecosystems Mean for Strategy, Innovation and Sustainability*, Boston: Harvard Business School Press, 2004.

[6] Gamsey, E., Leong, Y., "Combining Resource – based and Evolutionary Theory to Explain the Genesis of Bio – networks", *Industry and Innovation*, 2008, Vol. 15, No. 6, pp. 669 – 686.

Ernst 的研究更多从管理视角对 GPNs 组织特性给予了较多讨论。Ernst[①②]认为,GPNs 是跨国公司应对全球化挑战的一项重要的组织创新,在他的理论中,GPNs 被定义为跨国公司内母子公司间及跨国公司与其他企业间的一种合作关系,跨国公司通过 GPNs 组织起从研发到生产再到销售的全部业务活动。他们还提出了基于网络旗舰企业(Flagships)的 GPNs 模型(如图 2 - 1 所示)。模型中一类是全球网络旗舰,也即跨国公司,另一类是本地供应商。作为网络旗舰的跨国公司的 GPNs 不仅包括母公司与其分支机构和子公司之间的关系,而且包括网络旗舰与其承包商、供应商、服务提供商或共同参与某种合作安排(如标准设定或研发公会)的其他企业之间的关系,因而是一个完整的跨国界关系网络[③④⑤]。这些观点体现了网络组织构建的全球视

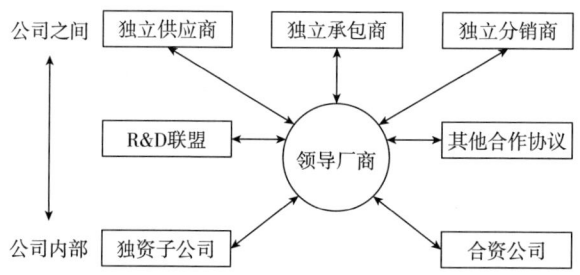

图 2 - 1 跨国公司组织结构

资料来源:Ernst, D., Kim, L., "Global Production Networks, Knowledge Diffusion and Local Capability Formation: A Conceptual Framework", Research Police, 2002, Vol. 31, No. 8 - 9, pp. 1417 - 1429.

---

① Ernst, D., "Partners for the China Circle? The Asian Production Networks of Japanese Electronics Firms", The Asian Production Networks of Japanese Electronics Firms, 1997.

② Ernst, D., "Global Production Networks and the Changing Geography of Innovation Systems: Implications for Developing Countries", Economies of Innovation and New Technology, 2002, Vol. 11, No. 6, pp. 497 - 523.

③ Borrus, M., Ernst, D. and Haggard, S., International Production Networks in Asia: Rivalry or Riches, London: Routledge.

④ Ernst, D., Global Production Networks and Industrial Upgrading - A Knowledge Centered Approach, http://www.eastwestcenter.org, 2001.

⑤ Ernst, D., Kim, L., "Global Production Networks, Knowledge Diffusion and Local Capability Formation: A Conceptual Framework", Research Police, 2002, Vol. 31, No. 8 - 9, pp. 1417 - 1429.

角和多元视角，即全球化下跨国企业的生产体系网络架构和网络主体类型的多样性。

尽管不是用严格的行政命令来维持，但 GPNs 仍然是一个层级性的组织，因为其中企业能力的不同，对网络的影响力也不同，对于这些问题，Ernst 等学者也进行了探讨[1][2][3]。他们将 GPNs 中的企业分为两类：全球旗舰企业和供应商。全球旗舰企业又可以进一步细分为大品牌商和大制造商两类。它们是 GPNs 的构建者和主导者，掌握着关键资源、拥有很强的创新能力或对市场的品牌垄断力。它们的战略直接影响着 GPNs 中其他网络节点的行为，可以决定它们在网络中的位置。供应商也可以再划分为高层级供应商和低层级供应商。高层级供应商通常也建立起了自己的次级 GPNs，它们起着联结旗舰企业和低层级供应商的作用，也即它们在自己的次级 GPNs 中通过组织低层级供应商为旗舰企业服务，与网络旗舰保持着密切的关系。通常，除了一些核心的研发活动和战略性的营销活动外，这些高层级供应商可以完成整体价值链上的所有活动，并承担着管理全球价值链的任务。低层级的供应商则主要依靠自己的低生产成本和快速交货能力等优势承担生产制造的任务，它们通常并不直接与网络旗舰接触，而是在高层级供应商的领导下完成价值创造活动。

如果说 Ernst 的 GPNs 理论将更多注意力放在了企业间关系的研究上，或者更倾向从组织视角来研究 GPNs，曼彻斯特学派的 GPNs 理论框架则体现了更为广泛的视角。Henderson 等在谈到其构建 GPNs 理论框架目的时说，这种方法试图阐明整个全球生产系统的特征和可能发

---

[1] Borrus, M., Ernst, D., Haggard, S., *International Production Networks in Asia: Rivalry or Riches*, London: Routledge, 2000.

[2] Ernst, D., *Global Production Networks and Industrial Upgrading – A Knowledge Centered Approach*, http://www.eastwestcenter.org, 2001.

[3] Ernst, D., Kim, L., "Global Production Networks, Knowledge Diffusion and Local Capability Formation: A Conceptual Framework", *Research Police*, 2002, Vol. 31, No. 8 – 9, pp. 1417 – 1429.

展，而不是仅限于某种组织创新形式。① 这一理论框架在广泛吸收了全球商品链、行动者网络以及 Ernst 的 GPNs 理论研究成果的基础上，强化了网络空间和社会性的研究，因而兼具地理学、经济学和社会学色彩。曼彻斯特学派的 GPNs 理论框架提出了四个概念维度，即企业、部门、网络和制度，并重点研究了三个方面的问题，即价值、权力和嵌入。研究成果对指导企业构建 GPNs 和相关组织、机构实施相应权力影响 GPNs 发展都具有重要启发意义。这个研究框架是一个更为综合和全面的理论框架，对本书具有多方面的参考价值。

第一，GPNs 理论框架用"网"代替了"链"的概念。源于其对生产系统的复杂性和价值创造活动的多维联系特征的认识，Coe、Henderson 等批评了"链"易给人生产活动的线性印象，而价值创造应该是在由原材料、半成品的流动，设计与生产活动，金融和市场服务纵横交错构成的复杂动态网络中进行的（Henderson et al.，2002）。② 所有商品和服务的生产都是一个包括资本、知识和人的复杂循环过程，即基于链条的垂直或线性投入—产出的顺序转化，链条上的每一阶段又嵌入在一系列复杂的非线性的或水平的关系中。③ 不仅如此，网络与网络还会连接起来构成一个更大的网络。因此，一个生产网络的整体结构能够被设想为一系列不同规模（长度、宽度）和不同复杂程度的网络的垂直和水平交错。④

这种网络多维性的观点有助于我们理解 GPNs 企业发展方向的多重选择和成长路径的多样性，进而提出多元化的企业 GPNs 构建战略。

第二，GPNs 理论对价值和权力问题的讨论指出了 GPNs 中价值是

---

① Henderson, J., Dicken, P., Hess, M., Coe, N. and Yeung, H. Y. C., "Global Production Networks and the Analysis of Economic Development", *Review of International Political Economy*, 2002, Vol. 9, No. 3, pp. 64 – 136.

② Ibid.

③ Henderson, J., Dicken, P., Hess, M., Coe, N., Yeung, H. W. C., "Global Production Networks and the Analysis of Economic Development", *Review of International Political Economy*, 2001, Vol. 9, pp. 4436 – 4464.

④ Lambert, D. M. and Cooper, M. C., "Issues in Supply Chain Management", *Industrial Marketing Management*, 2000, Vol. 29, pp. 65 – 83.

如何创造、增加和分配的，也揭示了领导企业和非领导企业权力的非对称性及其影响。这些结论使我们了解到，一方面，GPNs 中的网络权力对价值攫取的重要性，从而更加清楚地认识发展网络关系和获得网络领导权的重要意义；另一方面，对于租金创造条件的研究指出了企业获取竞争优势能力的需要。在 Henderson 等提出的 GPNs 理论框架中，价值的初始创造被认为既与劳动技能、生产技术、雇佣关系、工作条件等有关，又涉及更宽泛的劳动力再生产的社会和制度问题。①网络可以创造的租金包括：①由对关键产品和制造过程的技术把握所获得的"技术租金"；②由特殊组织和管理技巧，如"即时生产技术"和"全程质量控制"等创造的"组织租金"；③由各种企业关系带来的"关系租金"，包括协调与其他企业的生产活动、发展战略联盟或者处理与中小企业集群的关系；④在主要市场建立品牌优势以获取"品牌租金"；⑤由贸易保护政策造成产品稀缺所形成的"贸易政策租金"。关于价值的提升，Henderson 等认为，它与网络领导企业和其他重要厂商及供应商、外包商为提高产品质量和技术成熟度所进行的竞争和合作有关。②这些观点使我们有理由相信，GPNs 中企业拥有的资源、能力和建立起的网络关系有助于形成企业竞争优势。聚集在企业内部的技术、知识、声誉固然重要，但只是企业所得到的部分利益，对网络领导企业来说，整个网络的竞争力是其应该关注的重点，这是决定其在企业网络和产业网络中地位的根本。这也是我们说 GPNs 构建是一种内外优势并重的成长模式之原因所在。

第三，与 Ernst 的 GPNs 理论一样，曼彻斯特学派也同样认为 GPNs 中的领导企业具有跨越国家边界协调和控制那些它并没有所有权的企业的运行能力③，这些领导者一贯并果断地根据自己的利益影

---

① Henderson, J., Dicken P., Hess M., Coe, N. and Yeung, H. Y. C., "Global Production Networks and the Analysis of Economic Development", *Review of International Political Economy*, 2002, Vol. 9, No. 3, pp. 64 – 136.

② Ibid.

③ Dicken, P., *Global Shift, Mapping the Changing Contours of the World Economy* (5th Edition), London: SAGE, Publications, 2007.

响网络中其他企业的决策和资源配置。Henderson等也指出,尽管权力在GPNs中的分配总是非对称的,但GPNs中的权力也并非仅有领导企业才有的零和概念[1],有时候,小企业也会为了实现升级而充分地发挥自主权来发展和实施自己的战略。[2]

这些观点有力地支撑了我们主张的GPNs中非领导企业通过网络构建战略获取网络权利和更有利升级条件的发展思路。

第四,正如我们上面已经提到的,经济地理学的GPNs理论非常重视生产网络的社会性。他们认为,GPNs中的企业是一个嵌入在社会行为者和各种制度中的关系网络。可以通过产权、等级控制、集权、管理决断、成员忠诚度的社会纽带,共同目标以及正式的、法律的合同关系来定义。[3] GPNs既是一个经济现象,又是一个政治现象。在这个充满了竞争的组织中,行为者努力构建着经济关系、治理结构、制度规则和标准,以及其他各种类型的架构。因而,GPNs存在于一个由跨国精英、制度和意识形态构成的跨国空间中,也是一种社会和文化现象。GPNs形态受到它所嵌入地域的社会、政治和文化的影响,反过来又影响着这些具有地域差异的社会环境(Levy,2008)。在Henderson等构建的GPNs框架中,提出了机构权力、集体权力等概念,对GPNs中非企业主体和它们对网络运行的影响进行了讨论。[4] 在GPNs中,拥有权力的机构可以分为五类:①国家和地方政府;②区域国际组织,如联系愈加紧密的欧盟(EU)、较松散的东盟(ASEAN)、北美自由贸易协议(NAFTA)等;③"布雷顿森林"制度(国际货币基金、世界银行)和世界贸易组织;④各类联合国代理

---

[1] Henderson, J., Dicken P., Hess M., Coe, N. and Yeung, H. Y. C., "Global Production Networks and the Analysis of Economic Development", *Review of International Political Economy*, 2002, Vol.9, No.3, pp.64–136.

[2] Ibid.

[3] Badaracco, J. K., *The Knowledge Link: How Firms Compete Through Strategic Alliances*, Harvard Business School Press, Boston, MA, 1991.

[4] Henderson, J., Dicken, P., Hess, M., Coe, N. and Yeung, H. Y. C., "Global Production Networks and the Analysis of Economic Development", *Review of International Political Economy*, 2002, Vol.9, No.3, pp.64–136.

机构（特别是国际劳工组织）；⑤国际信用评级公司（穆迪、标准普尔等）。① 这些机构通过影响领导企业和 GPNs 中其他企业的投资和决策实现其网络权力。但它们的 GPNs 影响力是不同的，如欧盟等国际区域组织具有相当大的潜在权力，对欧盟各成员国的企业发展都有重要影响，而国际劳工组织对企业的影响更多是间接甚至道义的。不同国家和地方的政府权力也不一样，中国（不含香港、澳门）、中国台湾、韩国等国家和地方政府在工业化和区域经济发展中对地方经济和产业、企业发展产生了巨大影响，而英国和印度尼西亚政府的影响力就很小。此外，各机构的权力实施方式也不一样，如"布林顿森林"体系多通过影响政府修订社会经济政策来间接影响企业和社会，而国际信用评级公司则会对领导企业和政府的信用风险评估产生影响。集体权力的拥有者包括工会、雇主协会、某些特殊群体（如小型企业）的经济利益推动者、关注人权和环境等问题的各种非政府组织（NGOs）等，他们试图对 GPNs 中特定区域的企业、本国政府、国际机构（最常见的如 IMF 和 WTO）实施影响。除此之外，研究者认为，现有的 GPNs 理论几乎没有关注劳动力、消费者和民间社会组织，而这些因素在 GPNs 的运行中都扮演着重要的角色。② 因此，需要认识到劳动力有能力为了提高自身地位而奋斗，在这个过程中也重塑了地方经济。这与集体权力中提到的工会权力有一定相似性。其次，生产与消费密不可分，它们彼此交织、共同发展，生产、创新和消费之间存在着错综复杂的关系。民间社会组织对于 GPNs 中合作行为具有重要影响，一些全球性民间社会组织往往是全球价值和规范的发起者、支持者和评判者。③

这些观点使我们充分认识到 GPNs 的复杂性。GPNs 的运行是各类

---

① Henderson, J., Dicken, P., Hess, M., Coe, N. and Yeung, H. Y. C., "Global Production Networks and the Analysis of Economic Development", Review of International Political Economy, 2002, Vol. 9, No. 3, pp. 64 – 136.

② Coe, N. M., Dicken, P., Hess, M., "Global Production Networks: Realizing the Potential", Journal of Economic Geography, 2008, Vol. 9, No. 8, pp. 271 – 295.

③ Beck, T., Demirgtic – Kunt, A. and Levine, R., "Law and Firms' Access to Finance", American Law and Economics Review, 2005, Vol. 7, No. 1, pp. 211 – 252.

型主体权利相互制衡的共同结果，企业、国家、机构、个人（既是劳动者又是消费者）以及企业间、国家间、机构间、个人间有着各自利益，又彼此依存，他们的行为共同构成了GPNs运行结果。因此，GPNs中的企业是在一个非常复杂的生态环境下成长，其网络构建也必须考虑所有相关主体的作用与反应。

第五，GPNs理论中的四个概念维度使GPNs变得具体而生动，使我们可以更好地理解GPNs的一般性与特殊性。首先，相同产业部门中的企业可能会因为相似的技术、产品、市场约束，以及部门专有的语言和特定的沟通结构，或者产业特殊的压力群体（雇主、劳工组织或行业协会）形成部门特有的规制环境，采取相似的构建企业竞争优势的方式，导致相似的GPN架构，这使GPNs形态体现出一定的产业特征。但同一产业中的不同企业又存在明显差异，体现为企业战略优势、对待劳动关系的态度、与供应商的关系等方面。GPNs理论的制度维度提醒我们：制度安排在设定劳动关系、工作条件以及工资水平标准方面发挥着重要作用，因而成为GPNs构建企业在进行区位选择和实施本地化发展战略时的重要因素。

Ernst的GPNs理论框架和曼彻斯特学派的GPNs理论框架从更宽阔的视角讨论了在全球化和深度分工环境下，企业组织全球生产体系，成为GPNs领导者对其成长的重要意义，以及企业全球生产体系的构成问题，以丰富的内容为我们研究企业如何建设以己为中心的全球生产体系提供了大量理论依据和有益启示。

第二节 文献综述

一 企业成长内涵

企业成长是一个古老而时髦的论题，由于它与企业、产业、就业、国家和地区经济发展息息相关，因此受到理论界和实践界的广泛关注。但是并没有一个单独的理论来分析企业成长问题。

对企业成长问题的研究，一些学者强调成长的"量"的方面，将企业成长看作企业规模的扩张、边界的扩展以及业务范围的扩大。亚当·斯密的劳动分工理论给人们描述了这样一种逻辑：市场规模是决定劳动分工水平的重要因素，随着市场规模的扩大，劳动分工水平会不断提高，推动手工工场的规模增大，手工工场内的劳动力人数和创造的产品数量也相应增加。[1] 自此，企业规模与企业成长的关系被确定下来。规模经济这一概念被提出后，对企业成长的研究更是与企业规模联系起来。按照古典经济学的观点，规模经济强调规模效益，也即只有当企业规模达到一定程度后才能够获利，这推动了企业对规模扩张的追求。在新古典经济学的分析框架中，企业被视为一个生产函数，企业成长被看作一个产量调整的过程，也即企业调整生产规模达到最佳规模水平，同时最佳规模也是可变的，因此企业成长就成为从非最佳规模走向最佳规模的过程[2]。自从科斯从交易费用的角度对企业本质做出解释后，学者们开始从企业边界的角度讨论企业成长。Williamson认为，作为一个纵向一体化的实体，企业成长是一个以纵向边界的调整为特征的扩张过程。[3] 这些强调企业成长的量的因素的研究在衡量企业成长时最常用的指标有企业规模或寿命、企业员工数量、就业率、生产率等。

除了对企业成长"量"方面的研究，另一些学者主张应从"质"的方面来考察企业的成长。例如以彭罗斯为代表的企业内生成长理论将企业成长看作知识与能力逐步积累和加强的过程，企业内部资源的积累带来了企业能力的变化，促成企业规模和企业性质的改变。[4] 钱德勒研究了美国企业的发展史，指出技术的发展和市场的扩大是引起企业成长的最根本的原因，现代企业之所以取代了古典企业是因为在新的技术和需求条件下，大规模一体化的生产比古典式的生产组织方

---

[1] 亚当·斯密：《国富论》，中央编译出版社2011年版。
[2] Utterback, J. M. and Abernathy, W. J., "A Dynamic Model of Process and Product Innovation", *Omega*, 1975, Vol. 3, pp. 639–656.
[3] Williamson, O. E., *Markets and Hierarchies: Analysis and Anti-trust Implication: A Study in the Economics of Internal Organization*, New York: Free Press, 1975.
[4] Penrose, E., *The Theory of the Growth of the Firm*, Oxford: Blackwell, 1959.

式更有效率。① 根据钱德勒的观点，企业成长成为企业根据技术和市场变化不断调整组织形式的过程。熊彼特从另一个质的方面对企业成长进行了定义，在熊彼特的观点里，创新是企业成长的根本，他将企业成长看作一个非连续的、突发的、迅猛的创造性毁灭的过程。尽管有着不同的视角，但钱德勒和熊彼特的企业成长观都注重企业成长"质"的方面，后来的一些学者也将两者的观点结合起来，认为企业成长就是企业通过创新来实现组织结构的重组和管理模式的调整。

更多的研究倾向于从质与量两方面考察企业的成长，将企业成长界定为企业量成长和质成长相结合的过程和结果。安索夫②对企业成长经营活动之间协同的研究，以及詹森等有关企业成长的契约联结模型，强调以企业规模的增长、结构关联的调整来衡量企业成长，并且突出了企业成长中的多重边界性和组织成长的生命周期性等特征，深刻体现了企业成长质与量的互动性。③ 我国学者杨杜也指出，销售额扩大、资产增长、雇员增加等量的增长是企业成长的标志。同时，资源结构改善、学习能力加强、业务范围多样化、竞争地位提升以及组织结构变革等与量的扩张无关的质的变化同样可以用来衡量企业成长。④

实际上，质的提升和量的扩张并不矛盾，作为持续发展过程的企业成长就是企业从小变大、由弱变强的过程，前者代表了量的扩张，后者体现为质的改变，前者是外在的表现，后者为内在的支撑。当然两者也并不完全等同，短期内规模的膨胀若没有内在竞争力的增强为基础，就会大而不强，从而难以实现长期持续的成长，这也是我们强调要将中国制造由大做强，由单纯制造的扩张走向创造繁荣的意义所在。

---

① [美]小艾尔弗雷德·D. 钱德勒：《看得见的手——美国企业的管理革命》，商务印书馆1987年版。

② Ansoff, H., *Corporate Strategy, An Analytic Approach to Business Policy for Growth and Expension*, New York, 1965.

③ Jensen, M. C., Meckling, W. H., "Theory of the Firm: Managerial Behavior, Agency Costs and Ownership Structure", *Journal of Financial Economics*, 1976, Vol. 13, pp. 305 – 360.

④ 杨杜：《企业成长论》，中国人民大学出版社1996年版。

因此，本书对企业成长的理解为：企业成长是企业在特定外部环境与内在条件下确定适当的发展战略，并通过合适的结构功能调整来形成更强的专有能力和获取更丰富的网络资源，从而使自身在 GPNs 中的地位不断提升。

二　企业成长动力与成长模式

Ardishvili 等将企业成长研究分为因素研究和过程研究，因素研究是对企业成长动因的考察，用来解释企业为什么成长。过程研究则关注企业成长过程中的一系列变化，重在发掘企业成长的独特模式或规律。[①] 但这两方面并不是孤立的，企业成长模式的选择依赖于影响因素的状况和特征，所以，这两个问题通常是一起讨论的。对那些驱动企业成长的因素，以及企业在特定经济环境下表现出的比较稳定的、具有一定普遍性特征、方式和路径的研究，能揭示在一定时期内相对既定的外部环境对企业适应性战略选择的影响，从而为企业选择合适的竞争战略和成长方式提供指导。因此，与对企业成长内涵的研究相比，学者们更关注对企业成长动力机制的探究和企业成长模式的概括。

钱德勒将美国企业的成长史划分为四个阶段，并总结了四阶段的主要企业成长战略，即数量扩大、地区扩展、垂直一体化和多元化。[②] 而企业成长模式有三种，即规模型成长、纵向成长和多元化成长。鉴于对企业成长动力的认识直接影响了企业的发展路径、战略目标和竞争策略，从而成为影响企业成长的主要因素，我们下面将依据企业成长动因不同，区分企业成长的不同模式。

就企业成长动力来看，形成了外生性成长理论和内生性成长理论两大类观点，分别对应于对企业成长内涵的量和质的理解。以新古典经济学和新制度经济学为代表的外生成长理论认为，技术、成本结构

[①] Ardishvili, A., Cardozo, S., Harmon, S. and Vadakath, S., Towards a Theory of New Venture Growth, Paper Presented at the 1998 Babson Entrepreneurship Research Conference, Ghent, Belgium, 1998, pp. 21 – 23.

[②] ［美］小艾尔弗雷德·D. 钱德勒：《战略与结构——美国工商企业成长的若干篇章》，云南人民出版社 2002 年版。

和市场供需条件等外生变量决定了企业的升级和成长。在新古典经济学的理论体系中，企业被看作一个"黑箱"，企业成长的动力来自于对规模经济和范围经济的追求，而那些决定规模经济的因素主要是一些外生的因素。按照新古典经济学的理论观点，企业成长被看作由技术和需求等外部因素的变化推动的企业从旧的最优规模改变到新的最优规模的过程。[①] 在新古典经济学中，企业只是一个反映投入和产出关系的简单的生产函数，在利润最大化条件下研究均衡问题，并没有考虑企业组织形式、企业管理制度等的影响。因此，企业是被动地满足市场需求，不能主动根据内外组织和制度的适应性调整实现企业成长。此外，在新古典理论中，企业是同质的，没有本质区别，只是规模不同而已。这种排除了企业异质性和复杂性的前提假设，无法为企业战略和发展路径等提供指导。由于新古典经济学的企业成长理论主要是从静态均衡的角度，以最优化生产规模来衡量企业成长，没有能够解释企业成长的真正动力，也无法反映企业成长的过程，因而存在着许多缺陷。新制度理论将企业成长看作一个企业内外交易成本比较的结果。科斯使用交易费用来解释企业边界和企业成长动因，他认为企业的边界是由企业内部交易与市场交易成本的比较来决定的，当两者相等时企业规模就被确定下来，而作为一种企业边界变动的企业成长也因此是由交易费用这一因素来决定。威廉姆森[②][③]、格罗斯曼和哈特[④]等新制度学派的学者进一步从这一视角讨论了企业成长的问题，并提出了纵向一体化的企业成长理论。由于新制度经济学将企业定位为一个有效率的契约组织，一个由各种生产要素拥有者联合起来的具

---

① 杨林岩、赵驰：《企业成长理论综述——基于成长动因的观点》，《软科学》2010 年第 24 卷第 7 期。

② Williamson, O. E., *Markets and Hierarchies: Analysis and Antitrust Implications*, New York: Free Press, 1975.

③ Williamson, O. E., *The Economic Institutions of Capitalism*, New York: Free Press, 1985.

④ Grossman, S. J., Hart, O. D., "The Cost and Benefits of Ownership: A Theory of Vertical and Lateral Integration", *The Journal of Political Economy*, 1986, Vol. 94, No. 4, pp. 691 – 719.

有法人地位和资格的关系网络[①]，它们结成这种契约网络的根本原因是以这种方式来实现的要素结合比市场更有效，因此，企业成长就应该是企业边界的变化。可以说，新制度经济学的企业成长理论是对新古典经济学企业成长理论的批判性的继承和发展，新制度经济学以制度变迁取代了新古典的制度既定、以有限理性代替了完全理性，承认信息不对称和交易费用的存在，比较合理地解释了企业边界和内部组织问题。[②] 但它同样忽视了企业内部独特性资产和能力的存在和利用问题，对无形资产的关注不够。Porter 对竞争优势和竞争战略的研究也强调外部因素对企业竞争力的影响，认为行业选择是企业竞争力的关键，企业所处的市场结构和市场机会是竞争优势的源泉，企业成败的关键是在一个盈利性的产业里寻求一个有利的竞争地位。[③] 因此，他主张企业成长战略的选择应该包括两个核心问题：一是产业选择问题，产业的盈利能力决定着从事这一产业的企业的获利水平，因此，企业应该首先选择那些具有长期盈利潜力的产业从事经营活动；二是确立竞争地位的问题，即企业要在所选定的产业内占据有利的竞争位势。[④] 这些理论推动了以产量扩张为特征的规模化成长，以新产业进入和新业务扩展为特征的多元化成长和以上下游生产链整合为特征的纵向成长，以及由以上三种成长方式组合而成的复合型成长等企业成长模式，同时，这些理论也在一定程度上解释了以企业解体和重组为特征的分散化和集团化成长模式。[⑤] 这些成长模式的共同特征是强调企业成长的外部环境的重要性，要求企业充分了解外部环境变化的特点并把握环境变化的方向，发挥主观能动性，通过产业选择、规模调整等方式塑造更为有利的竞争格局和市场势力。

企业内生成长的理论来源可以追溯到斯密的劳动分工影响劳动生

[①] Foss, N. J., "Wither the Competence Perspectioe?", in Nicolai J Foss and Christian Knudsen, eds. *Towards a Campetence Theory of the firm*, London: Routledge. 1996.
[②] ［德］柯武刚、史漫飞：《制度经济学——社会秩序与公共政策》，韩朝华译，商务印书馆 2000 年版。
[③] ［美］迈克尔·波特：《竞争战略》，陈小悦译，华夏出版社 1997 年版。
[④] ［美］迈克尔·波特：《竞争战略》，陈小悦译，华夏出版社 1997 年版。
[⑤] 邬爱其、贾生华：《企业成长机制理论研究综述》，《科研管理》2007 年第 28 期。

产率的理论。而马克思的专业化分工影响专业化知识积累，并创造出一种"社会力量"的观点，深化了对企业内部分工推动成长机制的理解。被公认为是企业内部成长理论开创者的彭罗斯的观点大大推动了企业内生性成长理论的发展。[1] 彭罗斯将企业视为一组生产性资源的集合，企业成长建立在企业内部未利用的资源的基础上，企业成长是一个利用内部资源促进企业能力提升，进而推动企业成长的过程，同时，彭罗斯强调在企业内众多资源中，企业家是推动企业成长的最重要的因素之一，企业家的主要职能就是发现并利用潜在的成长机会。除此之外，受到熊彼特的创新理论影响，彭罗斯也强调创新能力在企业成长中的重要性。在彭罗斯的企业成长内部决定论基础上，一些学者陆续提出了资源基础论[2][3]、能力基础论[4][5]、企业演化理论[6]等理论，充实了内生性成长理论。其中，Wernerfelt 在坚持企业是资源集合体，企业的竞争优势源自企业内部拥有的资源，特别是一些异质性资源的基础上，将企业成长视为一个动态过程，主张企业成长是企业通过创新、变革等方式积累和整合资源，产生资源增值的过程。[7] Prahalad 和 Hame 则提出了企业核心能力的概念，认为企业成长的根本动力来自一种配置、开发和保护资源的能力，这种能力就是企业核心能力。[8] 这一观点将我们对企业成长动力的认识由一些具体的、分

---

[1] 伊迪丝·彭罗斯：《企业成长理论》，赵晓译，上海三联书店、上海人民出版社2007年版，第36—46页。

[2] Wernerfelt, B., "A Resource – based View of the Firm", *Strategic Management Journal*, 1984, Vol. 5.

[3] Barney, J. B., "Firm Resources and Sustained Competitive Advantage", *Journal of Managenmet*, 1991, Vol. 17, pp. 99 – 120.

[4] Demsetz, H., *Ownership, Control and the Firm*, Basil Blackwell Inc., 1988.

[5] Prahalad C. K. and Hame G., "The Core Competence of Corporation", *Harvard Business Review*, 1990, Vol. 68, No. 3, pp. 79 – 91.

[6] Nelson, R., Winter, S., *An Evolutionary Theory of Economic Change*, Cambridge, MA：Harvard University Press, 1982.

[7] Wernerfelt, B., "A Resource – based View of the Firm", *Strategic Management Journal*, 1984, Vol. 5.

[8] Prahalad, C. K., Hamel, G., "The Core Competence of the Corporation", *Harvard Business Review*, 1990（66）.

散的资源引向了更为抽象的、有资源组合而形成的能力上。该理论认为，核心能力是分布于组织内部以及跨越组织边界的特殊物质，它是一种可以协调多种生产技能以及整合众多技术流的能力。但是由于企业竞争环境动态性，核心能力很容易陷入核心刚性的困境，Teece 等[①]又以动态能力的概念取代了核心能力，这一概念强调能力与环境的协调，所谓"动态"就是竞争能力要不断调整以便与竞争环境保持一致，动态能力就是企业必须根据环境要求不断整合、重构组织内外的资源、技术和能力来适应这种环境变化。他们指出企业只有具备了对内外部竞争能力进行整合、构建或者重置以适应动态环境的能力，才能在动态变化的竞争环境中获得持久竞争优势。动态能力理论从内外结合的视角出发，提出根据环境变化，通过资源整合，更新企业竞争能力的观点，是对核心能力理论的发展和超越，也引领企业内生成长理论由强调单一内部资源向同时关注外部环境转变。不足的是，虽然动态能力理论指出了企业在变化的环境中获得持久竞争优势的条件，但对于企业的动态能力是如何形成的却没有给出满意答案。演化经济学的企业成长理论也将企业看作是异质性资源和这些资源产生的服务集合体，但它们更关注惯例和选择环境的作用。惯例是在特定环境下重复使用一些专有性的资源所需要具备的知识，构成惯例的知识是企业在干中学中通过模仿和试错积累起来的；企业能力，包括动态能力实际上是惯例的一种表现。由于企业活动总是在一定的情境下进行的，因此具有一定的路径依赖性，这导致企业的能力和惯例也具有路径依赖性。[②③] 企业成长的演化理论对理解 GPNs 中后发企业能力发展的路径依赖和成长困境提供了思路。

内生性成长理论打开了企业"黑箱"，促使学者们开始从企业内

[①] Teece, D. J., Pisano, G. & Shuenl, A., "Dynamic Capabilities and Strategic Management", *Strategic Management Journal*, 1997, Vol. 7, pp. 509–533.

[②] Nelson, R., Winter, S., *An Evolutionary Theory of Economic Change*, Cambridge, MA: Harvard University Press, 1982.

[③] Nelson and Winter, *An Evolutionary Theory of Economic Change*, Harvard University Press, 1997, p.373.

部寻找企业成长的因素，推动了内生性成长模式发展。这种成长模式的特点在于推动企业成长的核心资源的内生性，即企业内各部门通过竞争性合作、集体学习和自主创新等手段产生内生于企业的比较优势，形成企业与外部环境进行能量交换的基础，产生具有自我创新、自我提升的成长力量。[1]

然而，内生成长理论和外生成长理论并不能很好地解释和指导企业成长。Stigler 在对美国前 500 强大公司深入研究后，得出"没有一个美国大公司不是通过某种程度或某种方式的兼并成长起来的，几乎没有一个公司是靠内部成长起来的"结论。[2] 但是，许多在 20 世纪初到 20 世纪 90 年代间，经历了 5 次大规模并购浪潮形成的许多大企业和大集团，在进入 90 年代后却无力应对经营环境不确定增强、产业边界日益模糊和产业结构稳定性下降等问题，不得不转向通过组织变革、资源整合、管理创新和技术创新等方式来进行资源积累和能力构建，从而获得新的竞争优势和成长动力。产生了一场在内关注核心能力，在外寻求网络关系的变革。正如我们在文章开篇所描述的，诸如福特这样的曾经全能型的行业巨无霸纷纷开始瘦身，通用、IBM 等也开始剥离、出售和撤销非核心业务部门，集中于核心能力的培育。同时，大刀阔斧地进行资源整合，把目光集中于企业自身优势上，识别能够产生持续竞争优势的资源和能力，并以此确定企业战略和决策。这种发展战略的转变逐渐促成了网络化成长模式（对最具竞争力的跨国公司来说就是 GPNs）的形成。20 世纪 70 年代后，发达资本主义国家制造企业通过长达 20 余年的调整过程，逐渐形成了后福特主义的企业成长模式。[3] 这种成长模式有两种典型的代表："丰田制"和"第三意大利"模式。其中"丰田制"主要是一种大企业的精益模式，以某个大企业为核心，领导并控制多层次的分包企业进行网络化

---

[1] 杨林岩、赵驰：《企业成长理论综述——基于成长动因的观点》，《软科学》2010 年第 24 期。

[2] Stigler, G. J., *Studies in Chicago Political Economy*, Chicago: University of Chicago Press, 1989.

[3] 谢富胜：《新福特主义和后福特主义》，《教学与研究》2005 年第 8 期。

的生产。在"丰田制"的影响下,20世纪90年代以来一种大规模定制的网络化生产组织模式开始在美国盛行。与"丰田制"不同,"第三意大利"模式主要是中小企业间通过动态的分工网络进行弹性专业化生产的一种成长模式。但是研究表明,"第三意大利"模式在经过十余年的发展后,正在转向"丰田制"(谢富胜,2005)。由于推动此次变革的多为具有全球资源整合能力的跨国公司,它们为了寻求跨国资源比较优势和全球市场规模效应,利用技术、制度发展创造的产品内国际分工条件,形成了以工序、区段、环节为对象的新国际分工体系,并外化为GPNs系统,从而获得了更为强劲的成长动力,并成为GPNs领导者。

尽管这种成长模式中的企业努力培育并企图垄断那些具有专有性的独特、稀缺而缺乏替代性的核心资源和能力,但它绝不仅仅是只关注内部竞争优势的纯粹内生性成长。这种模式体现出的是一种内外兼修的成长方式,企业内部优势的创造来源于外部环境的支撑。在这种成长模式中,企业之间比拼的不仅是内部资源和企业内部各环节的实力,还注重网络外部资源和核心能力,产生一种基于网络的竞争优势和成长动力。对于GPNs,我们可以用专业分工和专有能力塑造,网络学习和协作创新等内生成长机理来解释其形成动因,也可以从规模经济创造、空间优势获取、交易成本优化来理解其组织结构的合理性。因此,不论是关注内部成长机制的内生成长理论,还是侧重外部影响因素的外生成长理论都可以被用来分析和解释GPNs的成长机理。在一个协作网络中,每一个企业都可以专注于自己熟悉的价值创造活动[1],获取所需的互补性资源,维持柔性生产[2]并获得规模经济。[3] 同

---

[1] Miles, R. E. and Snow, C. C., "Fit, Failure and the Hall of Fame", *California Management Review*, XXVII, 1984.

[2] Powell, W. W., "Neither Market nor Hierarchy: Network Forms of Organization", in Staw, B. M. and Cummings, L. L. eds., *Research in Organizational Behavior* 12, Greenwich, CT: JAI Press, 1990.

[3] Grandori, A., "Governance Structures, Coordination Mechanisms and Cognitive Models", *Journal of Management and Governance*, 1997, Vol. 1, pp. 29–47.

时还可以利用网络来分担风险.[1]、节约研发费用和加速技术创新[2]，帮助企业顺利进入国外市场。[3] 并且，由于内因、外因在企业成长中本身就具有不可分割性，在网络实践的推动下两种理论不断地进行内部修正以增强其解释力，也不断寻求相互融合和创新来构建新的企业成长理论体系。杨瑞龙、冯健[4]就综合了交易成本理论和企业能力理论对影响企业网络边界的因素进行了阐释。Kaplinsky 和 Morris 在论述网络组织形态时指出，参加者因为控制了特定资源从而能够通过利用和创造对竞争者的进入壁垒而免于竞争，同时，除了获得由企业内部独特资源和动态能力所创造的竞争优势外，企业还可以获得由网络在位权和网络关系控制权带来的垄断租金。[5][6]

由此不难看出，20 世纪后期以来，由技术创新与制度变迁带来的企业发展条件和竞争压力变化推动了企业组织结构和生产模式的变革。在具有全球资源整合能力的跨国公司成长模式变化影响下，众多在地域上分散或集中的生产单位或组织也通过相应的成长模式调整，促成了一种全新的全球化企业发展模式。蕴藏在这种成长模式下的成长潜力与潜在风险不是任何单一理论可以阐释的，传统理论所揭示的成长动力可以部分解释其成长特征，但我们还需要更进一步的理论综合和更完善的理论框架揭示其成长机理，特别是在动态视角下发掘企业成长与 GPNs 的共演关系。

---

[1] Hame, G., Doz, Y. L. and Prahalad, C. K., "Collaborate with Your Competitors and Win", *Harvard Business Review*, 1989, Vol. 89, No. 1, pp. 133 – 139.

[2] Seung Ho Park, "Managing an Inter - organizational Network: A Framework of the Institutional Mechanism for Network Control", *Organization Studies (Walter de Gruyter Gmb H & Co. KG)*, 1996, Vol. 17, No. 5, pp. 795 – 824.

[3] Doz, Y. L., Hamel, G., *Alliance Advantage*, Boston: Harvard Business School Press, 1998.

[4] 杨瑞龙、冯健：《企业间网络的效率边界：经济组织逻辑的重新审视》，《中国工业经济》2003 年第 11 期。

[5] Kaplinsky, R., Morris, M. A., *Handbook for Value Chain Research Institute of Development Studies*, 2001.

[6] Kaplinsky, R., "Spreading the Gains from Globalization: What Can Be Learned from Value - Chain Analysis?" *Problems of Economic Transition*, 2004, Vol. 2, pp. 74 – 115.

三 GPNs 中的发展中国家企业成长

近 30 年来，GPNs 的快速发展既是企业成长模式变化的结果，也是推动其进一步调整成长方式的动因。作为促发了全球生产体系变革的先进跨国公司而言，通过全球生产体系构建实现了跨越企业边界和国家边界的内外资源整合和竞争优势塑造，获得了基于网络层面的竞争优势。在这一 GPNs 的形成过程中，作为"被变革者"的发展中国家企业接受了这种组织模式和成长方式的改变。从现有的研究成果来看，主流的理论视角是将发达国家跨国公司作为 GPNs 的构建者和领导者（或者旗舰企业），发展中国家本土企业作为网络参与者或专业化供应商和分包商，主要研究前者的网络构建行为如何创造了后者的成长机会以及如何利用这些机会推动企业发展等问题。我们将与这种理论相对应的成长模式称为"嵌入式"成长模式。近年来，由于"嵌入式"成长的许多弊端不断显现出来，也有不少学者开始突破这一视角，开始研究更为自主的成长模式。

（一）GPNs 下企业成长内涵

GPNs 的垂直专业化分工促使企业资源和能力呈现出更加专业化的发展趋势。价值链不同环节对资源、能力要求的差异，从事该环节生产活动的企业对网络价值创造的贡献不同，从而在网络中的地位和对网络的控制权也不相同。因此，除了对传统的企业规模、资源和能力进行考量外，在对 GPNs 中企业成长/升级考察时，需要更多地考虑其在价值链中所处位置或价值活动类型。

较早明确提出 GVC/GPNs 中企业成长/升级概念的是 Gereffi，他将企业升级定义为企业或经济体向着更具盈利性的、技术或资本密集型的经济活动移动的过程。从资源配置的角度来看，这种移动表现为四个层面的企业成长：①企业内部：从低附加值产品移向高附加值产品，从简单商品移向复杂商品，从小规模生产转向大规模定制；②在网络内企业间：从标准化的大规模生产移向差异化、个性化的柔性生产；③地方或者国家经济体内：从简单的进口组装转向 OEM 和 OBM 生产；④全球范围内：从双边的、非对称的地区间贸易转向全价值链的完全的、发达的区域内劳动分工（Gereffi，1999）。从 GVC/GPNs

视角定义企业升级的另一具有影响力的是 Humphrey 和 Schmitz 的观点,他们认为,企业升级是指企业技术能力或市场能力的提高,或具备了高附加值价值链环节上的竞争力,他们将 GPNs 中的企业成长分为四个层次:①工艺升级(process upgrading):通过生产体系的重组,提高投入产出的效率;②产品升级(product upgrading):通过引进更先进的生产线,比竞争对手更快地推出新产品或改进老产品,实现产品附加值的增加;③功能升级(functional upgrading):从事新的功能活动,如从生产制造环节向研发设计和市场营销等更具盈利性的价值环节移动;④价值链升级(inter-sectoral upgrading):企业将从事某一产业经营活动的专门知识应用于另一种产业。[①] 与这一观点相似的还有 Svetlana et al.、Fonseca 对企业升级的认识。Svetlana et al. 将生产效率的提高、新产品的引进或现有产品的改进、生产活动区域的改变以及新价值链的进入都视为企业升级。[②] Fonseca 也指出,全球价值链中的企业能够通过改善运行条件、获取新技术或新技能、与市场建立新联系,而不断增强竞争力和从事更高附加值的生产活动。[③] 卜国琴认为,对于发展中国家企业来说,GPNs 中的企业成长是企业更多地参与到世界经济中的重要生产网络,并在网络运行机制和外部环境的综合作用下逐步提高自身的能力,进而不断转换和提升在 GPNs 中的角色及其所从事的价值链环节增值活动;她还进一步区分了网络内升级和网络间升级。所谓网络内升级是指在网络运行机制的作用下,网络中加工企业(供应商)能力会不断提高,进而转换其网络角色和从事的价值链环节,由同一产业内部的劳动密集型环节向资本密集型

---

① Humphrey, J. & Schmitz, H., "Governance and Upgrading: Linking Industrial Cluster and Global Value Chain Research", IDS Working Paper120, Institute of Development Studied: University of Sussex and Institute for Development and Peace, University of Duisburg, 2000.

② Svetlana Avdasheva, Igor Budanov, Victoria Golikova, Andrei Yakovlev et al., "Upgrading Russian Enterprises from the Value Chain Perspective: The Case Study of Tube & Pipe and Furniture", School of Slavonic & East European Studies Working Paper, 2005.

③ Madalena Fonseca, *Global Value Chains and Technological Upgrading in Peripheral Regions: The Footwear Industry in North Portugal*, Paper presented for Regional Studies Association International Conference, 2005.

和技术密集型环节（即网络中的战略性环节）的升级转换。网络间升级是指一个国家的加工企业（供应商）更多地参与到世界经济中的强势网络中去，从一个生产网络转换到另外一个生产网络。①

（二）GPNs下发展中国家企业成长路径

与发达国家跨国公司相比，发展中国家企业不论是在组织创新、全球经营还是资源整合能力上都较弱。因此，GPNs的形成、发展主要是由发达国家跨国公司推动的，在相当长一段时间里，发展中国家都是以一种参与者的身份出现的。发展中国家低廉的劳动力和土地价格，以及落后的研发技术和贫乏的高端资源，使得发展中国家企业主要以代工方式从事相对低端的制造活动。20世纪80年代，中国通过出口导向型的发展战略参与这种新的国际分工，加工贸易是我国企业融入GPNs的主要途径。这样的成长背景意味着很大比例的发展中国家企业在GPNs中是从合同制造商（contrator）、次级承包商（sub-contractor）或原始设备制造商（Original Equipment Manufacture，OEM）开始的。学者对GPNs中后发企业成长路径的研究也主要以此为起点。作为生产与营销分离的一种特殊代工方式（瞿宛文，2007）②，OEM更符合大多数发展中国家企业，在GPNs中从事生产制造活动，缺乏品牌和销售渠道，所以现有文献更多地研究了OEM企业的成长路径。

Gereffi对东亚企业在服装行业GPNs中的成长情况进行研究后，提出了作为承包商或合同制造商的发展中国家企业由进口组装（OEA）—原始设备制造（OEM）—原始设计制造（ODM）—原始品牌制造（OBM）的升级路径。③ Kaplinsky和Morris将Gereffi的研究成果与Humphrey和Schmitz（2000）提出的四种类型升级结合起来，形成了如图2-2所示的企业升级路径。

---

① 卜国琴：《全球生产网络与中国产业升级研究》，暨南大学出版社2009年版。
② 瞿宛文：《中国台湾后起者能借自创品牌升级吗?》，《世界经济文汇》2007年第5期。
③ Gereffi, G., "International Trade and Industrial Upgrading in the Apparel Commodity Chains", *Journal of International Economics*, 1999, Vol. 48, pp. 37–70.

	工艺	产品	功能	价值链
轨道	→	→	→	→
例子	进口部件装配（OEA）↓ 原始设备制造（OEM）	自行设计制造（ODM）	原始品牌制造（OBM）	转换价值链（例如从黑白电视机显像管转向计算机显示器）
活动的非实体性水平	价值附加值活动的非实体性水平逐渐增加 →			

图 2-2 企业层级升级路径

资料来源：Kaplinsky, R., Morris, M. A., "Handbook for Value Chain Research", *Institute of Development Studies*, 2001.

此后，学者们就这一成长路径进行了大量实证研究。其中不少证据表明，这一成长路径不具有顺序性，即在企业成长过程中既有阶段的跳跃，又有阶段的反复。Sewyll（1993）对中国台湾的 Mitac 电脑公司经营情况进行考察后发现：该公司在中国台湾市场上以自有品牌进行销售的比例占总销售额的比例由 1990 年 70% 降到了 1993 年的 40%，一个主要的原因是公司领导人认为专注于 OEM 可以为公司赢得更高的利润。对韩国大宇的研究也显示公司在经过了多年 OBM 的努力后又回到依靠 OEM 的成长方式上。同样的故事也发生在我国许多企业中。例如，2006 年，在国内市场不断萎缩的压力下，曾经拥有自有品牌，并在中国彩电业创造了无数辉煌的厦华选择进入 OEM 业务，2008 年的金融危机又使厦华自有品牌在海外开拓受阻，促使其进一步放弃自有品牌的海外拓展，也基本放弃了对国内主流彩电的竞争，全面转型 OEM。瞿宛文对中国台湾代工企业的研究指出：对代工企业来说，从 OEM 到 ODM 的演化进程有清楚的延续性，但升级到 OBM 则可能发生某种断裂。这是因为，虽然就后进厂商的角度来看，OBM 可能是理想进阶的最高目标，但 OBM 不是代工，当升级到 OBM 后，代工企业必须改变经营模式，终止和原发包者的代工关系，这意味着企业经营活动有了一个较大跳跃。价值链中的厂商活动可分为研发、生产、营销,作为 OEM 的后进厂商只担任基本组装与制造工作。当由 OEM 到 ODM 变化时,发包者逐渐增加后进代工者的责任,包括与生产相关的采购零组件、产品设计、运筹、售后服务等,而买主所负责的部分只包括头尾,即产品创新和经营品牌与通路。OBM 意味着代工者要取代买主地位,从头到尾负责研发及品牌营销,后起者若要改弦更张进入 OBM 模式,必须改变以往的竞争模式,依赖创新能力而不是生产能力进行市场竞争,这是崭新的不同于代工的企业成长模式,牵涉到经营模式的转换问题①。

一些学者也在上述升级路径基础上提出了更加多样化的企业成长轨迹。黄永明等②系统分析了中国纺织服装企业在全球价值链中的成长情况,细化了 OEM 到 OBM 的成长过程,提出了企业成长的三种方式(如图 2 - 3 所示):①基于市场扩张能力的升级(路径 A)。它是

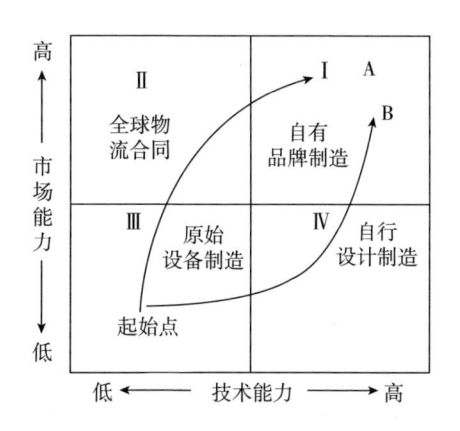

图 2 - 3 全球价值链上企业的升级路径

资料来源:黄永明、何伟、聂鸣:《全球价值链视角下中国纺织服装企业的升级路径选择》,《中国工业经济》2006 年第 5 期。

---

① 瞿宛文:《中国台湾后起者能借自创品牌升级吗?》,《世界经济文汇》2007 年第 5 期。
② 黄永明、何伟、聂鸣:《全球价值链视角下中国纺织服装企业的升级路径选择》,《中国工业经济》2006 年第 5 期。

指原始设备制造商承担的许多活动被重新配置给位于低工资国家（或地区）的第三方生产厂商，产成品从得到进口国配额的第三方所在国（或地区）直接运至全球购买商，从而导致"制造三角"形成。② 基于技术能力的升级（路径 B）。它是指企业职能从原始设备制造扩展到包括一些设计职能在内，并导致企业接下来依托自有品牌来进行营销设计，实际上就是 OEM→ODM→OBM。③ 基于市场扩张能力和技术能力双向组合的升级（或简称为组合路径）。企业将上述两条路径 A 和 B 结合起来，在同一时间内针对不同的目标市场，实施不同的升级策略或对同一目标市场搭配实施两种策略。

毛蕴诗等指出，从 OEM 到 ODM 再到 OBM 可以有多种组合：第一种是递进式的 OEMODMOBM；第二种是先做大 OEM 或进行 OEM 的多元化，再走技术升级的路线，由 OEM 升级到 ODM，或走品牌升级的路线，由 OEM 升级为 OBM；第三种则是将多种方式混合起来。①

（三）被动嵌入式成长的动力与陷阱

GPNs 发展给后发企业成长带来的推动作用，大部分研究是从"干中学"视角展开研究的。研究认为，发展中国家企业嵌入发达国家跨国公司主导的 GPNs 后，可以获得领导企业的知识转移、溢出和督促，从而在这种外力推动下实现升级。

Gereffi 研究了东亚的纺织产品价值链，指出全球价值链的领导者会自动地推动本地供应商进行产品升级、流程升级和功能升级。② 当领导企业为应对市场竞争而进行产品的多样化经营和给供应商提供技术支持和生产实践的指导时，就在客观上推动了供应商的升级。③ 对于发展中国家来说，建立本土中小企业与跨国公司的业务联系可以利用后者的技术、知识和技能的转移，改善本国企业经营管理状况，帮

---

① 毛蕴诗、吴瑶：《企业升级路径与分析模式研究》，《中山大学学报》（社会科学版）2009 年第 1 期。

② Gereffi, G., "International Trade and Industrial Upgrading in the Apparel Commodity Chains", *Journal of International Economics*, 1999, Vol. 48, pp. 37 – 70.

③ Humphrey, J. and Schmitz, H., "How does Insertion in Global Value Chains Affect Upgrading in Industrial Clusters?", *Regional Studies*, 2002, Vol. 36, No. 9, pp. 27 – 101.

助其获得资金和市场,更有效地实现本国的企业升级和产业升级(UNCTAD,2006)。Barnes 和 Kaplinsky[①]、Gibbon 等的研究提供了一些网络领导者帮助当地制造商升级的证据。[②] Yang(2006)研究了全球生产网络中的旗舰企业对供应商升级活动的影响,并指出,旗舰企业会对地方供应商,特别是发展中国家的中小供应商的升级活动施加压力,它们通过向这些供应商实施可置性威胁来推动它们升级,一旦供应商不能以低价和高质的产品来满足其需求,旗舰企业就会将它们排除出 GPNs;同时,全球生产网络是一个巨大的知识携带体,它能够向小供应商转移技术,给它们进入国际市场和升级提供技术支持。全球价值链嵌入企业存在三个主要的学习机制,即学习压力、主导企业有意识的知识转移以及外溢性的学习。[③] 卜国琴从 GPNs 中知识转移和扩散机制角度分析了加工企业的升级动力。[④] 这些研究都表达了在 GPNs 中,领导企业的推动是促使嵌入企业成长的直接动力和机制。

尽管 GPNs 为后发企业提供了成长动力,但也蕴藏着许多制约因素。研究表明,嵌入发达国家主导的 GPNs 可能落入"伪升级"陷阱。[⑤⑥⑦] 通过嵌入 GPNs,发展中国家的制造企业虽然能够进入发达国家的高端市场,但它们仍然处于全球价值链的低端环节,极易陷入

[①] Barnes, J., Kaplinsky, R., "Globalization and the Death of the Local Firm? The Automobile Components Sector in South Africa", *Reginal Studies*, 2000, Vol. 34, No. 9, pp. 797 – 812.

[②] Gibbon, Peter, "Commodities, Donors, Value – Chain Analysis and Upgrading", *Background Paper*, Geneva: UNCTAD, 2003.

[③] Tilman Altenburg, *Donor Approaches to Supporting Pro – poor Value Chains*, The Donor Committee for Enterprise Development, 2007.

[④] 卜国琴:《全球生产网络与中国产业升级研究》,暨南大学出版社 2009 年版。

[⑤] 张晔:《买方垄断势力下跨国公司对当地配套企业的纵向压榨》,《中国工业经济》2006 年第 12 期。

[⑥] 刘林青、谭力文、施冠群:《租金、力量和绩效——全球价值链背景下对竞争优势的思考》,《中国工业经济》2008 年第 1 期。

[⑦] 俞荣建:《基于全球价值链治理的长三角本土代工企业升级机理研究》,浙江大学出版社 2010 年版。

"俘获型"GPNs[1][2],难以完成"功能升级"和"链条升级",更无法实现成功的国际化经营。在众多制约因素中,网络领导者出于自身利益而设置的重重障碍,以及企业既有成长模式的弊端成为约束其进一步发展的主要因素。

现有研究认为 GPNs 中后发企业升级动力主要来自领导企业的推动,特别是在技术和知识上的支持。但 Schmitz 等认为:"购买者不会总是为升级提供支持"。GPNs 主导企业出于对核心能力的保护,一方面会通过知识产权封锁来保护自己,防止知识溢出;另一方面,也会遏制供应商进行核心能力进犯性的学习和创新[3],供应商只能学到在关系边界内的专用性知识。[4] 不仅如此,代工企业在 GPNs 中向主导企业的学习会受到主导企业钳制。[5] 参与 GPNs 的后发企业进行功能升级或链条升级时,极易遇到作为网络领导者的发达国家大购买商和大制造商的双重夹击而被锁定在低端微利的价值链生产制造环节,陷入所谓的"低端锁定"状态。[6] 郑准和王国顺针对我国产业集群的发展情况,提出跨国公司主要通过"资源控制、能力隔绝、战略俘获和利润挤占"等方式来"俘获"我国的集群企业。[7] 其中,所谓资源控制是指跨国公司通过控制技术标准和实施技术垄断来掌控企业升级的战略资源;能力隔绝是跨国公司利用核心能力和

---

[1] Schmitz, H., *Local Upgrading in Global Chains: Recent Findings*, Paper to be Presented at the DRUID Summer Conference 2004 on industrial dynamics, innovation and development, 2004.

[2] 刘志彪、张杰:《全球代工体系下发展中国家俘获型网络的形成、突破与对策——基于 GVC 与 NVC 的比较视角》,《中国工业经济》2007 年第 5 期。

[3] 张杰、刘志彪、郑江淮:《出口战略、代工行为与本土企业创新——来自江苏地区制造业企业的经验证据》,《经济理论与经济管理》2008 年第 1 期。

[4] Mesquita, L. F., Brush, T. H., "Comparing the Resource-based and Relational Views: Knowledge Transfer and Spillover in Vertical Alliances", *StrategicManagement Journal*, 2008, Vol. 29, pp. 913–941.

[5] Humphrey, J. and Schmitz, H., *Governance in Global Value Chains*, IDS Bulletin, Vol. 32, No. 3, 2001.

[6] 卢福财、胡平波:《基于竞争与合作关系的网络组织成员间知识溢出效应分析》,《中国工业经济》2007 年第 9 期。

[7] 郑准、王国顺:《全球生产网络、俘获效应与集群企业转型升级——整合性分析框架与政策建议》,《国际经贸探索》2012 年第 2 期。

知识的隐性资源的特点，使居于网络中的中国企业通过简单的观察而模仿跨国公司在高端价值链环节的生产经营活动；战略俘获是当中国企业向较高的网络位置攀升时，跨国公司会通过知识封锁、技术封锁以及市场和品牌封锁等手段进行战略上的"围追堵截"；而利润挤占则是跨国公司会利用其作为 GPNs 主导者和技术标准制定者的身份，设计各种参数来控制作为代工者的发展中国家本土企业的经营活动和压缩它们的利润空间，使其陷入代工—微利化—自主创新能力缺失的循环路径。[①] 这些阻碍因素的交织作用，使得发展中国家企业受制于网络主导企业，难以实现自主发展和符合自身根本利益的成长。

除了分析网络主导者对参与者升级可能采取的阻挠方式外，不同网络治理模式对嵌入企业成长的影响也是学者们关注的一个主要问题。Humphrey 和 Schmitz 对服装、鞋、家具和电子等多个产业部门的研究发现，这些产业中的发展中国家供应商多处于半层级（即俘获治理模式）价值链中；在这种治理模式中，领导企业会推动供应商进行过程升级和产品升级，这对成长初期的发展中国家供应商是非常有益的；但在后期阶段，由于领导企业不仅不会促进企业进行功能升级，相反会阻止其进行功能升级，供应商将会发现它们会逐渐落入一种低端锁定状态中。[②] 除了俘获型治理模式，Humphrey 和 Schmitz 也对其他治理模式进行了研究，指出，在市场型的治理关系中，由于供应商通常得不到大购买商在工艺和产品升级上的支持，因而其工艺升级和产品升级速度较慢，但所受到的功能升级的阻碍也较小，功能升级的道路更加宽广；同时，在各种治理关系中，模块型和关系型的价值链治理模式为企业升级提供了理想的条件，但需要企业自身较高等级的

[①] 刘志彪、张杰：《全球代工体系下发展中国家俘获型网络的形成、突破与对策——基于 GVC 与 NVC 的比较视角》，《中国工业经济》2007 年第 5 期。

[②] Humphrey, J. and Schmitz, H., *Governance and Upgrading*: *Linking Industrial Cluster and Global Value Chain Research*, IDS Working Paper 120, Institute of Development Studied: University of Sussex and Institute for Development and Peace, University of Duisburg, 2000.

能力要求，很少有发展中国家企业取得成功。① 卓越②对我国制造业企业进行问卷调查与计量分析检验了我国企业在不同生产网络治理模式下的升级情况，得到了与 Humphrey 和 Schmitz 的研究基本一致的结论：俘获型或层级型的价值链中，企业可以较快地实现工艺升级和产品升级，但功能升级的空间较小；而均衡网络型（即关系型）的治理模式下产品升级的速度稍慢，但功能升级和链条升级的空间较大；在国内价值链（NVC）中均衡网络型治理对企业升级和绩效提高没有明显作用，相反俘获型和层级型的治理更利于升级的实现和绩效的提高。

后发企业自身成长模式和成长策略选择不当是造成升级困境的又一重要因素。张杰等（2008）对江苏省制造企业进行了大样本实证研究，我国本土制造业企业主要以代工方式嵌入在全球生产网络中，对这些代工企业来说，国外市场依赖程度对企业创新活动的影响呈现一种倒"U"形的非线性形状，即随着企业对国外市场依赖程度的提高，最初其创新积极性会逐渐提高，在达到一个峰值后就归于回落，对于那些完全依赖国外市场的代工企业来说，创新活动会受到网络"俘获效应"的负面影响。而我国代工企业的关键设备引进等行为，可能是阻碍其自主创新能力形成的重要因素之一。郑准和王国顺认为：嵌入在 GPNs 的我国大多数中小企业都处于一种"战略混沌"状态，对自己的战略目标和战略路径都缺乏清晰的思考，很多企业仅依靠订单生存；对于一些规模较大和实力较强的企业而言，尽管拥有一定的战略规划能力，但由于缺乏对 GPNs 环境下企业升级和国际化战略的充分认识，也导致了"俘获效应"的产生。③ 他们还构建了一个由跨国公司、集群环境和企业自身因素构成的三维度整合性分析框

---

① Humphrey, J. and Schmitz, H., "How does Insertion in Global Value Chains Affect Upgrading in Industrial Clusters?", *Regional Studies*, 2002, Vol. 36, No. 9, pp. 27 – 101.
② 卓越：《全球价值链治理、升级与本土企业的绩效——基于中国制造业企业的问卷调查与实证分析》，《财贸经济》2009 年第 8 期。
③ 郑准、王国顺：《GPNs、俘获效应与集群企业转型升级——整合性分析框架与政策建议》，《国际经贸探索》2012 年第 2 期。

架，分析了导致集群企业产生"俘获效应"的系统原因（如图2-4所示）。

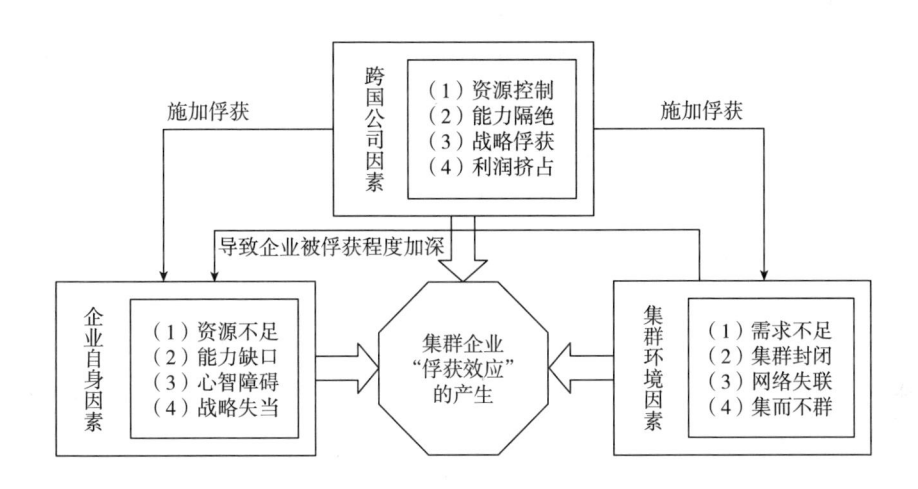

图2-4 集群企业"俘获效应"产生的三维整合性分析框架

资料来源：郑准、王国顺：《GPNs、俘获效应与集群企业转型升级——整合性分析框架与政策建议》，《国际经贸探索》2012年第2期。

从该整合性框架可以看出，造成我国企业成长困境的既有内因也有外因，不利的外部成长环境的制约难以激发内部成长性资源的积累，而内部资源和能力的限制又使其难以改善外部成长条件。我们需要一种更为有效的成长模式来推动内外动力的协调发展，这正是本课题希冀解决的核心问题。

（四）发展中国家本土企业的自主生产体系构建与升级

早期对GPNs下发展中国家本土企业的研究主要集中于这些企业如何成为发达国家跨国公司GPNs中的一个节点参与到全球生产体系中，以及如何向先进企业学习和积累知识。近年来，已有不少学者开始探索发展中国家自主生产体系的构建。特别是针对我国制造企业面临越来越严重的价值链低端锁定和升级困境，一批学者开始寻求我国企业更有效的发展模式，提出了构建自主生产体系的思想。

毛蕴诗等对比了中国台湾与大陆自行车产业发展的差距后认为，

以巨大（捷安特）为代表的中国台湾自行车企业成功地由 OEM 成长为全球知名品牌，与其积极构建具有紧密协同演进关系的战略联盟 A – Team 有很大关系，A – Team 实际上就是一种由本土企业组成的自主生产网络。[①] 俞荣建、吕福新（2008）在研究浙商企业升级问题时指出：在 GVC 中的浙商企业主要是以一种被动嵌入的状态存在，某一企业仅为一家或少数几家领导企业代工，由于缺乏自主全球价值体系，浙商企业在 GVC 中的权力地位受到很大影响。要改变这种局面，关键在于发展中国家后发企业突破行业界限、区域界限和国家界限，发展竞合关系，开展分工协作和能力互补，共同打造一个相对完整的自主价值体系，获得与全球生产网络领导者争夺网络权力的能力。刘志彪[②]更明确地提出了要转变我国制造业发展方式，构建以内需为基础的国家价值链（NVC），实现由国内消费需求支撑、由本土企业领导的全球价值链为主导的产业发展战略；这一发展战略的核心是要把依赖于国外跨国公司转变为依赖我国的跨国企业，由全球生产网络中的"外围"变为"中心"，使我国制造企业在 GVC 中由"承包、接包"方变为"发包"方，由"低端"位置上升到"高端"位置，使中国制造变为中国创造。[③] 对于这一发展方式的成长路径，刘志彪为发展中国家后发企业设计的一条升级路径是：发展中国家本土企业应该首先在国内市场上取得价值链高端环节的竞争优势，拥有自主设计能力、自有品牌和国内销售渠道，再逐步进入其他发展中国家市场，建立起以自主的区域价值链生产体系（Area Value Chain，AVC），最后进入发达国家市场，与发达国家大制造商和大购买商形成平衡型的网络关系，建立起完全自主的全球价值链。

由于不具有大陆的丰富资源和巨大潜在市场的有利条件，使最初学者和中国台湾企业在寻求自主生产网络的构建上更注重跨界网络的

[①] 毛蕴诗、林晓如、李玉惠：《劳动密集型产业升级研究——以中国台湾自行车产业整体升级及其竞合机制为例》，《学术研究》2011 年第 6 期。

[②] 刘志彪：《重构国家价值链：转变中国制造业发展方式的思考》，《世界经济与政治论坛》2011 年第 2 期。

[③] 同上。

发展。郑陆霖[①]指出，以代工为主的中国台湾企业（特别是大型企业）通过对外投资将既有分工结构加以转化，从对应于国外客户的边陲代工厂，通过生产能力外移和研发设计能力的保留，变为了先进国家客户与东南亚、中国大陆生产工厂的操作手肘，占据了世界生产体系半边陲的中介位置。龚宜君研究20世纪80年代中期以后，中国台湾企业如何借由资本外移以及区域生产分工，让企业更深入地镶嵌在世界分工体系的半边陲位置，并构筑进入障碍以阻碍后进者的追赶和对其半边陲角色的取代。[②] 周素卿等对投资东南亚的电子、纺织、制鞋和机车制造业的台商对外投资经验和地域生产网络构建进行了研究，认为台商以海外投资和生产网络建立为主的全球化经验，彰显了新兴工业化国家或地区在经济全球化历程下的特征和与先进国家不同的发展模式。[③] 杨友仁考察了台商PC产业在北台区域、大东莞以及大苏州的发展经验后认为，电子业台商通过跨界投资整合北台、大苏州以及大东莞各地的领域性资源，形成了有利的营运条件，并且朝向价值链两端——研发与品牌——发展，凭借对各投资地的区位资源优势整合来巩固"所有权优势"。[④]

以上研究都表达了一种共同的企业发展观点，即不拘泥于既有的网络关系、分工结构和地域空间，以更加主动的资源寻求和关系建立来推动企业发展，这也是本书"构建式成长模式"的核心特征。

总体来看，现有研究主要集中于对GPNs结构与运行特征的刻画，以及从发达国家跨国公司的战略视角阐释GPNs的形成，并以此反映出GPNs在巩固和提升领导企业竞争优势，推动其持续成长上所具有的战略意义。这其中虽然也有学者（如Ernst、Sturgeon、中国台湾和

[①] 郑陆霖：《一个半边陲的浮现与隐藏：国际鞋类市场网络重组下的生产外移》，《中国台湾社会研究季刊》1999年第35期。

[②] 龚宜君：《半边陲之中国台湾企业在世界体系的镶嵌》，《中国台湾东南亚学刊》2005年第4期。

[③] 周素卿、陈东升：《后进者的全球化：东南亚中国台湾企业地域生产网络的建构与对外投资经验》，《都市与计划》2001年第4期。

[④] 杨友仁：《产业网络之领域化与组织治理的对话：以PC产业台商跨界生产网络为例》，《台大城乡学报》2006年第14期。

国内的部分学者）肯定了高层级供应商或交钥匙供应商通过发展自己的次级GPNs推动了GPNs发展，并借此获得了升级，但主要还是一种理论构想和发展思路，缺乏整体系统的网络构建战略研究。并且，大部分研究视角较为单一，缺乏从多维视角寻求后发企业内外成长动力的重构，因而只注意到外部环境改善，或重于强调内部自我发展，而没有充分考虑GPNs内外动力的协调。

四 简要评述

纵观企业成长理论，在经历了强调外部因素、注重内在动力到主张内外因结合的发展历程后，已经形成了许多较成熟的理论观点，它们为指导我们深入探讨企业成长的动力因素和成长机制提供了丰富的理论依据。当新的企业成长环境推动成长理论向着网络化范式演进，旧有理论解释力的下降，新理论发展的不成熟，企业成长理论研究尚需充实完善。尽管网络化的企业成长理论正成为当前及今后一段时间企业成长理论的主流方向，近二三十年也涌现出了不少研究成果，但其短暂的发展历程及不断出现的新问题仍需不断地进行理论探索。总的来看，现有理论研究的不足突出地表现在以下几个方面：

第一，面对全球化和网络化创造的成长机会，现有研究大多从GPNs参与者的角度探寻发展中国家制造企业的成长问题，然而事实证明，仅仅作为被动的参与者并不能成长为先进制造企业。新的竞争环境下，先进制造企业的先进性如何实现？为何只有构建自主GPNs才能培育出我国先进制造企业？这些问题有待进一步的研究。

第二，现有研究并未对GPNs构建式成长模式的内涵做出明确界定，对GPNs构建式成长内外成长动力间的关系也缺乏深入探讨，这直接影响到对于发展中国家制造企业能否构建自主GPNs和怎么实现自主GPNs与企业成长互动发展等问题的理解。

第三，GPNs构建式成长是以成功地组建起自主全球生产体系的方式来推动企业成长，GPNs构建成为企业成长的基础。尽管国内外学者已对发达国家跨国公司如何布局全球价值链、如何选择网络节点和如何组织、管理自己的全球生产体系进行了广泛的探讨，但发达国家跨国公司与发展中国家本土企业有着不同的网络构建环境和网络构建的资源条件，对于后者来说，如何在自身 GPNs 构建条件不足的情况下，通过策略性的、渐进的方式推动自主 GPNs 的形成仍是一个需要深入探讨的问题。

　　针对现有研究的这些问题，本书在充分借鉴已有研究成果的基础上，综合跨学科的相关理论，以我国先进制造企业为研究对象，从主动的 GPNs 构建者的视角探讨 GPNs 构建式成长模式的内涵与成长动力，讨论先进制造企业 GPNs 构建式成长机理与实现路径，希望能够为我国及其他发展中国家本土制造企业走入先进行业，成为在世界市场拥有网络竞争力的先进制造者提供理论指导。

第三章

GPNs 下企业成长模式的演变及先进制造企业 GPNs 构建式成长

自 20 世纪中后期以来，价值链垂直分解、产品内国际分工、网络化组织体系越来越成为制造企业重要的成长战略。全球化、网络化成为主要的企业成长模式，全球生产网络（GPNs）也成为全球经济最重要的载体。企业成长理论强调企业成长是企业对外部环境适应性调整的过程。近半个多世纪企业成长环境都发生了一些什么变化？这些变化如何推动企业成长模式的改变？作为先发者的发达国家跨国公司在 GPNs 构建过程中都形成了哪些典型模式？作为后发者的我国制造企业在这种成长模式的转换过程中又是何种状态？对这些问题的解读有助于我们清楚地认识当代企业成长环境的特征，理解推动我国先进制造企业 GPNs 构建式成长的必要性，从对发达国家跨国公司的 GPNs 构建式成长中获得一些经验启示。

第一节 分工深化、跨国公司组织变革与 GPNs 的形成

20 世纪五六十年代，交通运输和通信技术的发展极大地降低了远距离运输和通信成本，信息化及生产技术的进步使生产过程实现了空间可分离，一种基于产品价值链的分工因此可以在不同企业、不同地

区和国家以较低的成本实现。这极大地推动了分工的深化,使以生产工序的跨企业、跨国界分工为特征的产品内国际分工成为当代国际分工的主流模式。①德国进行设计、日本提供技术、中国台湾和新加坡供给零部件、韩国进行生产装配、英国负责广告营销已使美国轿车近2/3 的产品价值创造被分散在不同的国家实现,只有约 1/3 在国内完成。②

与此同时,更加开放的贸易和投资制度以及越来越激烈的市场竞争,使一些发达国家跨国公司开始寻求一种新的战略变革。为了应对全球竞争的压力和在全球范围内进行资源优化配置,它们通过价值链切片和非完全一体化的方式,按比较优势的原则在全球布局价值增值活动,整合位于不同国家和地区的不同企业的优势资源。具有劳动力比较优势的发展中国家被安排在劳动密集型生产环节上,拥有资本、技术和市场优势的发达国家被配置在设计、品牌和营销等环节上。为了以更低的交易成本完成这一价值链分解和整合过程,跨国公司对原有的组织结构进行了调整,以一种更具灵活性、适应性和有机性的网络组织代替庞大的层级组织,把位于不同国家、地区的价值创造主体连接在一起。由此,跨国公司的母公司、子公司、供应商、承包商、分销商、其他合作伙伴,甚至竞争对手被一种新的载体——全球生产网络连接在一起,形成了共同价值创造的竞合关系。全球生产网络兼具跨国公司内部治理和市场治理模式的优点,是一种更具竞争性的组织模式。依托这些全球网络合作伙伴,老牌的跨国公司构筑并不断强化自己的竞争优势,新创企业则通过诸如共同研发、联合创新、外包、分包等网络合作方式,以资源外取战略迅速建立起自己的竞争优势,占据区域市场或全球市场,一种以跨国公司为主导的全球生产网络逐渐成为经济全球化下新的微观基础。

---

① 卢锋:《产品内分工:一个分析框架》,北京大学中国经济研究中心讨论稿,2004年。
② 北京大学中国经济研究中心课题组:《垂直专门化、产业内贸易与中美贸易关系》,北京大学中国经济研究中心工作论文,2005 年。

第二节 GPNs下企业竞争优势与成长模式的演变

一 GPNs下先进制造企业的竞争优势

正如我们在核心概念界定中指出的，先进制造企业的先进性体现在先进的制造技术与先进的制造模式，技术的先进性和制造模式的先进性共同构筑了制造企业的竞争优势。

当代制造技术的先进性主要表现为信息化、自动化和智能化。计算机、网络通信、人工智能在生产中的广泛应用带来了产品设计、生产工艺、流通服务各个价值创造环节更高效的运行，使新产品、新工艺能够以更快的速度、更加贴近市场需要的方式产生。制造模式的先进性表现为集成、柔性、敏捷和灵活。集成制造和柔性制造使企业能够根据环境变化及时调整产品结构和类型，敏捷制造使企业能够快速响应市场需求，及时满足顾客要求。信息技术、自动化技术以及柔性生产、敏捷生产的外在表现就是低成本、低价格、高质量、快速市场响应和个性化服务能力，先进制造企业凭借这种全面的竞争优势赢得市场垄断地位。

这样一种全面竞争优势的获得和维持对企业自身的内在能力和它对外部资源的驱动力提出了新要求。一方面，企业必须要通过先进技术的采用内化出自身独特的能力，并不断更新这种能力；另一方面，企业必须依靠更多的外在支持来补充自身能力的不足。这使不论是基于资源基础理论或核心能力理论的内生成长动力观，还是强调外部成长环境的外部动力观都很难独立解释先进制造企业的成长。先进制造企业先进性的建立与维持，以及先进制造企业的竞争优势与成长动力只能由蕴藏于企业内部的专有能力和集合外部合作伙伴产生的网络优势共同构成。

其中，专有能力是一种源自企业内部的核心能力，它建立在企

第三章 GPNs 下企业成长模式的演变及先进制造企业 GPNs 构建式成长

占有的、有价值的、稀缺的、具有不可替代性的资源和要素基础之上。[①] 在以产品内分工为特点的 GPNs 中，企业的专有能力具有专业性和层次性。专业性是说，在 GPNs 中，企业间按照比较优势形成价值链垂直分工，单个企业专注于价值链的某一环节或少数几个功能环节，从而形成了在该环节上具有差异性的、专业化的专有能力。企业在特定价值环节上的专业化的专有能力成为它赢得 GPNs 分工合作机会的敲门砖。从 GPNs 中的竞争特点来看，企业同时面临网络内和网络外两个层面的竞争。相对于网络外的企业来说，GPNs 中的企业能够分享由全球化的分工与合作带来的更大的收益。为此，企业会根据自己的资源和能力比较优势在特定价值环节上强化自己专业化的专有优势，与同环节的竞争对手竞争，赢得网络合作机会，并由此推动企业成长。同时，产品内分工还意味着如果企业在特定价值环节上专有能力非常突出，就可以有更多机会与其他价值环节上专有能力同样优秀的企业合作，而它们的结合能够形成一条更高附加值的价值链，也能为彼此赢得更大的市场竞争优势和成长空间。成立于 1969 年的中国台湾宝成工业专注于价值链的生产制造环节，通过生产规模的不断扩大、生产制程的不断改进、计划执行能力的不断提高塑造了自己在生产制造环节突出的专有能力优势。这使它赢得了与 Nike、adidas、Reebok、Asics、Under Armour、New Balance、Puma、Converse、Salomon 及 Timberland 等全球鞋业知名品牌商合作的机会，成为全球最大的运动鞋和休闲鞋制造商。不仅如此，它还利用在制鞋领域生产环节上多年积累起来的生产链管理方面的专有能力，进入了更高附加值的电子产品领域，从而实现了企业约半个世纪的持续成长。专有能

---

① 专有能力从本质上说是企业的核心能力，它具有核心能力的"有价值、难以模仿、不可复制和稀缺性"等特征。资源基础理论采用了诸如"关键资源""核心能力""专有资产"等多个相近的概念表达企业占有的、可支配的、具有战略意义的内部资源和能力。但在相关的讨论中，更多关注的是资源和能力的表现形式，如以技术为导向的分析将其界定为一组技能与技术，以组织为导向的分析认为核心能力是企业组织、管理和协调能力等，并且这些讨论都主要在传统的企业竞争的组织状态下进行，并不关注在网络合作中不同价值链环节的企业核心能力的互补性和层次性。我们在此采用专有能力的概念，除了强调这是一种企业独特的异质的资源和能力外，也关注其在网络中的层次性。

力的层次性是说，价值链不同环节或不同价值模块的专有能力是具有层级性的，对企业成长的意义也是不同的。尽管价值链各环节或不同价值模块的专有能力都具有专业化的差异性和不可替代性，但其不可模仿性和难以替代程度是不同的。对于那些建立在相对初级的、显性资源基础之上的专有能力属于较低层次的专有能力，这种专有能力更易被竞争对手超越，也很难成为企业长期持续成长的动力。而那些主要以隐性知识和高级资源为支撑的专有能力属于较高层次的专有能力，它们的稀缺性和难以替代程度更高，更可能在较长时期内成为企业成长的基础。从价值链的角度来说，价值链高端环节的专有能力（比如研发、设计资源，营销、服务能力等）比低端环节的专有能力（如生产组装等）更能为企业赢得竞争优势，因此价值链高端专有能力属于较高层次的专有能力。在模块化特征显著的产业，更高附加值价值模块或核心模块的专有能力是较高层次专有能力。专有能力的层次性是形成 GPNs 的层级性和不对等的网络权利的根本原因。从网络内竞争和对网络合作收益分配的话语权的角度来说，拥有更高层次专有能力的企业获得了更多的价值链治理能力和网络权力[①]，它们主导着网络资源的配置，并享有更多对网络租金分配的话语权。处于网络内竞争环境中的企业，总是会为获得网络控制权和更多的网络租金分配权而寻求更高层次的专有能力，从价值链低端环节向高端环节升级，从低附加值价值模块向高附加值价值模块递进，从而在不断的高层次专有能力的寻求中实现企业成长。

相对于主要存在于企业内部的专有资源和能力，企业的网络优势是企业发展网络关系获得的来自网络合作节点及整个网络组织的竞争优势。在新的企业生态环境下，内部资源和能力的积累并不是企业成长的唯一动力和决定因素。在一个竞争激烈和具有较大不确定性的外部环境下，企业的生存和发展需要更多外部力量，企业所拥有的网络资源和网络优势成为其成长的另一重要决定因素与标志。特别是从新

[①] Kaplinsky, R., Morris, M., *A Handbook for Value Chain Research*, Institute of Development Studies, 2001.

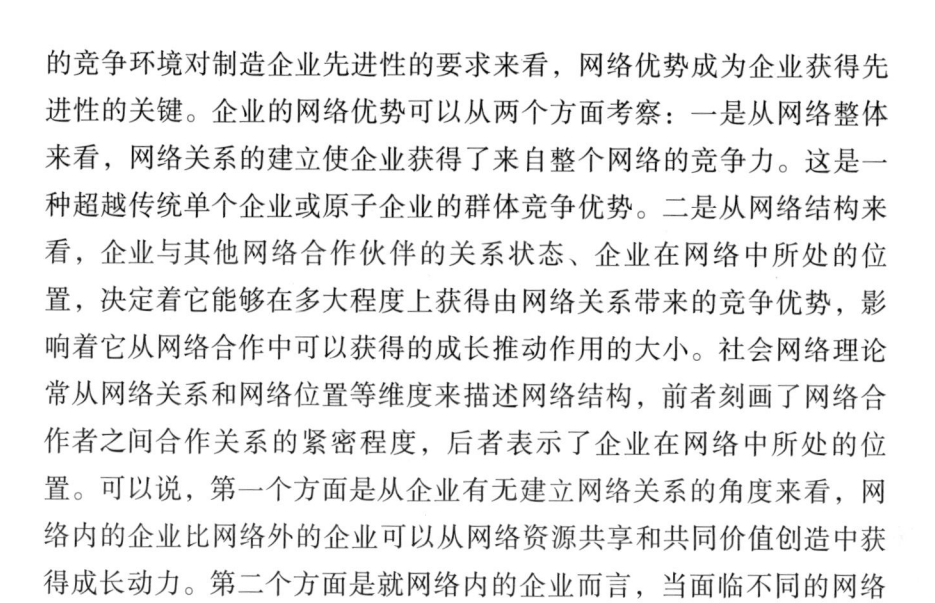

的竞争环境对制造企业先进性的要求来看,网络优势成为企业获得先进性的关键。企业的网络优势可以从两个方面考察:一是从网络整体来看,网络关系的建立使企业获得了来自整个网络的竞争力。这是一种超越传统单个企业或原子企业的群体竞争优势。二是从网络结构来看,企业与其他网络合作伙伴的关系状态、企业在网络中所处的位置,决定着它能够在多大程度上获得由网络关系带来的竞争优势,影响着它从网络合作中可以获得的成长推动作用的大小。社会网络理论常从网络关系和网络位置等维度来描述网络结构,前者刻画了网络合作者之间合作关系的紧密程度,后者表示了企业在网络中所处的位置。可以说,第一个方面是从企业有无建立网络关系的角度来看,网络内的企业比网络外的企业可以从网络资源共享和共同价值创造中获得成长动力。第二个方面是就网络内的企业而言,当面临不同的网络合作状态时所获得的来自网络的推动力是不同的。

二 企业成长模式的演变及 GPNs 构建式成长的内涵

(一) 企业成长模式的演变

企业成长是企业对外部环境的适应性调整。随着技术与制度推动的外部竞争环境不断改变,企业成长模式大致经历了三个发展阶段:第一阶段是以单个企业边界扩张和一体化来构筑垄断竞争壁垒的外生成长;第二阶段是强调内部资源和能力积累的内生成长;第三阶段是内外兼顾的网络化成长。在网络化成长模式之前,前两种模式交替、混合成为企业主要的成长模式。对应着成长模式的前两个阶段,企业主要采取内部成长和并购成长两种方式。随着全球化和价值链垂直分解日趋深化,全球化和网络化正成为企业发展的重要手段,特别是近 30 年来,GPNs 的迅速发展已使其成为全球经济最为重要的载体。一种以产品内国际分工、多元经济主体共同价值创造和企业间竞争合作关系为主要特征的新的企业成长环境,极大地影响了其中每一个企业的生存与发展。面对现实环境对传统理论的挑战,GPNs 相关研究认为,更广阔的全球发展和更广泛的网络合作提供了企业内部能力发展的新动力和外部经济的新源泉[1][2],是一种更优的企业成长方式。

由于内部成长模式建立在资源基础理论和核心能力理论的基础之上,认为企业成长的动力来自内部所拥有的资源和能力,它强调通过企业自身的资源积累、利用和再创造实现企业成长,对于企业成长非常重要的创新活动也是在一种封闭状态下由企业独自进行。这种成长模式在市场需求和竞争环境相对稳定的情况下具有较强的适应性。因为封闭的发展和内嵌的核心能力较好地实现了企业的知识垄断。在竞争环境相对稳定的情况下,一种与竞争环境相适应的核心能力能够支撑企业在一个相对较长的时间内获得竞争优势。但核心能力的动态性说明,当竞争环境发生改变和新的竞争对手出现时,原有的核心能力的竞争性将下降,企业需要培育新的核心能力以应对竞争,环境变化越快,对企业核心能力更新速度的要求越高。当企业自身资源能力积累速度不能满足核心能力更新速度要求时,企业就产生了向外需求发展动力的需要。这使单纯依靠内部积累的发展模式逐渐向外部资源寻求的发展模式转变。不仅如此,当市场需求变化迅速,竞争空间由一地向全球扩展时,创新的风险也不断增加,企业需要其他的合作伙伴来分担创新风险和创新成本。这也促使企业发展动力开始由内向外转变。

相对内部成长来说,并购成长模式将成长动力的来源由企业内移至企业外。这种成长模式认为为了实现规模经济、范围经济和多元化成长收益,企业应该向外部寻求资源和能力,通过对其他企业实施兼并收购来获取所需的资源。但一方面,并购式成长受限于企业资本的积累。另一方面,并购成长直接取决于成功的并购活动,而并购失败却是一种常态。麦肯锡的研究显示,过去20年,全球大型企业并购

---

[1] Dyer, J. H., Singh, "The Relational View: Cooperative Strategies and Sources of Inter-organizational Competitive Advantage", *Academy of Management Review*, 1998, Vol. 23, No. 4, pp. 660–679.

[2] Jarillo, C. J., "On Strategic Networks", *Strategic Management Journal*, 1988, Vol. 9, pp. 31–41.

成功率不足50%。因此，并购成长的结果是不确定的。更重要的是，并购使企业变得庞大而笨重，通过并购来获得垄断势力会因其所带来的企业灵活性和反应速度下降等问题而难以应对复杂多变的竞争环境。这也是20世纪70年代，面对危机，福特这样的庞然大物难以迅速调整经营而出现困境的主要原因。

20世纪70年代出现的新竞争方式与传统竞争方式比较，最大的特点就是以合作竞争代替了掠夺性竞争。在新竞争环境下，完全依赖自身内部资源和能力而不关注外部环境，或者企图通过并购来实现快速扩张都是低效率和不现实的。"新竞争"要求企业更具灵活性、效率和学习能力。企业必须由单纯地追求生产效率和低成本转向可以灵活地适应多样化且多变的市场需求，必须既要有效率规模又要能控制成本，还要以极强的学习创新力来应对经济全球化和技术创新速度的加快。[1] 在这种环境下，以日本、韩国和第三意大利为代表的网络组织成为新宠，一种新的成长模式——网络化成长应运而生。

与内部成长和并购成长相比，网络化成长使企业实现了内外成长动力的混合推动。一方面，它强调企业拥有成长的内核，即企业需要努力培育具有核心能力特征的专有能力，以便成为它发展网络关系、建立网络权利的基础。另一方面，网络化成长模式主张企业发展网络关系，从外部网络合作伙伴处获得互补性资源和能力，通过建立网络优势来推动专有能力的发展。更为重要的是，网络化成长以网络组织的方式整合内外资源，在企业有形边界不变的情况下可以通过非股权合作或少数股权合作的方式与其他企业建立网络合作关系，运用自身的网络影响力去引导和协调网络合作者按自己的意愿行为，为自己的成长服务。在这种模式下，网络主导者可以透过自身的有形边界去组织和动用其他网络成员的资源和能力，这使企业实际的价值创造力远远超出自身的物质边界。[2] 因为有了网络合作伙伴的资源和能力支持，

---

[1] Bartlett, C. A., Ghoshal, S., *Managing Across Borders: The Transnational Solution*, Boston: Harvard Business School Press, 1989.

[2] 李海舰等:《用能力边界的无限扩张论述了全球价值网中企业的无边界问题》,《中国工业经济》2005年第4期。

网络化成长企业的核心能力培育和更新速度更快，对市场需求的反映更灵敏；因为没有了完全控股的约束，企业整合外部资源的能力大大提高。在有形边界不变情况下无形边界的扩张使企业能够在保持轻巧灵活的同时，极大地丰富可利用的资源和能力。这使网络化成长成为瞬息万变的市场需求环境下，企业以柔性生产方式获得更高市场回报[1]和赢得长期竞争优势的主要成长方式。

（二）GPNs 构建式成长模式的内涵及特点

在网络化的成长方式中，又可以分为集群网络成长、GPNs 嵌入式成长和 GPNs 构建式成长。集群网络成长以企业进行区域集聚和组建产业集群的方式推动成长为特征；GPNs 嵌入式成长主要指后发企业通过嵌入发达国家跨国公司全球生产体系以获得发展动力的成长模式；GPNs 构建式成长则是一种通过构建网络化的自主全球生产体系来整合企业内外资源、塑造企业生存发展环境，实现由内外动力共同推动的企业持续发展的成长模式。GPNs 构建式成长模式强调企业主动地运用全球化和网络化发展手段来实现企业内部专有能力提升和外部网络优势增强。企业通过恰当的网络定位，对价值链专业环节或特定价值创造活动的选择，以及组织结构的调整来实现由单一价值创造主体到网络价值创造组织者，由本土生产制造企业向跨国生产体系管理者的转变。在这个过程中，获取、利用其他网络合作节点的资源和能力，从而有效地推动自身内部专有能力的提高，获得由全体网络节点创造的整体网络竞争优势，使企业可以更好地应对复杂多变的外部环境和实现更快速的成长。同时，这种成长模式也强调整个过程中企业行为的主动性，企业应当通过发展新网络关系和调整旧网络约束来避免网络负效应和网络陷阱。

在这三种网络化成长中，集群网络的空间范围有限，企业能力边界的扩展范围也有限，GPNs 嵌入企业因为不能主动地调动和利用其他网络成员的资源和能力，因而企业边界是相对固定的。GPNs 嵌入

---

[1] Burt, R., *Structural Holes: The Social Structure of Competition*, Cambridge: Harvard University Press, 1992.

第三章 GPNs下企业成长模式的演变及先进制造企业GPNs构建式成长

式成长因为成长过程受控于网络领导企业,且当嵌入节点试图向价值链高端升级时往往会受到领导企业的打压而落入网络陷阱,因此很难实现真正的持续成长。只有GPNs构建式成长才能根据自身的战略意图调整网络,通过网络扩展来达到无形边界的效果。不仅如此,GPNs构建式成长一方面集合了全球范围网络合作者的集体力量,另一方面企业具有行为主动性,可以按照自己的成长目标组织资源和把握发展方向,因而可以实现长期持续的成长。

具体来说,GPNs构建式成长模式具有以下几个特点:

第一,组织形态的网络化。从组织形态的特征看,GPNs构建式成长是一种通过网络组织建设的方式来获取成长资源、重构生态环境,支持企业采取先进制造模式实现持续快速成长的一种成长方式。与一般性成长(内部成长)和并购成长(外部成长)模式(李新春,2003;邬爱其,2007)相比较,GPNs构建式成长模式最大的特点就是在生产组织方式上发展了网络化组织,通过这种比市场更稳定、比科层更灵活的组织形式,企业可以以更低的成本获取成长所需的资源,突破对单一的规模扩张或内部能力增长的追求,以网络合作的方式推动内部能力发展和构筑外部竞争优势,从而可以以更有效的方式应对复杂多变的环境。

第二,成长空间的全球化。仅从组织形态的网络化还不足以将GPNs构建式成长模式与集群网络化成长模式等其他的网络化成长模式区别开来。集群网络主要是由一些地理位置上相对集中的企业和机构结成的网络组织,它们通常是由一地的企业、政府、机构和中介组织通过专业分工和辅助服务形成的本地网络或地方网络(邬爱其,2005)。与集群网络比较,GPNs的空间范围显然大许多,它跨越了地域和国界,使企业可以在更大范围寻求生存和发展的空间。

第三,企业行为的主动性。仅是全球化和网络化仍然不能称为GPNs构建式成长,GPNs构建式成长还必须满足"构建"的特征。构建强调的是企业在整个网络组织和成长过程中的行为的主动性,提出这一特征是因为,作为一种企业间互动过程的产物,GPNs的形成并不必然是一种企业的主动行为,或者说企业在这一过程中并不一定能够按照自己的意愿行事和实现自己的成长目标。如果企业不能根据自己的成长目标去组织和协调网络关系就很难保证在这种全球化和网络化的过程中受益。根据资源依赖学派和商业生态理论的观点，面对生存环境，企业要获得竞争优势应该在适应的基础上有意识地影响和改造环境，而不仅仅是被动地适应。Hearn 和 Pace（2006）认为，为了获得竞争优势，网络构建者在确定自身的价值定位的基础上，围绕这一价值定位，不断地对所处的网络生态环境进行解构和重构，创造出一个有利于网络生态中各成员利益的价值创造体系，在这一过程中，网络构建者借助网络参与节点的力量获得持续的竞争优势，并建立起自己的网络权力。可见，能够为企业带来竞争优势和成长动力的 GPNs 应该是一个主动的战略性行为的结果，只有在明确网络定位基础上的主动的网络生态的建设和适应性调整才能实现企业成长的目标。

第三节　我国先进制造企业 GPNs 构建式成长概况

一　嵌入式成长困境、网络动态性与我国先进制造企业的 GPNs 构建式成长探索

作为后发国家，我国的制造企业是在发达国家跨国公司 GPNs 向中国扩展的过程中进入到这种全球网络化竞争环境中的。前期阶段，中国制造企业的网络化发展具有典型的嵌入式成长特征。这实际上是一种被动的全球网络化成长模式，即发达国家跨国公司为了获得低成本制造优势和进入中国市场而与国内企业开展网络合作，通过外包或合资等方式，把中国本土制造企业纳入它们主导的 GPNs 中，成为它们 GPNs 的一个个节点。

这个过程虽是后发国家或地区响应国际分工发展趋势，主动开放和融入的结果。但由于后发企业自身资源和能力所限，在网络关系、经营活动上的主动权都很小。它们通常仅服务于某一个网络领导企业，根据领导企业提供的技术、质量、交货、库存及价格等参数进行

生产经营，与相对固定的交易对象进行交易，且其主要交易对象集中于同一网络内的其他成员。对于这些被动嵌入的企业来说，很少主动地调整网络关系和交易关系，企业边界和网络关系都相对固定，它们仅作为单一的价值节点，以被俘获的方式镶嵌在发达国家跨国公司的全球价值链或GPNs中。事实证明，作为主动构建者的发达国家跨国公司在网络化过程中获得了更多的成长收益，而作为被动参与者的越来越多发展中国家后发企业未能在GPNs中实现成功升级。正如许多学者指出的，中国制造业从整体上嵌入发达国家跨国公司主导的GPNs形成了我国进口高端产品、出口低端产品的对外贸易发展格局，割裂了国内产业间的关联发展，不利于经济发展方式的转变和国家产业体系的建设（刘志彪、张杰，2009）。对企业来说，则在跨国公司资源控制、能力隔绝、战略俘获和利润挤占下被锁定于价值链低端，企业自主创新能力低下而发展缓慢，代工收益微薄而生存困难（郑准、王国顺，2012）。从GPNs竞合特征看，嵌入式发展模式对于后发企业来说具有双面性。一方面，它为后发企业创造了"干中学"的机会，使后发企业可以在与先进的网络主导者合作的过程中获得技术和知识的转移，从而快速推动后发企业在特定专业环节上专有能力的提升。另一方面，因为缺乏行为的自主性，后发企业能力发展的方向受到网络主导者的限制，长期嵌入发展形成的网络依赖和网络分配话语权的丧失使后发企业自主发展意识和能力降低。在企业成长的初期阶段，因为后发企业的能力发展主要集中于所在价值环节，这种能力发展与主导者对嵌入者网络位置的安排是一致的。因此嵌入者将获得主导者更多的能力发展支持。但当嵌入企业为了寻求更多网络利益和更具竞争性的高层次专有能力而向网络中心位置或价值链高端环节发展时，就会威胁到网络主导者的利益，此时强大的网络主导者将对其实施强硬的阻拦，对嵌入企业成长来说，网络的推动作用转变为阻碍作用。这也就是具有嵌入发展特征的OEM厂商能够在工艺升级和产品升级上获得快速发展，而很难实现功能升级和价值链升级的主要原因。由此，当企业发展到一定阶段后，从嵌入式网络发展转变为构建式网络成长就成为实现企业成功升级的必然。

同时，作为一个动态的自组织，尽管GPNs实质上处于某一或某几个网络核心企业的领导下，但其中的每一个网络节点也具有一定的能动性。一方面，随着网络节点内部资源和能力的变化和比较优势的改变，会使网络领导者对其网络定位和网络关系进行调整；另一方面，网络的开放性也使网络节点可以通过主动的网络选择来推动网络关系的改变。仅以东亚生产网络的发展为例，东亚生产网络的形成是以日、美等国跨国公司的生产网络扩展开始的，20世纪七八十年代，这些国家和地区的跨国公司为应对全球市场的激烈竞争，在世界范围内寻找成本洼地，并创新组织模式，以外包、合资、新建等多种方式在中国台湾、中国香港、新加坡、韩国等国家和地区布局生产节点。这些国家和地区积极响应这种国际分工，推动经济自由化，以开放的制度环境迎合这种网络布局，使本国的制造企业快速融入GPNs中。但到了20世纪80年代末，一方面这些国家和地区的成本优势开始下降，另一方面在经历了发展初期的资本、知识积累后，这些国家的制造企业在相应的专业环节上已建立起相当的专有能力优势，它们纷纷开始向中国大陆、马来西亚、泰国等国家和地区转移生产力。但这种转移是以价值链延伸和网络关系拓展为特征的，也即当中国香港的服装制造商接到美国的品牌商、零售商的订货后，它们把订单转移给中国大陆的外包企业进行加工生产，自己起着协调商品链的作用，成为镶嵌在发达国家跨国公司全球生产网络中的次级生产网络的主导者。一些制造商在新的国家和地区发现新的市场，在这些新市场的支撑下，逐渐发展自己的设计、品牌、营销环节的能力，由最初的OEM转变为ODM，再成为OBM。而它们与原来的网络领导者的关系也由单边依附变为相互依赖。

在经历了改革开放后嵌入发达国家跨国公司GPNs的发展阶段后，当前我国的市场状态、资源条件和制造企业的能力都发生了很大变化。在国内市场竞争加剧、低成本劳动力和土地资源逐渐减少以及企业自身研发能力、制造水平不断提升的情况下，我国制造业中的一些先进企业也开始探索以主动的全球化和网络化的方式获取新的成长动力。自2005年以来，我国的对外直接投资流量保持连续增长。2015

年，中国对外直接投资流量达到1456.7亿美元，同比增长18.3%，位列全球第二。同期，中国实际利用外资1356亿美元。对外投资额首次超过了吸引外资额，这标志着中国开始步入资本净输出阶段。2016年，中国境内投资者的非金融类直接投资遍布全球164个国家和地区，涉及7961家境外企业，累积投资额达到1701.1亿美元，同比增长44.1%，是上年增速的三倍。同年，中国大陆企业的海外并购交易量增加了142%，交易金额增加了246%。2017年中国制造业企业500强中有266家企业申报了海外收入数据，比上年增加了9家。这266家国际化发展的企业海外收入达到了3.10万亿元，占它们营业收入平均比重的15.63%。同时，2017年中国制造业企业国际化经营指数比2016年提高了0.15个百分点，达到了12.09%。这些数据表明我国制造企业正积极探索全球化发展，中国已开始由引资为主的内向国际化和全球生产网络嵌入阶段向对外投资引导的外向国际化和全球生产网络构建阶段转变。

更重要的是，我国先进制造企业的全球化不再采用单一的绿地投资的方式，而是积极寻求包括自建工厂、子公司，并购，与当地企业、研发机构及其他价值创造主体合资、合作等多种形式在内的网络组织发展模式。中国与全球化智库（CCG）对我国跨国公司的调查显示，开展跨国经营的2/3的中国企业都与东道国企业建立了合作伙伴关系，与投资目的国内的中国籍（含港澳台）企业之间存在"上下游合作关系"和结成"产业联盟"的企业分别占到了42%和38%。可见，网络合作正在成为我国企业全球化的重要手段。家电行业的领军者海尔集团在2006年就与英特尔共同组建了创新研发中心，2016年海尔与通用电气家电公司签署并购协议，获得GE品牌使用权，合作后的双方将联手在工业互联网、医疗等领域发挥各自优势，开展全球合作。潍柴控股积极在技术领先国家和地区建立研发中心和搭建全球协同研发平台，在美国、德国、法国、意大利和新加坡等地部署了研发机构，联合麻省理工、清华、AVL等成立内燃机可靠性国际技术创新联盟、商用汽车与工程机械新能源动力系统产业技术创新战略联盟等研发、技术联盟，与110家上下游企业共同打造研发和应用共同体。① 可见，中国制造企业不再仅仅是被动全球化的接受者，也不再甘于在发达国家跨国公司主导的全球生产网络中做一个受钳制的嵌入者，我国制造业中的部分先进企业已经开始积极探索主动的全球生产网络构建，通过多种形式的跨国经营，与不同类型的网络主体展开合作，在全球范围内整合资源来推动自身发展。可以说，我国制造业企业的全球化也开始呈现出网络化和主动性的特征，具有了GPNs构建式成长的基本特点。表4-1和表5-1列出了我国制造业企业500强中部分代表性企业的全球生产网络构建情况及其成长绩效的简况，从中也可以看出这些积极实施了GPNs构建式成长模式的企业获得了较快的成长。

二 我国先进制造企业GPNs构建式成长的基本特征

尽管由于行业特点、企业自身的网络构建能力和面临的竞争状况不同，每个企业的GPNs呈现出不同的特征，它们从网络中获得的成长推动力也不尽相同，但纵观在GPNs的竞争环境中实现了快速成长的我国先进制造企业的成长历程和成长战略，可以发现其共有的一些特征。

第一，企业边界的开放性与组织结构的动态性。采用GPNs构建式成长方式的我国先进制造企业改变了传统的企业成长模式中，企业在一个有形边界内塑造自己的竞争优势的成长战略。为了获得规模经济、范围经济和创新支持力，企业不再固守原来的产权和股权关系，不再局限于通过内部资源的积累和封闭式创新来实现规模扩张，也不是单纯依靠并购的方式来实现资本的集中和垄断势力的构筑。面对复杂多变的竞争环境，它们采取了更为灵活的组织调整手段，通过无形边界的扩展来获得所需资源和构筑竞争优势。在整合资源的过程中，为了实现组织灵活和降低交易成本，它们选择更加开放的组织边界，通过外包、出售、并购、联盟等多种手段对企业实体边界进行收缩或

---

① 王辉耀、苗绿：《中国企业全球化报告（2017）总报告》，社会科学文献出版社2017年版。

第三章　GPNs 下企业成长模式的演变及先进制造企业 GPNs 构建式成长

扩张，通过与更多成长资源拥有者的网络合作关系的建立实现内外资源整合，突破有形边界的限制，以无形边界的扩展来实现规模效应、范围效应。例如发展初期，格兰仕为了降低成本和迅速扩大生产能力和市场规模，一方面与东芝进行技术合作，利用和学习其先进技术。另一方面积极加强与国内代理商的合作，共建全国性销售网络，在国内外合作伙伴的支持下快速扩大生产规模、销售规模和提高产品质量，在短短 3 年时间就跃升为国内微波炉市场的领导者。[①] 除此之外，采用 GPNs 构建式成长的企业也不再拘泥于既有的网络关系，而是会根据成长需要及时调整自己的组织结构以应对发展的需要。例如奇瑞在成长阶段，为了充分利用国内技术和资源，在 2001 年与上汽结盟，学习其技术、利用了上汽零部件供应渠道，在技术水平不断提高和原有合作关系不再满足需要后，2003 年奇瑞解除了联盟。为了发展海外市场和利用海外研发资源，奇瑞在 2001 年与伊朗零部件厂商 SKT 建立合作关系，2003 年又与奥地利 AVL 公司建立研发联盟，共同开发发动机。

第二，成长路径的多样性。在我国先进制造企业的 GPNs 构建式成长中，企业对于发展方向和成长路径的选择视角突破了单一线性或垂直链条的限制，以一个全方位的，甚至非线性的发展路径来设计企业成长道路，在网络的多向联系中寻求各种升级路径。这也体现了 GPNs 构建式成长不同于价值链成长的一大特点。它们中的一些突破原有价值链环节，沿价值链条向两端发展，专注研发、建立并提升自己的品牌；另一些则寻求在原有专业环节或相近专业环节发展，树立在原价值环节或近似环节的竞争优势。例如同是卫浴五金制造企业，并且曾经同为 OEM 厂商的成霖股份和海鸥卫浴，通过选择不同的成长路径，在生产规模、产品品质和生产效率等方面形成了综合竞争优势，成为行业的领先企业。其中成霖股份通过为国外购买商代工，完成了资本的原始积累后便开始进行自主品牌建设和开拓自己的市场渠道。它在国内市场和北美市场都推出了自有品牌，并在国内建立了品

[①] 王晓萍、胡峰：《基于企业利基战略实施过程的本土代工企业双元能力平衡构建机制研究：GVC/NVC 双重网络嵌入的视角》，《科技管理研究》2013 年第 8 期。

牌专营店，通过收购英国厨卫知名品牌渠道供应商进入欧洲市场。从而逐渐建立起价值链两端的竞争优势，成为了一个OBM制造商。海鸥卫浴则继续专注于生产制造环节，通过为世界顶级品牌制造商提供制造、装配、物流和售后等服务，并协助它们进行产品创新，不断提高自己在价值链中端环节的竞争力，成为行业具有竞争力的ODM制造商。但是不论选择何种路径，这些企业都充分利用了网络合作来推动自身发展。为了提高与购买商的议价能力，提升自己的网络话语权，海鸥卫浴不断拓展客户网络，与全球50多家客户建立了合作关系。为了降低原材料价格波动风险，成霖和海鸥都与多家原材料供应商建立了联盟关系。[①] 不仅如此，GPNs构建式成长企业还根据自身面临的竞争压力、发展机遇以及发展阶段，在这些路径中进行灵活转换和发展，从而赢得最大的发展空间。

第三，支持对象的多元性与复杂性。正如Coe等指出的，价值创造过程应该是在一个各类能够带来价值增值的创造主体构成的复杂动态网络中进行的。[②] 我国先进制造企业的GPNs构建式成长也体现了依靠不同价值创造主体获得成长动力的网络发展战略。为了获得尽可能多的合作伙伴的支持，企业集合了包括了竞争者、替代者和互补者在内的网络合作对象，将供应商、经销商、银行、政府、机构等各种类型的合作伙伴纳入生产网络，组成了一个多元、复杂的GPNs。在吉利的GPNs中不仅有大量国内经销商、供应商和零部件配套企业，还包括了江森自控、韩国大义等16家排名全球前20的汽车零部件供应商，以及俄罗斯的ROLF、尼日利亚的Hyra Motors等汽车经销商。为了实现全球研发和销售，吉利与中国香港政府以及国际合作伙伴共同打造全球研发和销售网络。为了提升自己的研发和管理水平，奇瑞则广泛开展与克莱斯勒、菲亚特等竞争对手建立合作关系。由于有更多网络合作对象的支持，GPNs构建式成长使企业得到更多来自不同

[①] 案例素材来自汪建成、毛蕴诗《从OEM到ODM、OBM的企业升级路径——基于海鸥卫浴与成霖股份的比较案例研究》，《中国工业经济》2007年第12期。

[②] Coe, N. M., Dicken, P., Hess, M., "Global Production Networks: Realizing the Potential", *Journal of Economic Geography*, 2008, Vol. 8, pp. 272–295.

方向的成长力量的支持。

第四，价值链空间布局的全球化。作为一种全球化的成长战略，GPNs 是价值链在功能和地理空间两个维度上的重新组织和重新布局。GPNs 采用产品内国际分工的方式安排价值创造活动，通过价值链分拆和穿越地域边界的空间分散布局，可以带给构建者除组织优势之外的另一竞争优势——基于国家（地区）资源比较优势的空间效率。与本地化网络发展不同，GPNs 构建意味着企业将以一种全球化的空间延展和国际垂直专业化分工来获得不同地域的差异化比较优势，在价值链的延伸、重构和网络关系调整中向区域企业和全球企业发展，从而实现真正的全球资源整合。从我国先进制造企业的 GPNs 构建式成长看，也反映出这种全球化的网络布局带来的巨大的成长动力。吉利在中国上海、杭州、宁波、瑞典哥德堡、英国考文垂、西班牙巴塞罗那、美国加州建立了设计、研发中心，在中国、美国、欧洲多国和马来西亚都建立了世界一流的现代化整车制造工厂，在全球布局了产品销售和服务网络。三一重工在国内大中城市设立 6S 中心，在全球建立销售分公司和服务中心，相继在印度、美国、德国和巴西投资并都拥有研发、制造基地。海尔在全球布局了 10 大研发基地（其中海外 8 个）、24 个工业园、108 个制造中心、66 个营销中心，实现全球范围内设计、制造、营销"三位一体"的网络布局。[①] 通过这种全球化的价值链布局，这些企业成功利用了不同国家和地区的区域性比较优势，为整合全球资源和培育全球竞争优势起到了至关重要的作用。

第四节 先发国家和地区先进制造企业 GPNs 构建式成长的典型模式

作为 GPNs 的构建先驱，欧、美、日等发达国家跨国公司通过全球生产体系的建设成功地保持了长期持续成长。在这些先发企业的

[①] 案例素材分别来自吉利、三一重工和海尔官方网站。

GPNs构建式成长中，我们归纳出两种典型的成长模式，对它们进行分析既有利于我们了解当代GPNs的产生，分析GPNs构建式成长的动力机制，也能使我们通过比较它们的网络构建条件、学习其网络构建战略，指导我国先进制造企业的GPNs构建活动。

一 美国模式

（一）美国模式的内涵、机制及代表企业的成长概况

美国模式可以概括为一种高层次专有能力支撑下的开放式网络成长模式。从构建GPNs的核心企业来看，一般都具有价值链高端的专有能力优势。它们或者拥有强大的研发创新能力和对关键部件的技术垄断力，如英特尔、微软等；或者拥有突出的营销和市场开拓能力以及品牌影响力，如戴尔、耐克等。这些企业凭借其在价值链高端的优势资源和能力，产生对网络合作伙伴的影响力和控制力，在这些合作者的支持下实现自己归核化的发展，并以这种归核化战略不断强化自己的专有能力，实现核心能力的动态优化，保持自己在价值链高端环节的垄断优势。另一方面，美国跨国公司建立的GPNs相对来说较为开放和"松散"，这些GPNs大多以模块化和外包的方式组织全球生产，通过非股权的契约建立与网络节点的合作关系，在这样的网络中，大部分企业都以"独立"的姿态存在。

美国模式的主要成长机制在于模块化和外包带来的成本的降低和大规模定制化生产对市场需求的适应性响应，以及技术创新模式的改变带来的技术优势的强化。

对于技术和创新优势都较突出的美国企业来说，经营成本是削弱其竞争力的一大因素。美国模式改变了传统大企业垂直一体化的生产方式，通过模块化的方式，在统一的界面规则和设计标准的协调下，将原来在企业内部完成的复杂的系统或过程分解为可进行独立设计的半自律性的子系统，将这些子系统以外包的形式交给企业外的专业化合作企业完成，从而大大降低了企业资产专用性投资。同时，这种生产方式实现了价值创造过程在空间上的分离，使企业可以按比较优势原则在全球范围整合价值创造能力，实现最优能力组合。采用韩国三星的存储器、新加坡希捷的硬盘，寻求中国台湾代工企业完成周边产

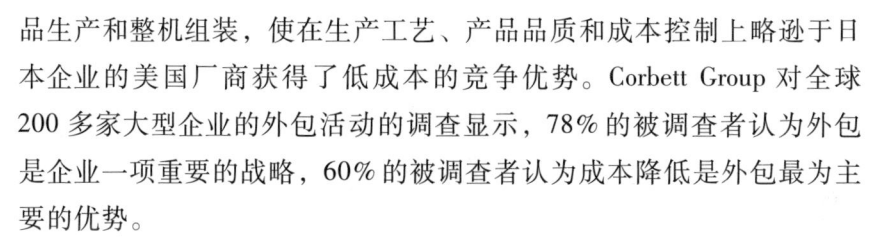

品生产和整机组装，使在生产工艺、产品品质和成本控制上略逊于日本企业的美国厂商获得了低成本的竞争优势。Corbett Group 对全球 200 多家大型企业的外包活动的调查显示，78% 的被调查者认为外包是企业一项重要的战略，60% 的被调查者认为成本降低是外包最为主要的优势。

对于模块化生产，由于模块制造商标准化部件的大规模制造和标准化构件的多样化组合使网络构建者可以利用大规模制造的经济性为个性化的消费者提供定制服务。这使企业在响应市场需求，创造差异化产品竞争优势的同时，还能享受规模制造的成本优势。更为重要的是，模块化作为美国模式主要的生产组织方式，带来了技术创新模式的变革，使技术开发和扩散速度大大提高，同时也强化了技术标准制定者的技术垄断地位，使拥有标准制定权的跨国公司的专有能力竞争性得以放大。在模块化生产方式中，创新的成本和风险被分摊到各个模块生产者，同时，模块生产者背对背的竞争提高了它们创新的动力，在模块创新力增强的基础上，整个产品体系的创新速度得以提高。但由于所有模块的创新都是在统一界面和规则下进行的，使这些创新产生了对共同技术标准的较强的依附，这极大提高了标准制定者对创新成果的控制力，使拥有标准制定权的美国跨国公司可以更多地凭借这种标准控制力构筑自己的垄断地位。

美国模式在帮助一些美国老牌企业克服发展困境的同时，更重要的是塑造了一批新兴企业，它们以自己突出的创新能力联合全球专业化的合作者，迅速占领全球市场，以先行者的身份确立起行业标准，成为产业网络的核心。美国模式的典型代表就是英特尔和微软，它们创造的"温特制"可以说是美国模式的最好诠释，运用这一生产模式，这两家名不见经传的小公司很快击败曾经的业界巨头 IBM，成为业界的领导者，并至今保持着计算机产业全球生产网络的核心地位，占据着产业最大的利润空间。"温特制"出现后迅速在美国其他企业扩散，到了 20 世纪 90 年代，越来越多的美国企业采用"温特制"（wintelism）的生产组织形式，以网络型的企业组织取代垂直一体化的组织形态，取得了巨大成功。在计算机行业，涌现出了甲骨文、谷歌、戴尔、希捷等一批新企业，它们虽然只承担着价值链上某一或某几个价值创造活动，却领导着庞大的以己为中心的全球生产网络，在大批网络合作对象的支持下快速成长。其中的戴尔更是改变了人们对传统制造企业的认识，在一个高技术行业里，并不是依靠高端技术的垄断或先进制造工艺取胜，而是通过对价值链后端的营销环节的控制，以一种购买者驱动的方式统领着自己的全球生产网络。在汽车制造行业，20世纪80年代，曾因资金短缺而与供应商关系紧张的克莱斯勒，通过改变汽车制造业传统的垂直一体化组织模式和将大部分零部件和系统产品的生产都集中在企业内部，仅外包个别零部件的经营模式，率先改革供应商体系，与供应商建立长期网络合作关系，开发整套的合作分系统，剥离企业内部的零部件制造业务，将大部分汽车零部件的生产制造外包，并与供应商分享网络合作收益，极大减少了新车开发和推向市场的时间和成本，使濒临破产的克莱斯勒在20世纪90年代中期成为美国三大汽车巨头中成本最低的公司。[①] 之后，福特和通用也积极效仿。整车制造商的这一网络构建活动也推动了美国汽车零部件行业的发展和零部件寡头的全球生产网络构建，从而带动了整个汽车制造业的发展。随着以"温特制"为代表的美国模式的推行，扭转了20世纪70年代后美国企业相对日本的竞争劣势，成就了美国20世纪90年代后十多年的繁荣。[②]

（二）美国模式的形成及经验启示

美国模式是建立在美国跨国公司强大的专有能力优势以及美国国内良好的创新环境与庞大国内市场基础之上的。

从网络组织形态看，美国模式更多采用非股权控制的外包方式组织网络节点。据统计，在全球跨国公司的海外外包业务中，美国约占70%。[③] 这样一种网络组织方式具有开放、灵活的优点，可以最大限

[①] 托马斯·斯图尔特：《基本的核心优势》，http://longjk.com/whjihenhewin.htm。
[②] 黄卫平、朱文晖：《温特制：美国新经济与全球产业重组的微观基础》，《美国研究》2004年第2期。
[③] 孙启俊：《跨国公司全球生产网络的形态研究——基于产业层面的分析》，博士学位论文，南开大学，2009年。

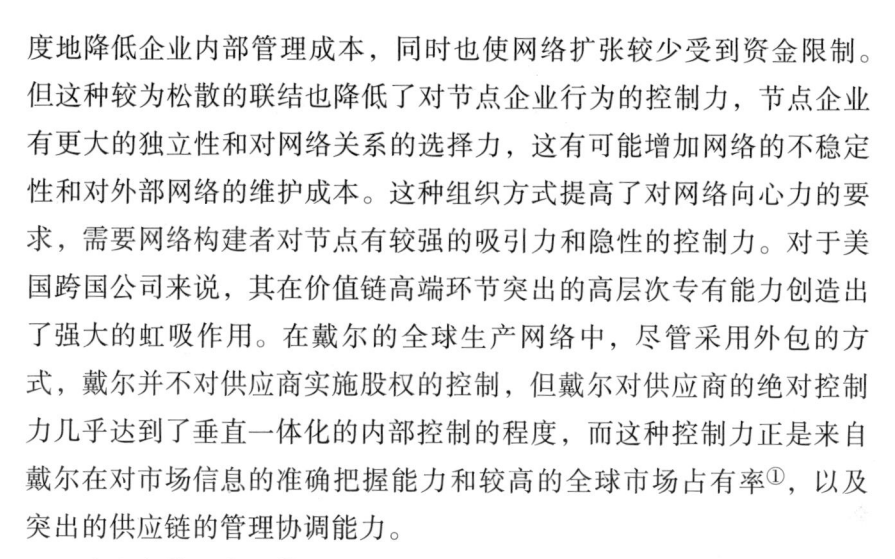

第三章 GPNs下企业成长模式的演变及先进制造企业GPNs构建式成长

度地降低企业内部管理成本，同时也使网络扩张较少受到资金限制。但这种较为松散的联结也降低了对节点企业行为的控制力，节点企业有更大的独立性和对网络关系的选择力，这有可能增加网络的不稳定性和对外部网络的维护成本。这种组织方式提高了对网络向心力的要求，需要网络构建者对节点有较强的吸引力和隐性的控制力。对于美国跨国公司来说，其在价值链高端环节突出的高层次专有能力创造出了强大的虹吸作用。在戴尔的全球生产网络中，尽管采用外包的方式，戴尔并不对供应商实施股权的控制，但戴尔对供应商的绝对控制力几乎达到了垂直一体化的内部控制的程度，而这种控制力正是来自戴尔在对市场信息的准确把握能力和较高的全球市场占有率[①]，以及突出的供应链的管理协调能力。

除此之外，美国模式的形成也与美国的创新环境和市场规模有很大关系。美国拥有世界领先的全国创新体系，由企业、大学、科研机构和咨询中介等研发组织构建的创新团队形成了强大的联合研发力量，先进的数据库和信息网络、大量高层次创新人才和知识产权资源是新思想和新知识产生的基础，深入而广泛的基础研究是原创性和先导性创新出现的基本条件。正是有了领先的基础条件、丰富的创新资源和大量的知识储备，才成就了美国企业卓越的研发创新能力和以此为基础的网络吸引力和控制力。美国广大的国内市场和对新产品的接受力为创新成果价值实现提供了保证，提高了企业创新的动力，也使美国企业可以更好地依托本国市场的需求展开创新，获得先发优势。

从20世纪七八十年代到90年代，在经历了一段成长困境后，美国制造企业重新恢复了它的竞争力，而这相当大程度上来自美国制造业跨国公司全球生产网络的构建。通过归核发展、价值链分工和网络化组织变革，美国制造巩固了它的霸主地位。美国模式给我们的启示至少有以下两点。

第一，技术能力与组织优势的结合是企业竞争优势的源泉。

---

① 景秀艳：《网络权力与全球生产网络的构建——以戴尔公司为例》，《厦门理工学院学报》2010年第3期。

在网络化生产组织模式之前，以大规模标准化生产为特征的"福特制"曾经是美国制造主要的生产组织模式，也正是依靠这一生产组织形式，美国战胜了英国工厂制的生产方式。以至于一些学者认为，美国对世界的挑战不是来自技术，而是来自产业组织。然而这一说法并不全面，技术与组织的关系应该是一种相互适应和影响的关系。技术的进步推动了生产组织方式的变革，生产组织方式的变革放大了技术进步的效应。蒸汽机的发明推动了传统手工作坊的生产组织形式向大机器生产转变。石油开采、钢铁冶炼和汽车制造技术的发展带来的三大产业的发展，催生了大规模标准化模式的形成。而大机器生产和大规模标准化模式由于更有利于相应的技术产出效应的发挥而在特定的技术经济时代成为更具竞争力的主流生产模式。因此，可以说，是技术与组织的完美结合才能成就企业竞争地位的确立。当技术进步推动产品内分工，使更加细致和分散的国际化分工变得可行；信息技术带来企业间信息传递更加便捷，跨越企业边界的沟通协调成本大大降低时，美国跨国公司积极响应这种技术进步，调整生产组织模式，以更加分散和灵活的网络组织方式更好地利用技术进步的价值创造效应，使自身在技术能力与组织优势的结合中获得了更大的竞争力。

第二，完善的创新体系和知识产权保护是实现价值链高端垄断的重要因素。

美国模式是一种以价值链高端能力的专有垄断为特点的成长模式，这要求制造企业有极强的创新能力和对创新成果的保护能力。在美国政府支持和各类创新主体的共同推动下，美国建立起了较为完善的国家创新体系。美国政府致力于创新环境的建设和基础性创新活动的开展，通过各项制度刺激创新行为，以国家实验室和研究所和联邦资金投入进行关键技术开发和相关基础研究；研究型大学为创新人才培育和高技术开发起到了重要作用；企业、科研机构成为创新的主要实行者。这套创新体系的协调运转为美国保持全球领先的技术实力奠定了基础。对知识产权的保护提高了企业创新的动力和创新的收益。促进了美国企业通过创造和利用知识产权构筑竞争优势。在专利保护制度下，美国企业通过专利许可交易获得了不菲的收益，刺激和支持了企业的创新活动。使美国跨国公司能够凭借高层次的专有能力竞争优势以较为开放的网络组织方式在 GPNs 的竞争中胜出。

二　日本模式

（一）日本模式的内涵、机制及代表企业成长概况

日本模式可以概括为双重优势构筑的封闭网络发展模式。相对于美国企业来说，日本企业在创新力，特别是原创性技术开发上略逊一筹，这使它们更加注重制造环节和流通过程中的成本降低和效率提升，形成了日本跨国公司一方面追求技术领先，另一方面寻求成本降低的网络发展战略。同时，在传统企业发展模式和社会文化等因素影响下，日本企业的 GPNs 较欧美更趋封闭。网络内成员间交易频繁、关系紧密，网络外组织很少能与内部成员进行合作是日本企业网络的一大特征。

日本模式的主要成长机制在于网络内知识共享机制带来的创新效应以及全球价值链布局的资源整合机制产生的成本效应，它们使日本快速实现技术赶超，同时保持着低成本制造优势。

相对于欧美，日本在技术上属于后发者，20 世纪 50 年代到 80 年代，日本都主要采取技术引进—模仿—改进性创新的技术发展方式，但它很快实现了技术赶超，到 20 世纪 80 年代中后期，日本的技术已超过欧洲直逼美国。日本快速的技术赶超除了得益于它大规模的研发投入外，还与日本企业的网络化创新模式有关。日本在技术研究的方面不如欧美，但却能在生产线和技术产品上媲美欧美，一个重要的原因在于日本善于在生产中创新[1]，而这种创新方式的实现和效果与建立了紧密的网络合作关系的企业间的联合开发和合作创新密不可分。植草益将这种企业网络视为对市场结构和产业组织的重大变革，并认为这种长期性的企业"系列"交易惯例是支撑日本企业高效率运作的重要因素之一。[2] 网络不仅是一个共同价值创造体，也是一个知识转

---

[1] 韩儒博：《创新模式研究及其国际比较》，博士学位论文，中共中央党校，2013 年。
[2] 植草益等：《日本的产业组织：理论与实践的前沿》，锁箭译，经济管理出版社 2000 年版。

移、共享和新知识创造的组织，网络的形成建立在网络成员间对网络租金的追求之上，这种网络资金来自网络效应，而"网络效应产生的前提条件是网络成员之间愿意通过合作共享'知识'资源"[①]，这就产生了网络内知识共享的动力。同时，网络内的"干中学"创造了利于隐性知识传递的环境，网络成员间频繁的交流，包括人员的直接沟通和交流，提高了隐性知识传递的效率，使对于知识整合和新知识创造来说最为重要而又最难以转移的隐性知识能够在网络组织中实现共享和转移。不仅如此，企业网络还包括了学校、科研机构等拥有密集知识和创新资源的非企业主体，它们可以为企业的创新提供很大的支持，当网络成员单一的和不同层次、结构的知识在网络内完成重新地组合和再建构，一种属于网络特有的新的知识体系便形成了，这种新的核心知识体系成为网络构建者创新能力和竞争优势的基础。在网络化组织中，网络结构状态是影响知识共享效率的重要因素。在日本模式中，网络构建者通常采用一种企业自主网络"下包制"组织和企业网络间相互持股的庞大而紧密的强联系网络组织方式，这种组织模式在一定程度上更利于网络成员间知识的共享和网络创新，特别是在进行改进创新的过程中，这种组织形态更为高效。在日本模式中，网络构建者通过控股、参股、派遣管理人员、签订长期交易合同和提供技术指导等方式与子公司、协力公司和其他关联公司建立长期稳定的网络关系，构成一个超强的生产网络。以日本汽车生产网络为例，为了挑选到优秀的长期合作伙伴，日本的整车制造商会在设计图纸确定前期，就在网络内供应商之间开展开发设计的竞赛，根据零部件供应商的设计能力和长期改善能力选择合作对象，使零部件供应商也参与到开发设计工作中来，刺激他们展开除了价格竞争外的研发能力的竞争，而整车厂为了协调整车与零部件的开发，也会对零部件供应商给予技术支持。[②] 这样就形成了一个网络内的创新合作体系，推动了网

---

① 芮明杰、邓少军：《产业网络环境下企业跨组织知识整合的内在机理》，《当代财经》2009年第1期。
② 罗仲伟、冯健：《企业网络创新中的知识共享机制——丰田汽车的案例》，《经济管理》2007年第16期。

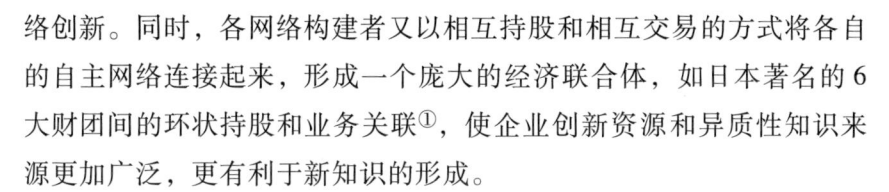

第三章 GPNs下企业成长模式的演变及先进制造企业GPNs构建式成长

络创新。同时,各网络构建者又以相互持股和相互交易的方式将各自的自主网络连接起来,形成一个庞大的经济联合体,如日本著名的6大财团间的环状持股和业务关联[①],使企业创新资源和异质性知识来源更加广泛,更有利于新知识的形成。

此外,作为一个国内市场狭小、资源匮乏的国家,日本跨国界整合资源的动力和能力一直很强,1986年日本的对外直接投资超过了美国,1989又超过英国,成为世界最大的对外直接投资国。日本的跨国公司通过积极的全球生产网络构建,充分利用世界各地的知识、资本和资源,使研发、生产和销售等价值创造活动在全球实现最佳配置,通过广泛的国际协作将技术垄断优势、区位配置优势和资源互补优势集于一身。[②] 而东亚生产网络的构建使日本的跨国公司保持了低成本制造的竞争力。20世纪80年代后,日本国内工资水平的上涨促使日本企业开始寻求低成本洼地,东亚各国成为其投资的重点,在这种网络扩张的过程中,日本跨国公司并没有放弃生产制造环节,而是在控制关键部件和核心能力的基础上,采用一种垂直、封闭的网络构建方式,通过更多的股权安排、对网络节点经营活动和行为的更多干预以及更少的技术转移等方式形成一个"日本怀抱中的亚洲网络"[③],以自己的技术优势和亚洲各国的低成本制造能力构筑了日本制造低成本、高质量、高效率的竞争优势。

日本模式的典型代表是丰田汽车。1937年,丰田汽车工业公司诞生,2008年,在纽约声誉研究所(RI)发布的年度"全球最受尊敬企业排名"名单中,丰田在全球汽车产业品牌中名列榜首。20世纪六七十年代,丰田主要在国内发展,为了提升技术水平和研发能力,它在国内建立了17家研发中心,并与其竞争对手本田、日野、大发

[①] 刘德伟、李连芬:《日本式国际生产网络的运行模式及其借鉴》,《财经科学》2015年第7期。

[②] 刘德伟、李连芬:《国际生产网络的理论脉络》,《河南商业高等专科学校学报》2015年第5期。

[③] Hatch, Walter and Kozo Yamamura, *Asia in Japan's Embrace: Building a Regional Production Alliance*, Cambridge University Press, 1996, pp. 43 – 114.

和马自达等建立联系，合作研发，17家研发中心有9家都是与合作伙伴共同创建的。1957年，丰田进入美国，为了学习领先企业的经验、技术，它努力与通用、福特、克莱斯勒建立合作关系，并在合作中积极学习。与通用的合作使丰田掌握了先进的汽车底盘技术和轮胎磨损技术，提升了丰田汽车的安全性；与福特频繁的接触使丰田掌握了"福特制"标准化、流水线作业的合理内核，通过结合自身条件和变化的外部环境，丰田对价值链进行了创新性的调适和变革，形成了闻名遐迩的"丰田制"生产方式。在欧洲、亚洲，丰田也不断加强与其他汽车制造商的联系，吸取它们先进的技术和生产方式。除此之外，丰田还积极与世界各地的大学和研究机构合作，广泛而密切的网络关系，帮助丰田获得了突出的技术研发能力。而为了提高网络内知识共享和学习效率，丰田建立了多层次的信息传递机制，由丰田向一级供应商进行知识传递，一级供应商向二级供应商，二级供应商向更低级供应商进行知识转移。并通过供应商间学习团队的建立和企业间雇员轮换等方式促进隐性知识的交流，要求零部件供应商必须参与零部件开发工作，鼓励网络内知识扩散和创新。这一系列安排使丰田网络成为一个创新共荣体，提高了工艺创新和产品创新的速度及应用性。而作为"丰田制"核心的精益生产和零库存更是建立在广大供应商和合作商的鼎力支持之下。丰田以控股、参股等方式在除日本外的全球27个国家和地区设立了包括整车制造厂和零部件生产厂在内的50个生产网点，270多家直接为其供货的零部件供应商。这些遍布全球的网络合作伙伴为丰田利用当地廉价资源和占领当地市场提供了巨大帮助，23个设在亚洲的生产网点更是成就了丰田全球汽车企业生产成本最低的美誉。

（二）日本模式的形成及经验启示

以技术创新能力和低成本制造优势为动力的相对封闭的日本制造企业全球生产网络的形成与日本制造企业的资源能力特点、面临的竞争压力及日本的企业制度和文化传统有很大关系。

日本制造企业相对欧美来说属于后发者，略逊的技术创新能力及品牌影响力使许多日本企业不能像欧美企业那样完全依靠对研发和品

第三章 GPNs下企业成长模式的演变及先进制造企业GPNs构建式成长

牌的垄断实现生产网络的驱动,也使它们在价值链布局时并没有采取彻底的"归核化"和专业化的发展战略。日本经济产业省2004年的调查问卷显示,从价值链环节的利润增加情况看,在日本制造业上市公司中,利润率最高的业务环节仍然是制造和组装,其对企业利润的贡献率达到了44.4%,然后才是销售(30.8%)、售后(10.5%)和开发设计环节(8.4%),说明日本制造的竞争优势仍然位于生产制造环节。[①] 为了保持自身在制造环节的优势,日本跨国公司采取了较为封闭的网络组织模式,对重要合作节点采取股权控制的方式,并将核心生产环节和关键部件集中在这些具有紧密网络联系和稳定网络关系的合作网络中,只将一些非核心的外围部件进行外包。在进行跨国生产网络构建时,也尽可能地将高附加值的专用产品和工序保留在国内的内部网络中,将通用性的、低技术的产品和生产环节外包给低成本供应商。日本跨国公司的境外生产网络一般是由日方以独资或绝对多数控股的方式控制,产、供、销被纳入一个完整的决策体系。中小承包企业围绕领导企业形成一个封闭的或基本封闭的网络,为其提供原材料、中间产品和最终品组装。作为一个后发者,为了增强对外竞争能力,日本企业间形成了相互持股,相互提携的企业集团、企业系列的发展方式,特别是在海外扩张过程中,日本企业更是采取了联合共建的方式。

为了快速地实现技术赶超和建立起创新优势,日本制造企业在开展自主研发的同时,积极调动企业外资源展开联合开发,促成了它们积极向欧美等发达国家布局研发体系,设立研究机构和技术中心,与领先企业建立研发联盟,以技术寻求为目标发展全球生产网络。而20世纪80年代中后期,日元升值带来的产品出口压力以及日本国内工资上涨带来的成本压力直接推动了日本向东亚等国家和地区转移价值链。正如关满博所强调的,在考察日本企业的对外发展时,制造企业

[①] 张捷:《日本制造业组织结构与国际分工模式的变化——兼论日本制造业对华直接投资的新动向》,《日本学刊》2007年第2期。

向东亚地区的扩张是需要特别注意的。① 而日本经济产业省的调查显示，这种转移的一个重要动机就是为了降低成本。

日本制造企业独特的全球生产网络构建方式也与日本传统的企业制度和文化有很大关系。作为一个单一民族国家，日本文化的向心力和民族凝聚力是极强的，这种民族主义的"共荣共生"推动了"下包制"的产生，使它成为网络分工这种"中间性组织"的早期代表。② 以这种母公司与下包企业间密切而稳定的长期交易关系，日本制造企业获得了成本降低与生产效率提升的双重效果，使它们在具备高度整体型构造特征的产品制造中保持着全球最强竞争力。

在"二战"中受到重创的日本经济能够迅速崛起，到20世纪80年代，在电子信息、汽车、半导体、机械等行业达到或超越世界先进水平与日本模式的推行密不可分。日本模式以一种合作创新的方式使日本制造企业的创新能力获得了快速提升，通过稳定的网络关系和核心企业对网络组织出色的协调管理创造了一种综合竞争优势。日本模式的成功经验主要有以下几个方面。

第一，知识共享、联合创新发挥网络创新优势。

日本模式的成功与日本企业善于学习和善于将吸收的知识进行再创新有很大关系。分工的深化使知识的积累和创新越来越"专业化"，而一个完整的价值创造过程又要求价值链上各个独立的节点必须进行知识的交换和共享。日本模式正是顺应了产品内分工下知识共享和共同开发的创新要求才实现了基于网络组织的技术赶超。以日本模式中的丰田为例，它一方面利用后发优势，通过干中学吸收欧美的先进知识和技术，另一方面积极进行网络内的系统创新，将引进的知识在网络成员间进行扩散、推广，利用供应商协会、员工轮换制度向供应商无偿输出技术知识，并鼓励它们相互交流，共同改进网络生产管理。通过让销售商参与到产品开发过程中，将消费者的需求信息带入产品

---

① 关满博：《东亚新时代的日本经济——超越"全套型"产业结构》，上海译文出版社1997年版。
② 钱书法等：《分工演进、组织创新与经济进步——马克思社会分工制度理论研究》，经济科学出版社2013年版，第162页。

研发环节，形成了一个由研发机构、供应商、销售商和创新联盟构成的网络开放创新系统，在联合创新中实现技术能力的快速提升。

第二，稳定的网络关系和协调的运行机制提高网络运行效率。

日本企业的网络以稳定和封闭著称。在日本网络内具有频繁交易关系的合作成员的数量并不算多，但它们通过股权纽带和信任机制形成了一种牢固的长期合作关系。在丰田的全球生产网络内，包括子公司的配套厂家只有270多家，而通用公司则拥有12500家配套企业。对为数不多的供应商，网络构建者会与它们建立长期的合作关系，购买方一般会以高过最低成本的价格向供应商采购，但每次购货量和库存量一般也低于最优量。同时买方也很少对供应商的产品质量进行现场抽查。[①] 这种长期合作降低了网络构建者频繁更换合作者的成本，也通过长期合作提高了彼此的默契、增强了相互信任，降低了机会主义行为的发生。一定的利益让渡和信任机制降低了网络治理成本，提高了网络运行效率。

从美国模式和日本模式的差异可以看出，尽管GPNs具有一些共同的组织特性和优势源，但又存在具体形态的多样性和差异化的竞争优势。具体的组织形态的选择既取决于网络构建者的能力特点，也与国家制度、社会、文化有关。而不同的网络结构特点又使它们的竞争优势基础有所不同。对我国制造企业来说，在构建自主GPNs的过程中应该充分考虑自身的内在因素和外部的环境特点，选择适宜的网络形态和塑造尽可能强的竞争优势。

[①] 钱书法等：《分工演进、组织创新与经济进步——马克思社会分工制度理论研究》，经济科学出版社2013年版，第167页。

第四章

我国先进制造企业 GPNs 构建式成长模式之一

——自主发展型 GPNs 构建式成长模式

网络化成长是指以组织网络化的方式整合和利用外部资源与能力，补充内部资源积累不足，提高企业环境适应力和竞争力，推动企业成长的一种发展模式。在网络化组织中有两种类型的企业，一类以网络中心或网络领导者的身份存在，一类以网络节点或网络参与者的身份存在。作为后发者，发展中国家本土企业是在发达国家跨国公司全球生产网络基本形成的情况下生长、发展的，在成长初期企业就面临着两种选择：加入已有的生产网络，成为其中的一个节点，或独立于已有网络，保持相对自主的发展。因为不同的初始选择决定了企业面临的竞争状态和成长环境的不同，也影响着企业资源积累和能力发展的方向，使其后续发展过程中可以依托的成长动力和可能面临的成长压力不同，从而形成企业不同的成长路径。从我国先进制造企业的成长过程来看，既有在成长初期选择独立发展的企业，也有加入已有网络的企业，它们以自己独特的网络组织建设方式建立竞争优势和成长动力，实现了自主网络构建式的成长。我们将第一类企业的成长模式称为嵌入—突破型 GPNs 构建式成长模式（简称嵌入—突破模式）；第二类称为自主发展型 GPNs 构建式成长模式（简称自主发展模式）。本章和下一章我们将就这两种具有代表性的我国先进制造企业 GPNs

第四章 我国先进制造企业 GPNs 构建式成长模式之一

构建式成长模式进行研究。

第一节 自主发展模式的内涵及特征

自主发展模式指企业在成长过程中始终保持相对自主的发展和一定的网络权利，依托国内市场和弱势网络度过生存期，再逐步优化网络节点，提升专有能力水平和自主网络竞争力的一种企业 GPNs 构建式成长模式。需要说明的是，这里的自主发展模式与发达国家跨国公司的自主模式是不同的。后者由于在 GPNs 构建时就已经有相当的专有能力优势和对网络关系的控制力，对这些先发企业来说，相对大部分网络节点都有较高层次的专有能力优势和网络吸引力，网络权利的形成是自然的。而前者通常是在面对比自己竞争力强许多，自身专有能力优势很弱的情况下发展网络关系，对网络节点的吸引力较弱，能够在对手林立的市场竞争环境中保持相对自主的发展和一定的网络权利在相当程度上是一种战略选择的结果。可以说，发达国家跨国公司 GPNs 构建式成长具有天生的自主发展的特征，这些先发企业的 GPNs 构建式成长基本都是自主发展。而我们这里所说的后发国家制造企业的 GPNs 构建式成长中的自主发展模式是相对最初放弃网络权利的嵌入—突破模式而言的一种具有企业战略选择特点的企业成长模式。

我国先进制造企业 GPNs 构建式成长中自主发展模式的特点有：

第一，在网络合作中保持行为自主权。之所以称为自主发展模式是因为这类企业在建立网络合作关系时始终保持自身在合作中行为的主动性，它们或者以较为松散的网络关系，或者通过选择合适的网络合作对象及其他策略性的网络构建活动来保证自身在网络合作中相当的网络权利。仅以吉利为例，吉利研发主管在谈到与国外领先企业的技术合作时说，吉利合作的两大原则，一是合作以不损害吉利培育自主品牌为基础，二是合作创新以保留充分知识产权空间为前提[①]。

第二，依托国内市场/非主流市场和国内网络节点获得初始成长动力。对于后发企业来说，成长的过程通常都面临强大的竞争对手，与选择嵌入发展模式的企业放弃市场控制权，依靠所嵌入网络领导者的销售渠道和产品市场不同，自主发展企业通常都选择自己开拓市场，但在自身能力有限的情况下，这些企业很难一下子将产品推向国际竞争市场，而是会依托国内市场为自己的发展提供成长空间。并且在国内主流市场已经被发达国家跨国公司占领的情况下，它们通常采取规避主流市场竞争，选择中低端市场低价竞争的方式获得立足空间，等到积累了一定技术、资本和能力后再向高端市场进发。同时，受限于初始能力和网络吸引力，这些企业最初的网络合作伙伴或纳入的网络节点一般都是一些国内企业、科研院所或实力并不强大的国内供应商。这种网络节点的选择也是为了保证能在合作中自身不会因价值创造力的严重偏斜和对竞争对手的过度依赖而丧失网络控制力。

第二节 自主发展模式代表企业 GPNs 构建情况及成长绩效

为了更好地展现我国先进制造企业自主发展的 GPNs 构建式成长模式，我们从中国制造业 500 强中选取了 10 家代表企业，对它们的 GPNs 构建情况和由此推动的企业成长情况进行了研究。

[①] 张化尧、李德扬、谢洪明：《技术截断下的中国民营汽车企业能力升级研究：以奇瑞、比亚迪和吉利为例》，《科学学与科学技术管理》2012 年第 2 期。

表 4-1　　中国制造业企业 500 强自主发展型 GPNs 构建式
成长模式代表企业成长状况①

序号	行业	企业名称及简介	主要 GPNs 构建活动	成长机制与绩效
1	汽车及零配件制造	奇瑞汽车1997年创立。是国内最大的自主品牌汽车制造企业和中国最大的乘用车出口企业。位列2017年中国制造业500强行业第17位	1997—2001 年，向国内汽车设计公司外包开发设计工作，与中国台湾模具公司联合设计车身，与上海汽车工业集团建立联盟，借助上汽集团的供应链获取了数百家为上海大众配套的零部件供应渠道。	与国内企业合作，利用弱网络优势获得最初的生产能力，为其进入汽车行业、立足国内市场创造了基本条件。
			2002 年开始与国内知名科研院所合作，与奥地利 AVL 公司合作研发高端发动机。之后，陆续与 Sivax、江森自控、德尔福、李尔、耐世特等国际知名零部件供应商合作，与菲亚特、富士重工、克莱斯勒等汽车制造商等业界领先企业合作。	与国内外科研院所、技术领先的供应商、制造商合作，实现全球网络开放创新，对其技术提升、品牌影响力提高等高层次专有能力培育起到巨大作用。
			从 2003 年以 CKD 方式在伊朗、委内瑞拉、巴基斯坦、阿根廷等国与当地企业合作建厂起，已在海外设立 CKD 生产基地 17 家。每年根据全球技术发展动态，在全球范围寻找某方面表现最突出的十家企业，有选择地建立网络合作关系	布局海外生产制造节点，在全球范围寻找技术优势企业，建立研发、制造网络，以 GPNs 支撑的开放创新和能力互补实现商业模式、技术创新协同发展，推动专有能力、网络优势竞争力不断提升

---

① 本章和下一章所选取代表企业及其在行业中的排名情况，均来自中国企业联合会、中国企业家协会《2017 中国 500 强企业发展报告》中"2017 中国制造业企业 500 强各行业企业分布"(参见中国企业联合会、中国企业家协会《2017 中国 500 强企业发展报告》，企业管理出版社 2017 年版，第 264—270 页)。企业主要 GPNs 构建活动和成长绩效为笔者根据企业官网、文献资料整理、分析所得。

续表

序号	行业	企业名称及简介	主要 GPNs 构建活动	成长机制与绩效
2	通信设备制造	华为 创立于 1987 年，是全球领先的 ICT 解决方案供应商，在全球 170 多个国家和地区提供业务服务，海外员工本地化比率达 75%，已实现自主 GPNs 布局。2012 年，超过爱立信成为全球第一通信设备供应商，2007 年进入世界 500 强前百名。 位列 2017 年中国制造业 500 强行业第 1 位	1993—1998 年，与国内各省市邮电管理局和政府部门合作成立合资公司。 自 1999 年在印度设立第一个海外研发机构后，陆续在欧美建立研发中心和研究所，与西门子、高通、微软、惠普、IBM 等全球技术领先企业进行技术合作，至 2017 年，网络节点覆盖全球 30 多个国家和地区，有 400 多所研究机构、900 多家企业、全球 Top100 高校、100 多位 IEEE、ACMFellow 及国家院士、50 多个国家重点实验室组成的优秀全球研发网络。 1999 年开始进行生产组织模式改革，通过分拆价值链和外包非核心业务，寻求国内外合作伙伴，形成全球网络节点价值链专业分工。通过签订供货合同、提供技术服务、技术转让、交钥匙、国际分包、建立合资公司等多种形式，形成全球生产能力。与沃达丰、英国电信及欧洲所有顶级运营商建立了网络合作关系。与埃森哲、通用电气、Infosys、英特尔、SAP 等全球领先的咨询、应用及行业方案伙伴建立了战略合作关系。与 ABB、博世、海克斯康、霍尼韦尔等全球领先企业在内的 860 多家伙伴合作。与英国、德国、泰国、马来西亚、巴西、沙特等国政府合作；参与欧盟 5GPPP。与欧洲行业协会和监管机构等进行合作	依托政府等非企业合作伙伴形成弱网络优势，迅速拓展国内市场，成功实现"农村包围城市"。 从模仿学习到合作创新，利用强大的全球研发网络整合世界资源，运用全球网络开放创新机制培育高层次专有能力。自 2000 年起华为国内专利申请量每年翻倍，网络通信核心标准成功提案在 2014 年达到全球 1/4，实现业界第一。奠定 5G 国际标准制定权争夺基础。 价值链专业分工，跨国生产网络建设，全球供应商、渠道商、互补性合作伙伴、客户、竞争对手、非企业合作者的全面纳入，形成了一个真正的 GPNs，使华为实现全球网络合作伙伴共同完成的从研发、制造到销售、售后的全部价值创造活动，获得由全球网络节点资源、能力互补协同创造的全球网络竞争优势，促使华为在标准制定、国际品牌建设上实现快速发展。在生产网络渐进式全球拓展中，利用商业模式创新与技术创新协同效应推动企业成长

续表

序号	行业	企业名称及简介	主要 GPNs 构建活动	成长机制与绩效
3	工程机械及设备制造	海天塑机 世界上产量最大的注塑机制造企业。约 30% 的产品出口 130 余个国家与地区。技术水平达到国内领先。位居我国注塑机行业之首。排名 2017 年中国制造业 500 强行业第 6 位	20 世纪七八十年代与上海塑料机械厂、宁波东风机械厂等国内技术领先企业开展合作生产；与北京化工大学、上海轻工研究所等科研机构合作开发。 20 世纪 90 年代到 21 世纪初，与中国台湾琮伟、德国德马格等合资；与国内科研机构合作研发；与中国台湾鸿讯、斯达弗等零部件供应商共同进行零部件开发。 全面布局全球生产网络，收购新兴技术提供商德国长飞亚，与菲利普、日本 STAR、赫格隆、斯达弗、日本富士等知名零部件供应商合资、合作，加入北美、日本、德国等国外行业协会，与海尔、海信、正泰、广州本田等国内大客户建立长期合作关系，在德国、越南等国家、地区建立厂房开展国际生产，继续与国内科研机构合作	与国内同行及科研机构合作，利用其技术互补的网络优势，使自身在没有技术基础的情况下技术能力迅速提升，并迅速扩大产能，拓展国内市场。 向世界领先企业学习和与科研机构、供应商合作开发，利用网络开放创新机制，很快达到全国技术领先水平，形成高层次专有能力优势。 发展全球生产网络合作伙伴，将专业供应商、科研机构、客户等各类网络节点纳入，使海天技术能力达到国际领先，生产能力、市场占有率快速提升。在网络化推动的商业模式创新中实现技术创新，获得专有能力、网络优势双提升
4	工程机械及零部件	三一重工 1994 年创建，2011 年入围 FT 全球 500 强，是唯一上榜的中国工程机械企业。截至 2017 年专利申请及授权数居国内行业第一。排名 2017 年中国制造业 500 强行业第 2 位	2002 年前主要针对国内中低端市场销售，与武汉大学、浙江大学等国内外高校和科研机构建立多样化的合作关系。 2006 年、2007 年、2009 年和 2010 年分别在印度、美国、德国和巴西等国家和地区建立海外研发和制造基地。 参股经销商，共建全国销售服务体系，引入 6S 销售服务模式等。 在印度、美国、德国、巴西等建立国外制造基地。积极布局"一带一路"形成了四个全球研发基地，多个区域销售中心。2012 年与奥地利帕尔菲格集团合资，收购德国普茨迈斯特	发展初期，国外领先企业占领高端市场，依托国内中低端市场获得发展空间；利用国内科研机构互补能力推动技术水平提升。 布局全球研发网络，利用网络开放创新快速提升自主创新能力。 与国内外经销商、供应商、服务商合作，形成全球生产能力和服务能力，纳入业界领先企业。利用全球研发、制造、销售、服务网络，以先进商业模式与技术创新推动企业成长

89

续表

序号	行业	企业名称及简介	主要GPNs构建活动	成长机制与绩效
5	工程机械及零部件	中联重科创立于1992年，经过20多年发展，逐步成长为一家全球化企业，是业内首家A+H股上市公司。位列2017年中国制造业500强行业第3位	2002—2003年，收购重组三家国内业内公司，2007—2008年又收购四家国内业内企业。2008年收购并购全球混凝土设备领先企业意大利CIFA公司。2013年并购了德国T-MEC公司。2014年并购全球著名升降机企业——荷兰Raxtar公司。2015年收购意大利纳都勒公司75%的股权。2016年8月29日，与白俄罗斯MAZ集团成立合资公司构建全球化制造、销售、服务网络。在国内建立十四大园区，在意大利、德国、印度、巴西、白俄罗斯建立工业园。在全球40多个国家建立分、子公司以及营销、科研机构	实施横向并购，构建国内生产网络，获得网络优势，确立国内领先地位。并购国际领先企业，与先进企业建立合资关系，收获品牌资源、技术资源，迅速提升高层次专有能力优势。建设全球生产制造基地，利用国内外工业园、科研机构和营销机构整合当地资源，实现全球生产网络布局，获得专有能力、网络优势双提升
6	家用电器制造	海尔集团创立于1984年。在全球拥有10大研发中心、24个工业园、108个制造工厂、66个营销中心，在全球范围内实现了设计、制造、营销"三位一体"的网络布局。连续九年蝉联全球白色家电第一品牌，位列2017年中国制造业500强行业第1位	1997—1998年，采用"吃休克鱼"办法兼并了18家家电企业。与东芝、飞利浦、迈兹等国际知名公司建立技术联盟；在美国、欧洲、日本、澳新、中国建立五大研发中心，通过兼并、收购、联合等方式整合全球一流的研发资源；建立HOPE网上开放式创新平台；加入国际标准组织，与合作伙伴共建专利池，实行供应商参与、用户互动的前端设计模式，创建了小微公司驱动机制的超前研发模式，打造各类相关主体参与的创新网络。1996年在印尼建立第一家合资企业后陆续在亚非欧和美洲建立生产厂；2001年并购意大利迈尼盖蒂冰箱厂；2002年与三洋进行渠道互换合作，进入日本市场；与中国台湾声宝建立相互代理销售合作；2006年与NBA签订战略合作协议。实现欧美设计、制造、营销"三位一体"的本土化经营	立足国内市场，建设国内生产网络，获得网络优势支撑的规模、范围效应。在全球范围纳入各类网络节点，构建开放性创新网络，充分利用各节点的创新资源，建立、提升和保持自身在研发创新上的竞争优势，形成价值链下端高层次专有能力控制力。以多种方式布局海外生产制造节点，实现本地化生产，降低进入壁垒，利用当地资源建立网络优势。创新商业模式，实现开放式技术创新与商业模式创新协同推进，推动专有能力、网络优势提升

续表

序号	行业	企业名称及简介	主要 GPNs 构建活动	成长机制与绩效
7	金属制品加工	中集集团 1980 年创立。在亚、美、欧、澳洲等地区拥有 200 余家成员企业，客户和销售网络遍布全球 100 多个国家和地区，是世界领先的物流装备和能源装备供应商。位列 2017 年中国制造业 500 强行业第 1 位	1993—1996 年，陆续并购国内十余家集装箱生产企业，建立了覆盖我国沿海主要港口的生产体系，形成了贴近市场、服务市场的生产基地。与必和必拓、CMACGM、地中海航运等世界顶尖客户建立合作关系。2006 年收购船舶及海洋工程设施建造公司来福士；2007 年收购荷兰博格和安瑞科能源装备控股有限公司。 2002—2006 年，以兼并和新建等方式，先后并购了扬州通华、美国 Hpa Monon、济南考格尔、驻马店华骏、张家港圣达因、洛阳凌宇、芜湖瑞江等业内知名企业，建立起服务于全球主流市场的二十多个生产基地	并购纳入国内网络节点，形成网络优势，获得规模效应、成本效应，使中集在 1996 年实现集装箱产销量世界第一。与领先客户建立网络合作关系，提升品牌形象，推动高层次专有优势提高。 全球网络布局形成"依托中国优势的全球化营运体系"，依托 GPNs 优势提升全球化竞争能力。整合技术优势企业，提升专有水平，形成高层次专有能力和网络优势双推进
8	计算机及办公设备	联想 创立于 1984 年。拥有全球研发、生产、销售网络。自 1996 年起电脑销量居国内市场首位，2013 年成为全球 PC 最大生产商，电脑销量全球第一。位列 2017 中国制造业 500 强行业第 1 位	1985 年与 AST 合作，成为 AST 在中国内地的唯一代理商，同时代理 IBM 和惠普等品牌。 在中国、中国台湾、中国香港、日本、美国设立研究中心，实现全球研发。 1988 年与中国香港导远、中国技术转让公司成立合资企业；同年，收购中国香港 Quantum 公司，将产品开发和销售放在中国香港，批量生产布局内地生产基地；1990 年在波兰设立制造工厂，面向欧洲、中东和非洲客户提供装配。2004 年收购 IBM 全球 PC 业务；2011 年收购德国 Medion 公司；同年与 NEC 合资，共同组建日本最大个人电脑集团；2014 年收购 IBM x86 服务器业务；2014 年收购摩托罗拉移动智能手机业务。2004 年与国际奥委会签署合作协议；2006 年加入国际可信计算标准组，与 NBA 结成长期全球市场合作伙伴	利用与先进企业的松散合作，保持自主发展的同时积累经验和资金，为技术学习和知识积累赢得时间。 利用世界先进研发设备和专业化团队，实现全球创新网络协同，提高创新效率，推动专有能力提升。 合资、并购获得"工""技"能力，价值链空间布局实现区域比较优势整合。并购知名品牌、与业界领先企业合作极大地提高了联想技术能力、品牌影响力，使其在欧洲、日本市场上实现重大突破，构建起全球销售网络，高层次专有能力获得重大提升。与非企业合作伙伴建立网络关系，推动全球市场开拓。在 GPNs 支持下实现专有能力和网络优势互推共进

续表

序号	行业	企业名称及简介	主要GPNs构建活动	成长机制与绩效
9	电子电器设备制造	正泰集团创立于1984年。在全球拥有9大制造基地、6大国际营销区、3大全球研发中心和22个国际物流中心。位列2017年中国制造业500强行业第6位	利用本地产业集群建立产业链合作网络，与当地配套企业进行外包合作，与本地专业销售市场经销商建立稳定的销售合作关系，与本地同类产品竞争者进行原材料联合采购和物流合作；发起组织当地行业协会；与国营厂联营；与国内科研院所合作。	与集群企业、国有企业联营，与科研院所合作获得技术和品牌支持，依托合作伙伴互补性能力形成网络优势，在国内市场立足。
			整合本地集群，形成分工合作网络，实现企业之间相互协作和合作创新。在全国各地建立销售公司和特约经销处，与跨区域客户、经销商建立市场信息网络。	通过本地生产网络和国内生产网络建设来提高网络竞争优势，推动专有能力培育。
			与荷兰凯玛技术检测有限公司开展长期技术、管理合作，与通用电气公司进行技术合作	与国际领先企业合作实现高层次专有能力快速提升。逐渐形成GPN支撑的专有能力、网络竞争优势互动推进局面
10	汽车及零配件制造	吉利集团始建于1986年，1997年进入汽车行业。在中国、瑞典、英国、西班牙、美国建有研发设计中心，在中国、美国、英国、瑞典、比利时、白俄罗斯、马来西亚建有世界一流的整车工厂，产品销售及服务网络遍布全球。连续六年进入世界500强，位列2017年中国制造业500强行业第6位	1997—2002年，与台州本地汽车零部件配套企业合作，建立了以生产基地为中心的配套供应网络。	当地供应网络使吉利获得低于进口价格1/2到2/3的配套零部件，利用弱势网络实现低成本制造和销售，开辟国内中低端市场，从而赢得生存空间。
			2002—2006年，先后与韩国大宇国际、意大利汽车集团公司、德国吕克等发达国家技术领先企业开展技术合作。	与领先企业进行技术合作，并保持合作主导性，由初期模仿造车和关键部件外购发展为具备汽车整车、发动机等关键技术开发能力的自主品牌制造商。
			2007年至今进入全面建设全球生产体系时期。2007年与俄罗斯、尼日利亚经销商签订合作销售协议，与印尼企业合作建立组装生产基地；2006年与英国锰铜成立合资公司，获得其先进技术和成熟的销售网络；2010年并购沃尔沃，获得其技术、品牌和在欧洲和北美的销售网络；2009年收购全球排名第二的自动变速器生产商	布局全球生产制造基地，与经销商共建销售网络，与全球领先汽车零部件供应商建立合作关系，将优质节点纳入研发、销售网络，形成由全球优质网络节点共同打造的网络竞争优势；实现对全球优质网络节点的资源、能力整合、利用，推动自身高层次专

续表

序号	行业	企业名称及简介	主要 GPNs 构建活动	成长机制与绩效
10			DSI，形成技术互补，使其在相关领域技术水平提升了 3-5 年；与全球汽车零部件行业排名前 20 的供应商中的 16 家建立合作关系，获得其产品、技术支持	有能力建立和提升

资料来源：笔者整理。

第三节　自主发展模式的成长机制

采用自主发展 GPNs 构建式成长模式的企业通过自主 GPNs 的构建成功实现了企业成长，它们中的许多企业在成立之初或初入行业时都是没有技术积累、缺乏资金和市场竞争力小的企业，很多还是一些乡镇企业或民营企业，与国营和国有企业相比，得到政府支持较少。这些企业凭借广泛的网络合作关系的建立，依托网络合作伙伴获得了极大的成长支持，使自身的竞争力快速提升，迅速成为行业先进企业。在这些企业的成长过程中，网络化和国际化的成长推动作用主要体现在三个方面。

一　网络节点资源能力互补机制构筑网络竞争优势

对于许多成长初期根本不具备技术积累却面临技术领先、资金雄厚的发达国家跨国公司和本国大型国有企业竞争的自主发展企业来说，依靠自身力量去应对生存压力和建立成长能力几乎是不可能的。它们的成功相当大程度上是因为充分运用了网络竞争时代群体竞争的力量，依靠网络合作伙伴的互补性资源和能力打造一种非技术优势或非单纯技术竞争的综合竞争优势，使自身的竞争力极大超越了企业边界，从而在整个网络中得以延伸和发展。

正如我们前面指出的，在 GPNs 的竞争环境下，企业间的竞争不再是单纯的技术竞争，产品品质、价格、速度每一个方面都可能成为企业击败对手的环节,这也是我们认为先进制造企业的先进性不仅仅是技术的先进性,而是技术先进性与制造模式先进性结合的原因所在。计算机、网络技术推动了信息传播速度加快、技术更新能力提升、市场需求变化加快,先进制造企业的先进成为一种对企业制造能力全方位的要求。企业不仅需要以先进的制造工艺生产出更高质量的产品,还要以最快的速度响应市场需求的变化,以更低的价格和更具个性化的产品满足消费者的要求。正是这些要求催生了集成制造、精益生产、敏捷制造、柔性制造等先进制造模式,而这些制造模式无一不是以联合价值创造为特征的。对于后发企业来说,技术上的弱势在一定程度上可以通过制造模式的先进来弥补,相对需要通过长期积累和培育才能形成的创新与品牌等高层次专有能力,集合网络节点的优势资源,以网络化的制造模式来赢得市场往往是一种相对快速的成长方式。

GPNs生产组织模式最重要的一个竞争力来自网络节点资源、能力的互补性结合所创造的群体竞争优势。GPNs构建通过各价值创造环节上拥有资源和能力比较优势的网络节点的共同价值创造活动,以空间换时间的方式实现集产品价格、品质和需求反应速度为一体的全方位的竞争优势;通过各价值环节专业化供给者的最优生产规模组合获得网络规模经济效应,利用网络节点的互补性资源和能力完成企业自身无法完成的经营活动;通过互补性优势资源的整合形成"1+1>2"的协同效应,产生GPNs的群体竞争优势。网络合作形成了合作节点间协同价值创造关系,这种协同价值创造通过合作节点间的资源能力互补效应,实现资源补缺、优势互补,在每个合作者能力不变的情况下,获得由各自优势能力组合产生的更大的价值创造力。因为这种共同价值创造所产生的优势组合效应使网络竞争力是一种全方位竞争力,这种抱团竞争的力量远大于任何一个单一个体的竞争能力。不仅如此,当价值创造活动在不同节点间进行分工时,更易实现每个价值环节的最优规模,从而通过各环节网络节点的分工合作产生整个网络的更大的规模经济。

从我国自主发展模式的先进制造企业成长来看,在发展初期缺乏技术能力的情况下，都广泛采取了与国内企业开展合作、与国内相关配套企业建立合作关系、与国内科研院所合作等方式来弥补自身的技术能力缺陷。如吉利和正泰在发展初期，当地都形成了一定的产业集群，吉利和正泰充分利用与本地集群企业的合作来实现低成本生产和市场开拓。吉利进入汽车制造领域之时，台州已形成了相当规模的汽车零部件配套体系，吉利通过建立配套供应网络的方式将一批之前就有合作关系的零部件供应商组织起来，以分工合作、分头攻关的形式建立起自己的网络优势。[①] 正泰创业前期，柳市低压电器集群已经存在广泛的销售网络，正泰与这些销售企业建立了稳定的合作关系，通过与集群内同业伙伴联合进行原材料采购和进行物流合作，降低采购和物流成本。通过本地集群产业链合作，正泰有一半以上的产品通过外协完成，通过对合作企业进行技术、管理指导，使这些合作节点成为自己生产网络中稳定、可靠的配套单元[②]。在后续的发展过程中，这些企业更是广泛利用各类合作伙伴的互补性能力增强自己的竞争力。吉利先后与韩国大宇国际、意大利汽车项目集团、德国瑞克进行技术合作；与国外经销商签订销售协议、与国外厂商合作建立生产组装基地；与全球领先零部件供应商建立合作关系；并购国际知名品牌汽车制造企业。这一系列网络构建活动，使吉利从无技术、无市场、无品牌的"三无"企业迅速成长为拥有自主品牌、相当的市场份额和创新能力的先进汽车制造商。而这一成绩显然与网络合作伙伴对其技术、市场、制造能力的贡献密不可分。进入发展期后，正泰的网络合作范围扩展到国内高校、科研院所、跨区域的客户、经销商，更多的低技术配件、元件都外包给供应商，1998年正泰集团已经有36个成员企业、800多个协作厂。同时它还积极发展海外代理商，通过这些代理商拓展海外市场。进入成熟期的正泰的网络合作对象更多的是国外的先进企业，它与美国GE、荷兰凯玛等跨国公司合作，利用其先

---

① 唐春晖：《资源、网络与本土企业升级的协同演化机制——基于吉利集团的纵向案例研究》，《经济管理》2012年第10期。

② 魏江、勾丽：《基于动态网络关系组合的集群企业成长研究——以正泰集团为例》，《经济地理》2009年第5期。

进技术和品牌等为自身服务[①]，通过全球化网络建设完成对全球互补性资源和能力的整合，利用全球网络节点各自所长，实现网络内能力互补。另一个具有典型性的例子就是华为。尽管华为被大家公认为是中国企业创新的典范，人们也普遍认为华为核心竞争力是它的自主创新。但作为一个后发企业，在相当长的成长期内，华为并不具备绝对的技术优势和研发能力。华为公司原任职资格部部长豆世红认为，华为的核心竞争力在于"市场需求开发能力"和"平台规划能力"。所谓市场需求开发能力实际上就是一种价值实现力，也即迅速地将捕捉到的客户需求转化为现实产品并供给客户的能力[②]。这项能力往往能够使一个后发者具备更强的竞争力。根据 Teece 等[③]的观点，在不存在非常强的可独享制度的情况下，市场竞争中的赢家并不总是技术先动者，在一些情况下后发跟随者也可以获得更大的市场份额。而这主要取决于企业是否能够利用分销渠道、客户关系、供应商关系和互补性产品等资源将创新引入市场。[④] 华为正是善于整合各类网络合作者的资源和能力，以"商业化"的创新建立起自己独特的竞争优势。华为的成功颠覆了传统的对于技术密集型行业和生产者驱动型价值网络中先进企业的纯技术领先性的观点。使我们看到，在 GPNs 的竞争环境下，企业不仅依托高层次的专有能力获得竞争优势，还凭借网络优势实现领先。更为重要的，企业内在的创新力与网络的价值实现力的结合使这种创新变得更有价值和更富竞争性，使不具绝对创新优势的发展中国家制造企业能够建立自己在行业中的领先地位。

二 网络开放创新机制推动技术创新和高层次专有能力培育

采用自主发展 GPNs 构建式成长的我国先进制造企业，许多在成

[①] 魏江、勾丽：《集群企业知识网络双重嵌入演进路径研究——以正泰集团为例》，《经济地理》2011 年第 2 期。
[②] 豆世红：《统治：技术商人与华为的核心竞争力》，江苏人民出版社 2009 年版。
[③] Teece, D. J., Pisano, G. and Shuenl, A., "Dynamic Capabilities and Strategic Management", *Strategic Management Journal*, 1997, Vol.7, pp. 509–533.
[④] 尽管有专利制度的保护，但高度分工的生产方式下，必要的知识转移和各种渠道产生的知识溢出仍是不可避免的。

长初期都是不具备行业技术积累的弱小企业,它们能够在短期实现技术赶超和突破性创新,主要依靠了 GPNs 的开放式创新机制。从表4-1 可以看出,几乎所有的代表性企业都采用了开放式网络创新模式,通过集合科研院所、客户、消费者、技术领先的供应商、竞争对手、行业协会、国际标准组织等各种类型的创新主体,充分吸收它们的知识信息和利用它们的技术资源、创新能力,以一种高度开放、包容的创新方式推动自身的技术水平和创新能力的提升。

Chesbrough[①] 提出了开放式创新的理念。所谓开放式创新就是企业应该充分利用外部和内部的创新思想,并能将这些创意市场化,而企业的内部创意也可以通过外部渠道加以实现。开放式创新强调创新源的多元化,企业可以整合各类型创新主体的要素和资源,补充自身内部资源,在一个开放、灵活的双向学习型组织中实现内外知识的交流,利用外部资源和能力超越自身能力的局限,获得足够的创新能力和创新速度。在技术日新月异、市场变幻莫测的时代,这种开放式创新对企业的生存和发展尤为重要。

企业通过 GPNs 构建,可以将拥有自身创新所需资源和要素的各类型合作者组织起来,构成一个开放式创新平台,借助创新伙伴的力量提高自己的创新能力和创新效率。GPNs 是一个包含各类相关主体的价值体系,在 GPNs 中,顾客、技术供应商、研发机构、信息中介等利益相关者都不再是外生变量,它们作为价值创造主体的一部分被置于生产网络系统内部,同时也成为网络创新体系的一部分,这极大地增加了创新资源,特别是创新信息来源的多样化。大量的研究表明,在网络节点的支持下,企业可以更迅速地捕捉到市场机会,并对此作出更快的反应,以最小的成本和最短的时间形成创新成果并将之推向市场,赢得市场先行优势和技术优势,开拓新的成长空间。Song、Nerur 和 Teng 的研究说明,开放的网络结构对企业创新和知识

---

① Chesbrough, H., *Open Innovation: The New Imperative for Creating and Profiting from Technology*, Boston: Harvard Business Review Press, 2003.

管理具有积极作用。① 根据需求拉动（demand pull）假说认为，消费者需求导向的变化以及他们的支付意愿和支付能力等是企业进行研发投入和开展创新活动的最有效的激励机制。

对我国制造企业来说，作为后发者，不仅在成长初期没有什么技术积累，内部研发能力很弱，而且面对的是全球网络化研发模式已经形成的竞争环境。作为一种较内部封闭研发更先进的研发模式，网络研发所带来的创新速度和研发效率的提高使每个企业都面临更大的创新压力，使后发企业更不可能通过自身力量实现超越。在这种情况下，要想实现后发超越，唯一的途径就是形成网络创新能力，在结网和合作的过程中学习、吸收外部网络节点的知识、资源和能力，推动内部创新专有优势的形成。从华为的实践来看，从最初只有国内几所高校与之合作，到后来涵盖了各类价值创造主体的庞大创新网络，开放创新网络体系中的各类网络节点为华为带来了不同的创新资源和研发能力，使其获得了联合创新能力，在不断的结网、学习的过程中，华为逐渐构建起了在高附加价值链研发环节的专有能力优势。

三　商业模式创新与技术创新协同发展机制促进专有能力和网络优势双提升

与传统理论认为技术是后发企业实现赶超最主要的因素不同，近来，越来越多的学者从商业模式的角度研究后发企业的成长，并认为，商业模式是影响企业绩效的重要因素。②③ 同时，越来越多的文献开始从网络的角度讨论企业的商业模式。从商业模式的内涵看，商业模式是一个价值创造过程，是企业将技术商业化来实现经济价值的

---

① Seokwoo Song, Sridhar Nerur, James T. C., Teng, An Emploratory Study on the Roles of the Network Structure and Knowledge Processing Orientation in Work Unit Knowledge Management", *Research Contributions*, 2007, Vol. 38, No. 2, pp. 8 – 26.

② Amit, R. & Zott, C., "Value Creation in E – business", *Strategic Management Journal*, 2001, Vol. 22, pp. 493 – 520.

③ Rapp, A., Rapp, T. & Schillewaert, N., "An Empirical Analysis of E – service plementation: Antecedents and the Resulting Value Creation", *Journal of Services Marketing*, 2008, Vol. 22, pp. 24 – 36.

方式,价值的创造和获取是商业模式最为重要的内容。[①] 在当前 GPNs 竞争的环境下,企业通过构建 GPNs 的方式来获得竞争优势和成长动力,从价值创造的角度来说,企业集合网络节点共同完成价值创造,从价值获取的角度来说,网络构建者通过对网络的组织、协调和对网络权力的控制来攫取更多的网络租金。因此,网络构建成为企业实现商业模式创新的重要手段,商业模式成为企业获得更大成长绩效的重要方式,商业模式创新作为企业构建 GPNs 以推动企业成长的载体形式,在企业 GPNs 构建式成长中扮演着重要角色。

对于后发企业来说,技术的弱势是其面临的巨大的竞争障碍。尽管信息时代下,知识的传播速度、扩散速度大大提高,知识的获取方式和技术创新手段也不断丰富,使后发企业利用后发优势实现技术赶超的可能性大大提高,但创新资源的匮乏、隐性知识的非市场获得性以及行业技术发展的阶段性特征,都使后发企业想要通过单纯的技术超越赢得竞争优势异常困难。对后发企业来说,在相当长的技术能力培育和技术超越期内必须面对强大的技术领先企业的竞争,寻求非技术的综合竞争优势就成为企业成长的必须。不论是通信设备制造业的华为、中兴,家电制造业的海尔,汽车整车制造的吉利、奇瑞,还是计算机行业的联想,电子电器制造的正泰都在网络合作伙伴的支持下,以商业模式的创新为自己构筑了竞争屏障,打造了网络竞争优势。

以联想为例,联想针对两类不同的客户——消费类客户和商用类客户的消费特征设计了两种商业模式,通过有效的价值链拆分和合理的价值链布局,在有效选择网络合作节点和协调网络运行的基础上,利用网络合作伙伴的力量实现针对不同客户的生产、销售模式,通过这种被称为"双模式"的商业模式创新战略获得了巨大成功。杨元庆曾经这样评价双模式,认为联想更强的竞争力就在于这种针对不同客

[①] Chesbrough, H. & Rosenbloom, R. S., "The Role of the Business Model in Capturing Value from Innovation: Evidence from Xerox Corporation's Technology Spin-off Companies", *Industrial and Corporate Change*, 2002, Vol. 11, pp. 529–555.

户的不同业务模式。联想的双模式是指针对大客户为主的商用市场采用"关系型"模式,针对个人消费者的消费市场采用"交易型"模式。个人消费者看重产品的价格和外观,希望能够现场体验和购买现货。大客户注重产品定制性、安全性、稳定性和提供的服务。为了实现"交易型"模式,需要一个强大的渠道体系和低成本大规模的生产体系,将生产、渠道、消费联系在一起,需要高效的供应链系统满足客户对相应速度的要求。"关系型"模式则需要柔性制造系统来满足客户定制化需求和大量客户代表对客户需求进行深入了解。联想能够同时较好地满足具有不同生产经营体系要求的两类市场,依靠的就是对不同网络合作节点能力的组合和协调。对于"关系型"客户关注的安全、稳定,作为硬件设备制造商的联想本身并不具备这种安全软件开发能力,它通过与赛门铁克合作,从2005年开始在联想ThinkPad品牌电脑中预装诺顿安全特警软件,购买该品牌电脑的用户都可享受该软件的安全服务,实现了联想硬件与赛门铁克软件的有机结合,满足了联想ThinkPad用户的安全需求。在"交易型"模式业务中,联想与阿里巴巴结盟,针对中小企业推出了专用电子商务电脑,内置阿里巴巴电子商务软件平台,使用户使用软件更加方便。这样一些软硬件结合的方式,利用软件合作伙伴的资源和能力增强了自己硬件产品的竞争力。杨元庆也谈到,正是依托遍布全国的渠道合作伙伴共同打造的销售网络,联想才实现了针对"交易型"客户的商业模式。由此可见,商业模式创新是联想建立竞争优势的重要途径,而实现这种商业模式创新依靠的是网络关系的建立和网络节点间的资源能力的互补。

不仅如此,商业模式也是影响企业技术创新的重要因素,通过商业模式的创新,我国先进制造企业实现了商业模式和技术进步协同发展,获得了基于GPNs构建的商业模式创新与技术创新带来的网络优势增强和专有能力提升的双成长。对于企业来说,技术创新的动力在于从技术创新中获得的收益。与此同时,技术创新的投入也必须以一定投入回报作为条件。特别是当企业技术创新的资金有限时,对于创新的效益和创新回报就更为看重。Christian和Seidenstricker通过对

Micoban 公司的创新研究指出，技术创新要获得成功，必须建立在价值链上下游合作伙伴双赢的商业模式基础之上。国内学者的研究也证明了，技术创新与商业模式创新之间存在互动耦合的关系。一方面，技术创新的价值实现需要商业化，企业必须通过一定的商业模式来实现这一过程，也即技术创新会推动企业商业模式创新；另一方面，商业模式创新中的细分市场的出现会促使新一轮的技术创新。以三一重工为例，三一重工根据工程机械行业的特点，在销售服务环节率先引入 6S 店模式，通过集整车销售、零配件供应、售后服务、信息反馈、产品展示和专业培训六位一体的营销模式，将传统的被动式服务转变为主动式服务，深入了解客户需求，在把握实际情况的基础上，为其提供最佳的设备匹配方案和在施工过程中针对设备使用的整体解决方案。这种贴近客户的销售服务模式在推动产品销售的同时，也获得了更多的市场需求信息，使企业针对这些需求进行产品开发和技术改进，推动了企业技术创新，使其能够更好地建立起基于市场的专有性技术创新优势。郭玉屏对 90 家宁波市装备制造企业的问卷调查显示，32.9% 的企业认为创新成果的产业化成本过高，22.8% 的企业表示缺乏适应市场需要的技术成果。[①] 说明当企业没有一个好的商业模式将技术成果转化为市场需求，没有一种好的商业模式了解市场、把握需求并进行技术创新，就不能产生有效的技术创新和对技术创新的推动力。因此，商业模式创新与技术创新是企业建立竞争优势的两个相互推动、相互影响的环节。

以网络构建实现商业模式创新，获取由商业模式创新带来的网络竞争优势；在商业模式创新的基础上实现高效的技术创新，以技术创新实现企业专有能力的高层次化是我国先进制造企业 GPNs 构建式成长成功的关键所在。

---

① 郭玉屏：《全球价值链视角下的宁波装备制造业产业升级》，博士学位论文，辽宁大学，2013 年。

第四节　自主发展模式的实现路径

在网络化时代，企业竞争在两个层面展开，一个是网络层面，一个是企业层面。网络层面的竞争主要针对最终产品市场，是一种以最终产品价值表现出来的虚拟竞争，竞争的焦点在于"组织"优势，是一种从产品设计、开发到生产制造，再到销售、售后的全价值链竞争，以企业对价值链的组织和管理来建立竞争优势。[①] 企业层面的竞争主要表现为企业在特定价值环节的竞争。相对企业层面的竞争，网络层面的竞争是一种更为立体和全方位的竞争，企业面临的竞争压力更大。不同于嵌入—突破模式的企业最初只是在发达国家跨国公司 GPNs 的特定价值链环节（通常是生产制造环节）进行企业层面的竞争，对于选择自主发展 GPNs 构建式成长的企业来说，不能只承担某一价值环节的活动，它必须生产出完整的产品参与市场竞争，这意味着企业一开始就将自己置于网络竞争的层面。在企业自身竞争力很弱的情况下，如何在最终产品市场上面对强大的网络竞争对手，如何保持自身对网络的控制力就成为自主发展企业面临的首要问题。依托国内市场和采取渐进网络发展战略成为我国自主发展模式企业的两个重要发展策略。同时，对后发企业来说，学习是发挥后发优势实现技术能力快速提升的重要手段，但与嵌入—突破模式不同，自主发展模式的企业由于在发展初期与技术领先的发达国家跨国公司保持了一种相对分离的竞争状态，使得它们不像嵌入企业那样可以在发达国家跨国公司的网络内利用网络内学习机制达到学习目的，许多自主发展模式的企业采取了基于反向工程的模仿学习建立最初的技术能力，再在合作网络中进行主动学习，提高自身的技术水平。

一　从国内/非主流市场起步，规避强大竞争对手

与嵌入—突破模式不同，自主发展模式的企业成长初期面对的市

---

① 李海舰、魏恒：《新型产业组织分析范式构建研究——从 SCP 到 DIM》，《中国工业经济》2007 年第 7 期。

场一般为国内市场，其中不少还只是在国内非主流市场上获得最初的发展空间。这种战略选择是与其竞争能力和自主发展的选择相对应的。

从自主发展企业成长初期的状况看，大部分企业都是在没有多少资金、技术积累的情况下进入行业的，如吉利是从生产电冰箱零部件和摩托车起家的，进入汽车行业时是无技术、无资金、无人才、无网络（唐春晖，2012）[①]的状态。海天塑机也是在毫无技术基础的情况下进入行业的，1966年创建的海天，到1972年才问世了第一台注塑机。同时，不少企业在成立之初就面临市场激烈竞争，一些发达国家跨国公司已经占领了国内主流市场。如华为成立之初中国通信设备制造业就已经被发达国家跨国公司和国内大型国营企业组建的合资公司占领。在这样的自身状态和竞争环境下，这些企业选择自主发展就意味着要独自面对强大的竞争对手和克服自身的弱势。在国际市场复杂和激烈的竞争状态下，这些弱小的企业不可能自己直接进入国际市场，如果通过跨国公司进入，则必定对其形成技术和市场依赖，这与其自主发展的选择相悖。

为此，一部分企业利用成长初期国内市场巨大的机会，在不依赖国外大购买商和大制造商订单的情况下，迅速扩大生存空间，在国内市场上形成一定的垄断地位，为跨国公司进入后组建国内网络与其竞争奠定了基础。如海尔利用20世纪八九十年代国内家电市场的巨大需求，在20世纪90年代就通过"名牌战略"在国内市场建立起了相当的竞争优势，这为它后来迅速并购扩大实力积累了足够的资金，为它利用一定的品牌影响力快速推进国际化奠定了基础。中集集团利用20世纪90年代世界集装箱业务向中国转移的机会，并购整合国内厂家，形成低成本制造和规模竞争优势，迅速成长为全球最大的干货集装箱制造厂和集装箱龙头企业，使它在后续的网络构建活动中能以此建立网络中心地位和保持对网络的主导权。联想在1994年就已经拥

[①] 唐春晖：《资源、网络与本土企业升级的协同演化机制——基于吉利集团的纵向案例研究》，《经济管理》2012年第10期。

有27家海外子公司，但与国外跨国公司相比，它既不具备品牌优势，也缺乏技术、资金和技术，在这样的情况下，联想选择立足本土市场，以国内扩张建立竞争优势，积累网络构建能力。与这些拥有足够的国内市场空间的企业相比，一些企业在成立之初国内市场就已经一片狼烟，面对本土市场强大的竞争对手，这些企业采取了规避正面冲突，选择低端市场、非主流市场和利基市场开辟最初的成长空间。华为采取了"农村包围城市"的战略，吉利将产品定位在5万元以下的低端市场。这些市场都是跨国公司和国有大企业不屑一顾的边缘市场，在这些市场发展，一段时期并不会受到这些强大竞争对手的"关注"，这就为这些弱小企业度过生存期赢得了空间，为它们实现最初的资本和技术积累赢得了时间，也为其以后的并购、海外网络扩展等网络构建行为创造了基本的资金、市场和技术条件。其他一些学者的研究也证实，由在低端市场上实现突破，进而拓展高端市场的战略对大多数后发追赶型企业来说是适合的。①

二 从反向工程模仿学习到合作中自主学习，实现专有能力提升

作为先进制造企业，专有能力的领先是必要的。作为后发企业，学习是发挥后发优势快速提升专有能力水平的有效方式。有关GPNs下后发企业学习机制的研究更多集中于后发企业嵌入发达国家跨国公司全球生产网络，在"干中学"中实现技术学习。但这种方式显然不适用于自主发展模式的企业。在无法获得领先的跨国公司直接技术指导和知识转移的情况下，自主发展的我国制造企业许多都采取了反向工程模仿学习和在网络合作中自主学习的方式实现知识外取。

所谓反向工程模仿学习是通过对已成型的产品进行分拆，对其结构进行分析，推导其制造过程、设计原理和技术诀窍，在消化学习中创新的一种技术获取方式。作为相对欧美企业来说的后发者，日本和韩国的很多企业都曾运用反向工程实现对欧美企业的技术获取。特别是日本的照相机、汽车行业的许多企业都经历了从欧美购进先进机器

---

① 殷群：《"世界级"创新型企业成长路径及驱动因素分析——以苹果、三星、华为为例》，《中国软科学》2014年第10期。

设备，对其进行拆卸，分析制造材料和工作机理，并结合自己的技术和工艺，设计出类似于原产品但更适用于本国市场的产品的发展阶段。这样一个阶段在我国自主发展模式企业中也普遍存在。吉利的第一辆车是靠拆装两辆现成的进口车和模仿夏利车造出的，奇瑞的第一辆车也是通过反求工程，在模仿的基础上绘制出图纸和数模的。比亚迪更是至今仍沿用着反向工程模仿创新的办法。以比亚迪老总王传福的话来说，一种新产品中包含的技术创新，60%都来自公开文献中的非专利技术，30%可以通过拆分国外产品获得，5%是来自原材料等因素，只有5%左右是真正依靠自身的研究获得。[1] 中兴、华为、三一重工、中集集团等一批企业也都在不同程度上采用了这种反向工程学习的方式。从解构国外成熟产品再到自主设计研发成为我国自主发展模式企业不同于合资企业的专有能力成长道路。[2]

如果说反向工程学习为自主发展企业最初从外部获得一定的技术知识提供了重要途径，随着企业网络构建能力提高，自主发展模式的企业逐步建立起学习和创新网络，通过与网络合作伙伴更为紧密的合作，更近距离的接触来更有效地获得战略资源支持。在合作过程中，自主发展型模式的企业通过保持充分的学习主动性和自主性，使所获得的技术知识很好地服务于自身发展需要，提高了学习效率，保证了技术获取目标的实现。关于这种自主发展企业网络合作中学习和学习中的自主性通过表4-1展现的代表企业网络组织情况和成长绩效的分析，以及我们在本章第二节、第三节的相关分析中可以得到说明。

三 遵循可控原则的渐进式网络构建，保证网络"自主性"

自主发展企业的特点是在网络组织和成长过程中始终坚持自主发展。在网络竞争的环境下，作为一个自身网络构建能力并不强的后发者，实现这一目标依靠的是一种渐进的网络构建策略。所谓渐进的网络构建策略是指企业根据自身的网络构建能力和对网络关系的控制

---

[1] 杜舟：《徐军、郭台铭与王传福的江湖恩怨》，《IT时代周刊》2009年6月15日，http://tech.163.com/09/0615/16/5BS5R ARU000915BD_ 2.html。

[2] 杨志刚、吴贵生：《复杂产品技术能力成长的路径依赖——以我国通信设备制造业为例》，《科研管理》2003年第11期。

力，在保证网络关系可控的原则下，以能够实现自身网络构建目的和不损害自身自主发展方向为基础选择网络节点及节点连接方式，并随成长需要，在自身高层次专有能力水平提升和网络吸引力提高的基础上不断调整网络和优化网络的一种网络构建方式。

对成长初期基本不具备高层次专有能力优势，网络吸引力很弱的后发企业来说，在自身网络吸引力较弱的时期，选择同样的竞争力较弱或与自身没有直接利益冲突，和与自身有较强互补依赖的网络节点为合作对象。同时在网络连接方式上选择自身行为不易受到控制的松散合作或能够较强实现对对方行为控制力的股权连接为网络节点连接方式，可以在相当程度上保证构建者对网络的自主性。这种自主原则是网络构建者驱动和影响网络节点按照自己的意愿行事，从而能够从节点处获得预期的资源和能力支持，能够实现对节点资源整合和再配置，以达到网络协同效应的必要条件。

从表4-1中我们可以清楚地看到，选择自主发展型GPNs构建模式的企业最初建立的网络都是一些弱势网络，也即网络合作伙伴的数量和质量与领先企业有很大差距。它们通常与当地企业进行合作，或者与国内其他厂家联合，再或者主要与一些没有竞争性的国内科研院所合作。如正泰集团最初的合作伙伴主要是当地产业集群内的企业，吉利也是依靠台州当地的小供应商。海尔最初的兼并对象是一些濒临破产的国内企业，三一重工则选择同国内高校和科研机构合作来提升技术水平和研发能力。由于所选择的合作伙伴自身的力量也相对较弱，与网络构建者之间形成了一种相互依赖，甚至更依赖于网络构建企业关系，使网络构建者能够在合作中拥有较强的网络权利，可以在实际上引导和驱使这些合作节点按自己的意愿行为，保证了网络的"自主性"。

除此之外，渐进的网络构建还意味着企业根据自身网络构建能力不断优化网络。从自主发展模式企业的网络发展过程可以看出，随着这些企业自身网络吸附能力的提高，它们一方面不断扩充自己的网络合作范围，扩大自己的网络规模；另一方面，逐渐将主要合作对象由最初的国内或地区合作者，由一些小供应商和经销商变为国际领先的知名供应商、跨国公司和技术领先的业界领导企业。吉利在度过生存期后就积极寻求与国外领先企业的合作，先是与一些专业设计商或国际二流企业合作，再逐步建立与全球排名前 20 的零部件供应商的合作关系和并购像沃尔沃这样的全球知名品牌制造商。中集在并购国内企业建立起对国内市场的垄断地位后，开始寻求国际合作提升自己的技术水平和创新能力。这种不断优化合作节点和提高网络质量的渐进网络构建策略在保证网络构建企业对网络控制力的同时，实现了网络竞争力的持续增强，使网络构建者能够在更多和更优秀的网络节点的支持下实现更好地成长。

第五节　自主发展模式的局限性

一　易陷入对低端市场和弱势网络的过度依赖

对于自主发展型 GPNs 构建模式的企业来说，成长初期依托低价竞争和低端市场的发展策略，有可能在行为惯性和路径依赖的影响下，在后续的发展过程中被锁定在这种低层次竞争模式中而无法持续地实现升级。

事实上，许多成长初期依托低端市场度过生存期的企业并没有实现自主发展 GPNs 构建式成长。以通信设备制造业和汽车制造行业为例。20 世纪 80 年代，特别是 80 年代中期，随着改革开放和国民经济进入加速发展阶段，社会各方面对通信业务的需求大增，迫切需求从沿海和内地中心城市逐渐向发达地区农村扩展。面对稀缺和落后的通信设施，国家制定了一系列扶持通信产业发展的方针政策。在市场需求和政府政策的刺激下，国内通信设备市场出现了爆发式增长，一批像华为、中兴这样的自主发展企业也抓住市场机会进入通信设备制造行业。这些企业几乎不约而同地选择了国内低端市场和边缘市场作为自己的阵地，采取低价竞争的手段与合资企业 PK。但这种低层次的竞争很快无法适应市场需求变化和行业激烈竞争的压力，面对国内通信设备制造业的大洗牌，那些最初选择自主发展的企业从几百家迅速缩减为六朵金花，再到巨大中华，最后只有华为、中兴这样的少数几家及时从单一低价格竞争模式和国内低端市场走出来。只有依靠技术水平和技术创新能力提升，推动国际高端市场建设的企业才最终成为自主发展模式的成功者。

另一个具有典型性的行业是我国的汽车制造行业。20世纪末，在我国居民收入水平提高和国家对汽车制造准入制度放松政策的刺激下，奇瑞、吉利等一批自主品牌汽车制造商应运而生。国内巨大的市场为这些自主品牌企业的生存创造了条件，但经过近20年的发展，我国自主品牌乘用车的市场占有率仍较低，对低端市场的依赖局面仍然没有根本改变。目前我国自主品牌乘用车主要集中在技术水平和产品附加值较低的微型和小型车市场，大部分车型都是针对低价格的低端市场，企业和品牌数量虽多，但单一产品销量低，利润也低。从一组数据就可看出：我国自主品牌乘用车价格约为合资企业的60%—70%，SUV的价格甚至只是合资品牌的35%，但利润率却只有5%左右。2009年，我国出台"汽车下乡"政策，对购买1.3升及以下排量的微型客车给予政府补贴，这一政策极大地带动了以生产微型车为主的自主品牌企业的需求，使这些自主品牌乘用车的国内市场占有率一下子上升到46%，但随着这一政策的结束，这些自主品牌乘用车的市场占有率，2012年市场占有率再次回到2006年的水平。[①] 如果不改变这种过度依赖低价和低端市场的发展格局，我国自主发展的汽车企业将很难成为世界领先企业。

不仅如此，自主发展模式的企业最初多依赖弱势网络形成低价竞争优势，在后续的发展过程中，如果不及时依托自身网络构建能力的提升优化网络节点和提高网络质量，也难以成长为领先企业。仍以我国自主品牌汽车制造商为例，为了降低成本，一些自主品牌汽车制造商只愿意和那些提供低价格零配件的供应商合作，而这些供应商为了追求低价格在很多时候放弃了对质量的控制，造成自主品牌汽车质量得不到很好的保证，中国汽车技术研究中心对我国汽车安全性进行的

---

① 王保林：《我国自主品牌乘用车的差距与困境》，《管理世界》2013年第3期。

评测显示，自主品牌汽车在安全性上远低于合资品牌，全球知名市场咨询公司 Power 的调研数据也显示，除动力和变速系统外，自主品牌乘用车的质量远远低于合资品牌[①]。这种依靠低价格和质量并不高的网络节点组成的弱势网络维持经营的方式只可能使自主品牌陷入低价格和低质量的恶性循环，既不可能形成高层次专有能力的竞争优势，也无法最终组建起高质量网络节点的优质网络。

可见，自主发展 GPNs 构建模式的企业在成长初期惯常采用的低端市场和低价竞争策略，有可能在行为惯性的作用下使企业陷入一种低层次竞争和低水平发展状态，难以真正建立起全球竞争优势。从这一模式的成功企业的经验可以看出，只有辅之以渐进的网络发展战略，适时调整和优化网络节点，及时改变商业模式和竞争策略，根据行业特征，始终追求网络核心专有能力竞争优势，才能真正建立起对 GPNs 的驱动力，凭借价值链高端专有能力优势产生对网络节点的吸附力和强大的网络权利，成为具有竞争力的全球生产网络的主导者。

二 受限于行业特点和市场状况

选择自主发展模式的后发企业受成长初期竞争力的限制，多采取低端市场和利基市场规避主流市场上强大的竞争对手。这种低端市场突破的方式对企业度过生存期，积累发展所需的基本的资金、技术和资源具有重要意义。但也存在一定的局限性，一定程度上会受行业特点和国内市场实际状况的限制。

由于每个行业的竞争特点不同，国内市场的发展状态不同，对一些企业来说，成长初期国内市场可能已经处于高度竞争和饱和状态，竞争对手过于强大，留下的空隙市场非常狭小，而这些缝隙市场的竞争可能也同样激烈，难以支撑企业实现依托国内利基市场完成自主发展的原始积累。再或者行业已进入高度成熟状态，企业希望通过低价的差异化产品开拓成长空间和后发的自主创新赢得竞争优势已很困难。这种情况下，选择自主发展 GPNs 构建式成长模式成功的难度就大得多。从我国成功运用自主发展 GPNs 构建式成长模式实现成长的

---

① 王保林：《我国自主品牌乘用车的差距与困境》，《管理世界》2013 年第 3 期。

企业所处行业特征看，更多是那些发展并不十分成熟或者行业技术进步特征明显、市场变化程度较高，再或者企业发展初期该行业国内市场还有较大空间的领域。比如通信设备、计算机行业相对来说技术变化和市场变化程度较高。华为、中兴、联想成立之初国内还存在二、三线城市和农村的巨大市场。再如三一重工、中集集团也是因为拥有巨大的国内市场才获得成长空间。而对于纺织、服装这样的成熟度较高、难以实现突破性技术发展的行业来说，依靠自主发展模式实现成长的企业就非常少。

三 受限于企业跨国网络建设能力

GPNs构建式成长意味着企业通过全球范围的生产网络布局来实现全球化的成长和竞争优势的构筑，也即企业必须实现跨国经营活动的网络化组织，成长为拥有自主网络的跨国企业才算实现了GPNs构建式成长。

尽管对我国绝大多数企业来说，跨国经营都是一个正在探索中的难题，但因为成长初期所面临的竞争环境和合作对象多为国内市场和国内合作者，相对于嵌入—突破模式的企业来说，自主发展GPNs构建式成长的企业在进入国际市场和与跨国网络合作对象进行合作时面临的困难和需要克服的困难更多。许多自主发展模式的企业初入国际市场时通常选择发展程度更低的发展中国家和在进入模式上更多采取新建模式在一定程度上就是因为对国际市场不够了解，没有与国外企业合作的经验，产品的国际市场适应性较低，使这些企业只能采取摸石头过河的办法，以先易后难的方式试探进入和以自建的方式减少与本地企业合作的摩擦。但要成为一个真正的全球领导者，企业就必须面对高端市场的竞争，就需要在发达国家市场树立自己的品牌影响力，就必须依靠那些全球领先的跨国公司和东道国的合作企业帮助自己实现技术、市场的突破，就必须以更加多样化的方式纳入更多的国外节点，完成真正的全球生产网络的布局。这对自主发展GPNs构建式成长的企业来说是一个巨大的挑战。华为在初入欧洲市场时，因为这些市场的运营商更看重供应商技术水平和产品质量，对于华为这样的没有品牌和声誉的外来者，

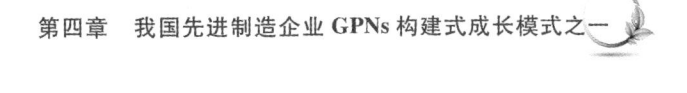

很难与大牌运营商建立合作关系。华为只有通过先与一些小的代理商和运营商合作，让大运营商逐步了解自己和建立起一定声誉，才取得了这些高端市场的突破。中联重科、中集集团、长城汽车、海尔等自主发展企业也都是通过取得一些国际认证、出口产品、建立工厂或先与当地企业建立 OEM 关系等间接方式，使国际市场对自己有一定程度了解后才逐步打开了国际化的大门。

第五章

我国先进制造企业 GPNs 构建式成长模式之二

——嵌入—突破型 GPNs 构建式成长模式

作为发展中国家，发达国家跨国公司 GPNs 的进入为我国制造企业参与国际分工创造了条件。自 20 世纪 80 年代以来，在吸引外资和出口导向的政策支持下，中国制造深度融入 GPNs，许多制造企业成为发达国家跨国公司 GPNs 上的重要节点，为中国制造赢得了"世界工厂"的称号。当越来越多的研究批评这种嵌入式发展造成了中国制造的低端锁定，在一定程度上固化了中国制造在 GVC 和 GPNs 中的加工、制造者的角色定位的同时，我们也看到，一些中国制造企业已经或正积极地走出价值链低端定位，成为自主 GPNs 的中心和主导者。这些成功地跳出发达国家跨国公司 GPNs 陷阱，建立了自己的全球生产体系的中国制造企业发展了一种在全球化和网络化时代，后发企业利用全球网络分工推动企业成长的有效模式——嵌入—突破型 GPNs 构建式成长模式（简称嵌入—突破模式）。

第一节 嵌入—突破模式的内涵及特点

嵌入—突破模式指后发企业在网络化初期以一定程度的网络权力

第五章 我国先进制造企业 GPNs 构建式成长模式之二

的放弃为代价,通过嵌入非自主 GPNs,利用网络内学习机制实现低层次专有能力的快速提升,然后依托专有能力拓展网络合作,建设自我中心网络,实现突破发展的一种企业成长模式。嵌入—突破模式是一种"嵌入"+"突破"的两阶段发展模式,具有发展初期的非自主网络嵌入性和后期的自主网络构建性这两大特征。

在早期阶段,嵌入—突破模式的企业具有非自主网络嵌入的特征,主要表现为对发达国家跨国公司主导的 GPNs 的参与和嵌入,以一种非自主网络嵌入者的角色存在。这一阶段,对嵌入—突破模式的企业来说是一个被动的全球化和网络化发展阶段。一方面,通过成为发达国家跨国公司 GPNs 的一个组成部分,承担全球价值链某一特定价值创造活动而参与到国际分工中,形成一种内向国际化。同时因为是作为所嵌入的生产网络组织的一部分,因而也是在进行一种网络化的发展。这种全球化和网络化虽是企业主动开放和融入的结果,但由于嵌入企业自身资源和能力所限,在网络关系、经营活动上的主动权都很小。作为嵌入节点,它们通常仅服务于某一个网络领导企业,根据领导企业提供的技术、质量、交货、库存及价格等参数进行生产经营,与相对固定的交易对象进行交易,且其主要交易对象集中于同一网络内的其他成员。在这一阶段,企业很少主动地调整网络关系和交易关系,企业边界和网络关系都相对固定,在许多行为选择上具有被动性。根据其网络关系的相对静止和固定的特点,以及"嵌入"一词"固定""镶入"的内涵,将这一阶段的特点概括为"嵌入"。嵌入—突破模式是较自主发展模式更具渐进性的一种发展模式。这主要体现在,嵌入—突破模式的企业在发展初期并不追求对网络权力的拥有权,为了更好地利用后发优势,它们积极地利用发达国家跨国公司推进国际分工的机会,参与到其领导的 GPNs 中,以网络节点的身份和"被动"网络化的形式获得最初的成长动力。这种初期的战略选择以一种合作而非竞争的关系避免与强大竞争对手的冲突,降低成长初期的压力与风险,为自身赢得更加宽松的成长环境。

当然,如果仅具有"嵌入"的特征就不能称为 GPNs 构建式成长。因为 GPNs 构建式成长强调企业行为的主动性。正如我们在 GPNs

构建式成长的内涵与特征中谈到的，GPNs构建式成长模式要求企业必须具有"构建"的特征，也即企业在网络组织和成长过程中应具有行为的主动性。这是"嵌入—突破"模式作为一种GPNs构建式成长模式区别于"嵌入式"网络化成长模式的关键特征。作为"嵌入—突破"模式的企业，在经历了成长初期的嵌入阶段后，将很快进入"突破"阶段，也即是自主生产网络发展阶段。只有成功地实现了"突破"的企业才能真正实现企业成长。从成长的本意来看，成长是事物从小到大，由弱到强，从不成熟到成熟的过程。像所有生物一样，企业也有生命周期，在企业发展的每个阶段，企业面临的主要的成长矛盾和自身的竞争优势都有所不同。对于"嵌入—突破"模式的企业来说，"构建"是企业在经历了成长初期的嵌入阶段，实现了一定资源和能力积累后，开始向下一阶段发展转变时的主观能动调整，是一种符合企业成长阶段演变的成长模式的调整。"嵌入"与"构建"并不是两个对立的概念，GPNs构建式成长也不要求企业完全脱离现有的GPNs。实际上，全球化已经使整个世界成为一个巨大的GPNs，只要是一个开放的经济体，就不可能不在这个全球生产体系中运行，如果企图脱离这个体系或者被这个全球生产系统抛弃，意味着这个经济体将逐渐走向消亡。因此，我们所说的构建式成长是对现有网络关系或网络结构的调整：弱化或强化某种网络关系，进入或退出某一具体的生产网络。目的是创造一种更为有利的生存和发展环境，更好地推动企业内部资源和网络资源的积累和利用，培育和升级企业核心能力，不断地获取新的成长动力，实现持续发展。因此，嵌入—突破模式是一种GPNs构建式成长模式，并且只有有了"突破"阶段的企业才能归入GPNs构建式成长模式。

第二节　嵌入—突破模式代表性企业GPNs构建情况及成长绩效

在本节我们从我国制造行业中选取了10家代表性企业，通过对这些企业的 GPNs 构建情况和由此推动的企业成长情况进行了概述（见表 5-1）。所涉及的行业主要有家用电器制造、服装及其他纺织品、汽车及零配件制造、计算机、网络通信和消费电子，以及半导体、集成电路制造行业，这些行业都是 GPNs 发展较早和较成熟的行业，也是我国制造企业嵌入 GPNs 最多的行业。在这些行业中，部分企业从原来的被动嵌入者成为主动构建者，成为嵌入—突破模式的代表。

表 5-1 中国制造业企业 500 强嵌入—突破型 GPNs 构建式
成长模式代表性企业成长状况

序号	行业	企业名称及简介	主要 GPNs 构建活动	成长机制与绩效
1	服装及其他纺织品	雅戈尔创建于 1979 年，现已形成了以品牌服装为龙头的完整的纺织服装垂直产业链，是拥有员工 5 万余人的大型跨国集团公司。国内市场综合占有率连续 17 年名列第一位，西服市场综合占有率连续 12 年保持第一。位列 2017 年中国制造业企业 500 强行业第 2 位	1999—2004 年，与皮尔·卡丹、日本 CTC、伊藤忠贸易公司、美国服装销售巨头 Kellwood 合作，主要以代工或负责制造环节的方式嵌入到 GPNs，从事低端价值环节，只是这些网络中的边缘节点，因而处于 GPNs 嵌入阶段①。2001 年建成大型综合性服装生产基地；2002 年，与日本伊藤忠商事株式会社、日清纺绩株式会社、新达中国香港有限公司合资宁波日中纺织印染有限公司，涉足染纱、织造、印染业务；2003 年，建成国内高端纺织面料生产基地；2006 年建设新疆棉花种植基地；1995 年开始在国内建设销售渠道，通过特许加盟、与大型商场联袂等依托渠道伙伴构建营销网络。2004 年在美国设立分公司，在当	GPNs 网络嵌入为雅戈尔提供了技术和管理经验学习机会，利用网络内学习机制，雅戈尔技术水平快速提高。与皮尔·卡丹合作开发马克西姆男装使其接触到高端男装市场，带来了国际化经验，为品牌企业贴牌生产提升了制造技术，学习了产品设计技术。通过自建和合作方式整合价值链上游业务，摆脱了对高档面料的进口依赖；依托网络合作伙伴开拓国内、国际市场，向价值链下游延伸，通过自主全球生产网络建设，逐渐形成价值链高端的专有能力竞争优势；利用网络结构优化机制形成网络竞争优势。

---

① 以雅戈尔为 Kellwood 代工为例，雅戈尔生产 1 件衬衫平均成本为 7.5 美元，平均每件衬衫离岸价格为 8 美元，在美国国内的销售终端的零售价格为 30—40 美元，数倍于雅戈尔的供给价格。可见雅戈尔在合作网络中并没有足够的网络剩余价值索取权。

续表

序号	行业	企业名称及简介	主要 GPNs 构建活动	成长机制与绩效
1			地建立零售店。 2007 年建成雅戈尔服装城自动化立体仓库,通过物流、信息网络建设提高供应链协调运转能力;与解放军总后勤部联合开发汉麻产品;筹建全国衬衫分技术委员会,参与衬衫标准制定;与全球知名品牌浩狮迈签订代理合作; 2008 年,收购中国香港新马服装集团,获其海外生产基地、全球原材料采购网络、物流体系和营销网络	利用专有能力优势推动自主 GPNs 建设,通过吸纳更多更优势的网络合作者,提升网络优势,反过来促进专有能力提升。[①] 形成专有能力—网络优势互推共进的良性循环
2	服装及其他纺织品	波司登 1976 年创立,是全国最大、生产设备最为先进的羽绒服生产商,构建了从设计、原材料采购、外包生产及营销各价值环节的自主生产网络。位列 2017 年中国制造企业 500 强行业第 6 位	20 世纪 80 年代,先以来料加工,后作为 OEM 厂商嵌入非自主生产网络。 2000 年新建两大现代化生产基地; 2001 年与美国的杜邦合作,与上海极鼎生物科技有限公司合作; 2004 年与中科院等科研院所合作,开展技术创新;2005 年与《同一首歌》建立战略合作伙伴关系,提升品牌影响力。 2003 年后,与日本伊藤忠、耐克 COLUMBIA、TOMY、ELLE、GAP、POLO 等众多国际品牌建立合作关系,为其代工生产	嵌入 GPNs,利用网络内学习机制积累了资本,逐渐掌握了羽绒服整套加工、生产、制作的工艺技术[②],为构建自主生产网络和发展自主品牌奠定基础。 在研发、生产制造、渠道环节集结不同类型的网络节点,构建自主生产网络,优化以外部网络力量推动内部专有能力提升,助力自主品牌发展和 GPNs 建设。 吸收更多优质网络节点,优化网络结构,凭借与更多国际大购买商和大制造商的合作进一步推动制造能力发展,形成专有能力和网络优势互推共进的局面

---

① 这一时期雅戈尔已建立起一定的高层次专有能力,在与技术领先的网络合作者合作时彼此是一种相互依赖的关系,雅戈尔拥有对网络关系的控制力,是自主网络的拥有者。以雅戈尔与浩狮迈的合作为例,浩狮迈负责品牌策划和店员培训,但依赖雅戈尔强大的国内渠道。雅戈尔通过学习浩狮迈成熟的市场营销和企业管理经验,以及先进的品牌运作理念,提升自己的价值链高端能力。

② 邹雷:《跨企业知识转移与企业绩效研究——基于 GPN 与 GVC 视角》,博士学位论文,武汉大学,2012 年。

续表

序号	行业	企业名称及简介	主要 GPNs 构建活动	成长机制与绩效
3	服装及其他纺织品	奥康集团 1998 年创立。建立了三大鞋业生产基地、两大研发中心及营销网络，在日本、美国、俄罗斯、意大利、西班牙建立了五大销售中心。位列 2017 年中国制造业企业 500 强行业第 9 位	2003 年，成为意大利鞋业第一品牌健乐士的代工企业，嵌入其 GPNs；与 JIMLAR、WORTMANN 等签订代工协议。 2004 年建设奥康产业园，面向国际代工业务。 通过特许联盟等在国内拓展销售渠道；在意大利、荷兰、西班牙、印尼等地设立分公司；从为万利威德代工，到签署全球战略合作协议，再到 2010 年，收购万利威德大中华区品牌所有权；2007 年建立"奥康鞋类科技研究院"，2010 年成立"高科技数字化研发基地"，与中国皮革与制鞋工业研究院、浙江大学等科研机构合作	借代工引进先进生产线，在零库存和柔性生产、多品种和小批量生产能力上获得较大突破[①]。 扩大嵌入网络范围，降低单一网络依赖，改善网络结构。通过代工合作伙伴了解国际市场，将代工知识在自主网络内共享，推动了专有能力发展。 建设包括生产基地、研发机构、销售节点等在内的各类型节点，布局国内和国外生产网络，纳入国际优秀节点，形成自主 GPNs，使自身的专有能力和网络优势都得到提升
4	汽车及零配件制造	比亚迪 1995 年创立，现已成为集研发、制造、销售、服务于一体的国际化大企业。用 17 年时间，实现了从代工到自主品牌的跨越式发展。位列 2017 年中国制造业企业 500 强行业第 10 位	1995 年以 OEM 方式为三洋代工手机电池，后又陆续为摩托罗拉、诺基亚等贴牌生产手机，嵌入领先企业 GPNs。 2003 年通过收购秦川汽车制造和北京吉驰汽车模具进入汽车行业；2008 年并购中纬积体电路（宁波）有限公司；2010 年收购日本荻原公司汽车模具工厂。 2010 年后陆续与戴姆勒、奔驰、	嵌入 GPNs 积累了资金、人才、技术，在与领先企业的合作中，接触和学习国际化经验，利用网络内学习机制推动技术研发进度，提升了品牌国际影响力，为构建自主 GPNs 奠定基础。 大规模并购纳入网络节点，依托自主 GPNs 迅速建立起进入新行业的技术、制造能力，在短时间内形成整车、零部件自主研发、设计和制造能力，并拥有完善的整车和零部件检测能力[②]。 发挥专有能力优势扩大网络

---

① 章静：《我国代工企业知识转移、技术创新与功能升级研究——基于全球价值链视角》，硕士学位论文，山东大学，2013 年。
② 汪建、周勤、赵驰：《产业链整合、结构洞与企业成长——以比亚迪和腾讯公司为例》，《科学学与科学技术管理》2013 年第 11 期。

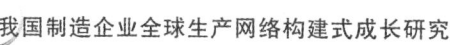

续表

序号	行业	企业名称及简介	主要GPNs构建活动	成长机制与绩效
4			英特尔等业界领先企业进行技术合作;逐渐调整价值链垂直整合模式,尝试分拆价值链,在制造环节进行小范围外包	合作,以网络组织的方式吸纳更多合作伙伴,优化网络
5	汽车及零配件制造	上汽集团 1955年上汽从汽车零配件起步,是国内最大的汽车制造商。在国内多地建设生产基地;在日、美、欧设立海外公司。13次入选《财富》500强,位列2017年中国制造业企业500强行业第1位	1985年与德国大众组建合资企业上海大众,嵌入GPNs。 1988年,与GKN合资上海纳铁福;1994年,与福特合资延锋伟世通;1995年与德国博世公司合资联合汽车电子有限公司。1997年与通用组建合资企业上海通用;2002年与通用中国、五菱合资上汽通用五菱。 2004—2011年,重组中汽、南汽,与国内其他整车厂合作、自建,在全国建立生产基地,布局国内生产网络。2006年收购英国罗孚,在日、韩、美、欧等建立海外分支机构,布局GPNs	嵌入GPNs,利用网络内学习机制提升生产技术水平①。 引入新网络节点,形成与原嵌入网络领导企业的制衡关系,改善网络结构。 构建自主GPNs,增强生产制造能力,降低对嵌入网络的依赖,提升自主研发能力,培育高层次专有竞争优势和打造网络竞争优势,逐渐形成专有能力与网络优势的良性循环
6	汽车及零配件	北汽集团 1958年中国第一家整车制造合资企业,从嵌入GPNs到构建	1983年与美国AMC成立合资企业,嵌入GPNs②。	通过合资,嵌入GPNs,三菱汽车入股后,接受日方系统培训,生产能力和质量控制技术大幅提高。利用网络内学习机制在生产制造环节

---

① 与大众的合作极大地推进了上汽零部件配套网络的发展,上海大众最初成立时,零部件供应商技术水平极低,上海大众只能采取外购零部件进行组装的方式,上海大众成立后,推动了上海本地零部件产业的发展,3年内,有近200家汽车零部件合资企业在上海建立,而上汽集团下属的零部件企业在其中起着主导作用。作为上汽自主生产网络体系的构成部分,零部件供应商的成长为其发展网络关系和推动网络建设奠定了基础。

② 在合资企业中,中方实际处于"嵌入状态",在技术上高度依赖美方,北京吉普生产的第一辆切诺基国产化率仅为1.7%,从1987年开始,国产化水平才逐渐提高。同时,中方行为自主性也受到一定程度抑制。由于美方只想将北京吉普发展为切诺基吉普的组装厂,对于中方意图提高研发能力的联合开发一直持反对态度,对中方单独设计的模型车也加以否定,引发了之后的"北京吉普风波"事件。(参见黄江明、赵宁《资源与决策逻辑:北汽集团汽车技术追赶的路径演化研究》,《管理世界》2014年第9期)

续表

序号	行业	企业名称及简介	主要 GPNs 构建活动	成长机制与绩效
6	件制造	GPNs，拥有十余省市整车制造基地、世界各地40多个研发机构和整车工厂。北汽集团是国内产业链最完善的跨国汽车企业。位列2017年中国制造企业500强行业第4位	1996年，联合99家企业组建福田汽车有限公司，2002年与韩国现代合资成立北京现代汽车有限公司，2003年与戴姆勒·克莱斯勒签署合作协议，发展自主GPNs[①]。2007年与北京国有资产管理有限公司联合组建北京汽车零部件有限公司；2009年建设北汽工业研发基地；2009年收购瑞典萨博汽车公司；2011年收购INALFA，进入海外配套市场；2013年重组昌河汽车；2015年与南非工业发展公司合资建设北汽南非工厂；2016年入股福建奔驰；2017年与戴姆勒合作纯电动车；建设北京现代重庆工厂	的工艺水平迅速提升。构建自主生产网络，走出对美国合资方依赖，从网络结构优化中获得收益提升，为跳出网络陷阱，实现嵌入突破打开缺口。一系列国内和国外网络节点的纳入，扩大了自主GPNs规模，并购纳入领先企业，使自主GPNs质量不断提升，通过自主GPNs建设，自主创新能力和自主品牌竞争力大幅提高。特别是并购萨博，获得大量知识产权，通过吸收再创新，成功开发了第一个自主2.3T汽油发动机，高端自主品牌也投入市场。形成专有能力与网络优势互推共进
7	汽车及零配件制造	万向集团1969年创立，在国内已形成6平方公里制造基地；在美国、英国、德国等十多个国家拥有近30家公司，40多家工厂；是通用、大众、福特、克莱斯勒等国际主流汽车厂配套合作伙伴，	1983年为美国汽车零部件供应商舍勒代工。1986年与国内外进出口公司和国外代理商合作，开拓国外市场；1994年成立万向美国公司，1996年成立万向欧洲公司和南美公司；从1997年收购英国AS公司后，运用跨国并购陆续收购包括舍勒在内的曾经的欧美知名汽车零部件厂商，在美、英、德等十多个国家布局了近30家公司和40多家工厂；从1999年与武汉9603厂	嵌入GPNs，利用网络内学习机制熟悉国际制造标准、积累发展资金和技术。以多种方式在国内外布局各类网络节点，形成自主GPNs。整合自主GPNs内各节点资源、能力，产生基于网络的"1+1>2"的网络协同效应。特别是反向OEM模式对所并购的海外节点资源在网络内进行重整，将高技术环节留在国外，将简单制造环节移至国

[①] 这一阶段的合资网络中，北汽已拥有一定的自主权，一方面体现在股权控制上，另一方面，通过合资结果也可看出，合资10年后，北京现代向北汽集团贡献了单年74万辆的销售业绩，成为北汽产销量和利润的主力。同时，在合资品牌中，北汽成功地推进了零部件国产化，包括发动机等核心部件都实现了国产。标志着北汽的网络租金分配权和行为主动性都有所提高，不再是简单的加工制造节点。

续表

序号	行业	企业名称及简介	主要GPNs构建活动	成长机制与绩效
7		拥有自主GPNs竞争优势。万向集团被誉为"中国企业常青树",在国内汽车零部件行业排名第一,位列2017年中国制造业企业500强行业第8位	作后,陆续建立与国内汽车零部件厂商和包括一汽、二汽、上汽等国内最大的12家整车厂的合作关系;建设国内汽车零部件工业园,聚集供应商和配套企业;与洛阳轴承研究所、上海同济大学等进行研究合作。 成为通用、大众、福特、克莱斯勒等国际主流汽车厂的配套合作伙伴	内,实现对国内外资源的最优组合,创造了极大的网络优势。利用网络结构优化机制,在网络节点支持下推动专有能力提升,集合网络力量提高制造水平,为进一步改善网络结构和拓展网络关系创造条件。 加入更多业界领导企业GPNs,优化网络结构,从行业GPNs边缘企业成为一级供应商,更好地利用与核心企业距离拉近和交流增强的机会推进研发合作,获得更多创新资源,推动高层次专有能力进一步提高,形成专有能力与网络优势的良性互动
8	半导体、集成电路制造	中芯国际创立于2000年,是国内规模最大、技术最先进的集成电路芯片制造企业,也是世界领先芯片代工企业之一。中芯国际拥有多家全球化制造和服务基地,构建了相对完整的代工制造平台,业务覆盖美、欧、	2001年,与新加坡特许半导体合作,嵌入GPNs。 2002年与美国德州仪器达成合作协议;陆续与欧洲IC设计商Accent S. R. L合作,与国际芯片巨头尔必达、东芝、英飞凌达成技术转让及代工协议,与摩托罗拉建立战略代工关系。 2002年与IMEC微电子研发中心建立联盟后,又与Artisan Components、Virage Logic和Artisan达成协议,与凸版印刷公司合资,与	GPNs内学习加创新,使中芯成为国内第一家0.18微米芯片制造商。 嵌入多个业界领先企业GPNs,降低对单一网络的依赖,优化网络结构,提高生产效率,扩大市场份额,获得更多学习渠道,丰富学习资源,推动制造能力不断提升[①]。 自主GPNs建设形成了自主网络创新体系和跨国生产力布局,使企业自主创新能力和生产制造能力得到较大提

---

① 在不断嵌入GPNs推动产能利用率提高的基础上,中芯国际在衡量企业资本投入后的收益转化情况的两大指标——资本支出销售额转换率和资本支出净利润转换率上分别实现了业界第二和第一,表明其投入转换能力较高。在先进制程制造成本不断攀升、晶圆制造行业日趋垄断的情况下,这对于企业进一步扩大规模和提高在晶圆制造市场的竞争力有重要意义。

续表

序号	行业	企业名称及简介	主要 GPNs 构建活动	成长机制与绩效
8		亚三大洲。是中国大陆第一家提供 28 纳米先进工艺制程的纯晶圆代工企业	Dolphin、重庆重邮信科、朗明科技和 ARC 开展合作研发；2015 年宣布与华为、高通、IMEC 共建中芯国际集成电路新技术研发（上海）有限公司；2004 年开始布局国内生产基地，目前已在武汉、北京、天津、深圳和成都建立生产基地。2016 年成功收购意大利 LFE，成为中国内地首家集成电路晶圆代工业进行跨国生产基地布局的企业	升。形成自主 GPNs 嵌入产业 GPNs 的形态，实现了网络结构的优化，可以从自主网络和产业网络中获得更多的网络支持，建立更大的网络优势[①]
9	计算机、网络通信、消费电子	富士康 1974 年其母公司鸿海集团在中国台湾创立，1985 年创立富士康（FOXCONN），专营代工业务。拥有珠三角、长三角、环渤海、西南、中南、东北 30 余个科技工业园和生产基地；亚洲、美洲、欧洲等地 200 余家子公司和派驻机构。是全球最大的电子产业专业制造商。位列 2018 年《财富》世界 500 强第 27 位	1985 年开始代工个人电脑连接器，获得美国跨国公司订单。1988 年后陆续在大陆多地建厂，工厂和生产基地遍布珠三角、长三角、环渤海地区和中西部地区，在越南、非洲、南美等国家和地区通过收购或新建等方式建设生产基地；围绕所代工的品牌商就近设立物流和信息中心，建设生产基地。1988 年以来，在大陆建立了二十多个科技园，与清华、中科院等国内一流科研院所合作研发；在美国、韩国、日本等地建立研发中心，建立了全球 48 小时远程互动设计体系。与包括摩托罗拉、诺基亚、惠普、戴尔、英特尔、苹果公司等众多国	嵌入 GPNs 快速积累资金和培育制造能力。从制造到研发网络节点布局，形成自主 GPNs。利用低成本国家、地区成本优势，保持低成本生产制造能力；围绕客户配置生产能力，增加交流，便于把握需求和提供快速服务，提升代工领域的专有能力优势；建设自主研发体系，由简单 OEM 加工者变为具有开发能力和供应链整合能力的交钥匙厂商。发挥自主 GPNs 节点互补能力，形成以自主次级 GPNs 镶嵌于代工对象 GPNs 的网络结构，以自主网络的网络优势强化专有能力、提升网络地位。嵌入多个 GPNs，获得多个相关领域和多网络的信息和

---

① 随着自主网络创新体系的构建，中芯自主创新能力不断提高，面对国际技术封锁，中芯联合华为、高通和 IMEC 合作研发 14nm 工艺就是为了突破国际技术封锁，这将是中芯国际最先进、同时也是大陆最先进的制造工艺。

续表

序号	行业	企业名称及简介	主要 GPNs 构建活动	成长机制与绩效
9			际知名电子和 IT 企业建立代工关系，业务范围涉及电脑、通信、消费电子、数位内容、汽车零组件、通路等 6C 领域	知识，获得与业界顶级企业合作研发机会，有利于企业技术能力提升，推动专有能力进一步提高；分散对单一代工对象依赖，改善网络结构。实现专有能力—网络优势良性互动，双向提升
10	家用电器制造	格兰仕 1992 年进入微波炉行业，现已全面掌握白色家电核心技术和核心自我配套能力。与全球一流零售商建立了广泛的战略合作伙伴关系，连年保持微波炉行业领先。位列 2017 年中国制造业企业 500 强行业第 11 位	与美、日企业合作，利用美、日企业生产线为其生产变压器。1997 年，获得为法国大客户翡罗利代工机会，嵌入其 GPNs。	运用网络内学习机制，利用网络合作机会，了解微波炉关键部件的生产技术，实现技术积累；利用嵌入网络迅速进入欧洲市场，了解国际市场，提升技术水平。
			1999 年建成世界最大的微波炉生产基地；陆续与欧洲大型家电生产企业合作，并与家乐福、麦德龙、欧尚等大零售商合作。	扩大网络合作对象，加入更多 GPNs，利用网络结构优化机制获得更多网络支持。通过国际大购买商了解全球市场需求信息，利用代工合作企业国际销售渠道进入国际市场，积累经验和资金，为构建自主 GPNs 打下基础。1999 年成为全球最大专业微波炉生产商。
			在美国、韩国、日本建立研发中心，与发达国家科研机构、意大利德龙、美国 GE、日本的三洋等技术领先企业合作研发；逐步分离销售环节，依靠合作销售商开拓市场，在俄罗斯、捷克等新兴市场，与有实力的经销商合作，依托其进入市场；建立海外专卖店，直接接触消费者，了解市场需求；与京东合作建立推广平台	通过网络内学习、研发网络构建，掌握核心技术，实现由技术引入到向先发国家和地区进行技术输出的转变，凭借高层次专有能力优势全面布局 GPNs，逐步建立起自主 GPNs，利用能力—结构互动机制实现专有能力、网络优势双提升

资料来源：笔者整理。

第五章 我国先进制造企业 GPNs 构建式成长模式之二

需要说明的是，代表企业中的中芯国际并不位于 2017 中国制造业 500 强之列，这一方面是因为企业发展历程较短（2000 年成立，距今只有十多年的发展历史）；另一方面，中芯国际主要从事半导体行业细分行业——集成电路制造中的晶圆制造业务，业务范围限制使其规模产值和营收额暂时没有达到 500 强的要求。但中芯国际在行业中的突出成长业绩——中国内地规模最大、技术最先进的集成电路晶圆代工企业，世界排名第四的晶片代工厂商，以及它典型的嵌入—突破式发展模式能够较好地反映出这一模式的成长特征。加之成长本来就是一个过程，企业采用某一成长模式已取得的成长业绩，以及未来的成长潜力都可以反映出该模式的成长性。鉴于此，我们将中芯国际作为代表企业之一列入表 5-1 中。

表 5-1 中另一家没有列入中国制造 500 强榜单企业的是富士康，这是因为有中国企业联合会和中国企业家协会联合评选的 2017 年中国制造业 500 强并没有包括港澳台独资或控股的企业。富士康作为台商控股企业没有被收录。但它从 2005 年跻身《财富》世界 500 强后，2013 年位列第 60 位，2018 上升到第 27 位，营收额甚至高于本田、西门子、微软、波音等国际大制造商，其成长性可见一斑。从其拥有专利看，其创新能力也不可小觑。可以说，无论从制造技术的先进性还是生产模式的先进性，富士康都可以称为先进制造企业。最为重要的，作为一个成功的代工企业，富士康长期嵌入在大制造商和大购买商 GPNs 中的成长经历，以及它构建自主 GPNs 实现的非被动嵌入的成长过程是典型的嵌入—构建模式的代表。因此，我们也选择了富士康作为这一模式的代表企业。

另一个需要说明的是，我们并不以企业拥有自主品牌为其"先进"的代表，也不单纯以代工企业建立了自主品牌作为突破的标志。事实上一些自主品牌制造商仍然沿用传统的经营模式和保持较低的研发能力，这样的企业显然不能称为"先进"；而一些代工企业仍处于嵌入网络正面效应大于负面效应的时期，或者正处于由嵌入向突破转型的资源、能力积累期。只要这些企业具有发展自主网络的特征和对既有网络关系不再是被动依赖，而在网络化过程中表现出全球化和主动性的特点，从成长的过程性的角度来说，都可以被列为嵌入—突破模式。对这些企业的当前成长状态和后续成长结果的跟踪研究将帮助我们更好地了解这一成长模式。这也是我们将尚未建立自主品牌的中芯国际和富士康列为代表企业的原因之一。

第三节 嵌入—突破模式的成长机制

一 网络内学习机制推动专有能力快速发展

相对于自主发展模式而言，嵌入—突破模式在企业成长初期更好地发挥了网络内学习机制的作用。所谓网络内学习机制，是一种在网络组织的企业间合作关系下形成的更有利于知识，特别是隐性知识的转移和传递的学习环境，在这种学习环境下，后发企业能够更好地吸收和学习先进的网络合作伙伴的知识和技术，推动自身的技术积累和创新发展。网络内学习机制的作用大小取决于网络内企业间的竞争、合作程度。对于嵌入—突破模式来说，成长初期与所嵌入网络领导企业的利益一致性增强了作为知识和技术拥有者的领导企业的知识传递意愿，能更有效地推动知识的转移和技术的学习。

在嵌入阶段，对嵌入节点来说，主要的升级目标是在所从事的价值链环节上技术水平和专有能力的提升。由于嵌入节点在价值链上的定位是由网络领导者决定的，这种定位与网络领导者对其资源、能力的利用意图是一致的，网络领导者从各个网络节点提供的互补能力和创造的价值中获利。也就是说，嵌入节点在特定价值环节上技术水平和专有能力的提升程度决定了节点企业在该环节的价值创造力，节点企业在价值环节上的价值创造力越强，网络领导者就能够在该环节获得节点企业更大的互补支持力和实现更大的价值创造。这种节点企业升级目标与领导企业利益获取的一致性增强了网络领导者向节点企业进行主动知识转移和传递的意愿。

从我国嵌入—突破模式企业的成长看，充分证实了嵌入阶段的学习机制的重要作用。格兰仕对微波炉核心部件和整个微波炉制造流程的掌控在很大程度上就得益于为跨国公司代工生产。格兰仕先后与近 200 家跨国公司合作,引进它们先进的生产线,为其进行产品生产,合作的产品涉及微波炉各个零部件和整机,通过代工,格兰仕对微波炉制造各个环节的生产技术都有了了解,这为其进行微波炉核心部件的自主开发打下了基础。[①] 成长初期,通过嵌入摩托罗拉、诺基亚等国际一流跨国公司 GPNs,极大地提升了比亚迪的研发进度和品牌国际影响力。[②] 从表 5-1 可以看出,其他嵌入—突破式成长的企业也都在嵌入阶段获得了来自所嵌入 GPNs 不同程度和形式的成长推动,为其后续自主 GPNs 的构建打下了基础。嵌入阶段成为整个模式成功实现的不可分割的部分,嵌入阶段的网络内学习机制对企业快速培育专有能力发挥了重要作用。

二 网络结构优化机制获取网络优势

企业的网络优势是企业发展网络关系获得的来自网络合作节点以及整个网络组织的竞争优势。尽管网络化的双向作用使主动网络化和被动网络化的两方都拥有了网络关系,但由于它们在网络中所处的位置不同,面对的网络结构不同,使它们从网络关系中获得的实际的网络优势完全不同。对于一个具有层级特征的网络组织来说,企业在网络中所处的位置不同,扮演的角色不同使它能够从网络合作中获得利益完全不等。对于占据网络中心位置或关键位置的企业来说,拥有实际的网络控制权,可以驱动其他网络节点按自己的意愿行事,能够根据自身的需要驱动网络内资源配置,并通过强有力的网络分配话语权攫取更多的由网络群体创造的价值。而在网络中处于边缘位置或非关键位置的节点,并不拥有对网络关系的控制力,它将在网络领导者的驱动下按其意愿行事,尽管这种行为在某种程度上会有损自身的利益。同时,由于没有价值分配的话语权,对于网络群体创造的集体价值只能获得非常有限的部分。对于这些节点企业来说,尽管相对于没

[①] 汪建成、毛蕴诗、邱楠:《由 OEM 到 ODM 再到 OBM 的自主创新与国际化路径——格兰仕技术能力构建与企业升级案例研究》,《管理世界》2008 年第 6 期。

[②] 郑祥琥:《比亚迪之父:巴菲特看好的人》,中央编译出版社 2009 年版。

有加入网络的企业有一定的在位优势,但能够从网络合作中得到的收益非常少,在网络双面性的作用下,网络优势还可能成为网络劣势。

网络权力在很大程度上取决于网络结构,Burt 指出,网络成员数量越多或者网络连接数越多,企业就越能获取各种信息,从而越能根据发展需要和市场变化对外部的环境作出反应①。Ostagaard 和 Birley 对 156 家英格兰企业的调查显示,企业家网络规模与企业员工的增长率呈明显的正相关关系。Elfring 和 Hulsink 认为,大规模的网络联系使企业可以用最小的成本获得所需资源,并利用这些资源开展创新活动。② 根据社会网络理论的观点,较紧密的网络关系有助于网络合作者建立共同的愿景③,有利于实现彼此资源的共享,也有利于隐性知识的传递④,从而能够提高网络合作效率。同时,紧密的网络联系和频繁的网络交往还可以增进合作双方的信任,提高彼此合作的意愿,因而可以降低交易成本⑤、减少合作过程中的机会主义行为。⑥ 除此之外,企业在所处网络中的位置是影响其获得网络合作收益的重要因素。按照结构决定论的观点,权力是一种位置及占据者的结构属性。在网络中有两个位置对企业成长来说意义重大,一是网络中心位置,二是网络结构洞位置。通常情况下,越处于网络中心的位置越能接触到更多的信息,越利于企业进行信息的筛选和重组创新。Powell 等证明了企业在网络中的位置会影响其技术革新,处于网络中心位置的企业拥有更多调整网络关系的资源,更容易根据自身发展需要扩展和更

---

① Burt, R., *Structural Holes: The Social Structure of Competition*, Cambridge: Harvard University Press, 1992.

② Elfring, T. and Hulsink, W., "Networks in Entrepreneurship: The Case of High - Technology Firms", *Small Business Economics*, 2003, Vol, 21, pp. 409 - 422.

③ Tsai, W., Ghoshal, S., "Social Capital and Value Creation: The Role of Intrafirm Networks", *Academy of Management Journal*, 1998, Vol. 41, No. 4, pp. 464 - 476.

④ Ahuja, G., "Collaboration Networks, Structural Holes, and Innovation: A Longitudinal Study", *Administrative Science Quarterly*, 2000, Vol. 45, pp. 425 - 455.

⑤ Xiaohui Lu, M. W. Meyer, "Network Extensibility: Creating Entrepreneurial Networks in China's High - technology Sector", *Wharton - SMU Research Center Paper*, 2006.

⑥ Jenssen, J. I. and Koenig, H. F., "The Effects of Social Networks on Resource Access and Business Start - Ups", *European Planning Studies*, 2002, Vol. 10, No. 8, pp. 1039 - 1046.

第五章 我国先进制造企业 GPNs 构建式成长模式之二

新网络来支持自身的发展。[①] Ozcan（2007）的研究更是论证了网络中心位置的重要性，他指出，企业在网络中的中心位置决定了企业成长将进入良性或恶性循环。除了网络中心，网络结构洞也是推动企业成长的一个重要位置。所谓结构洞实际上就是两个不具有直接网络合作关系的网络节点间的关系中介，当 A 与 B 不相识，但都同时与 C 结识时，C 的位置就有可能成为结构洞。当一个企业成为其他企业建立合作关系的中介和桥梁时，它对于所连接的企业就具有了相当的重要性，这种重要性提升了它在网络中的话语权，可以为自己争取更多的合作收益。处于各方信息的交汇点，也因此可以收获更多、更高质量的信息。反过来，如果企业与其他企业或其他网络的联结受制于结构洞位置的第三方，则可能使自己陷入不利地位。高春亮等（2008）的研究指出，代工企业与其他跨国公司间的结构洞阻碍了代工者的信息获取。可见，获取有利的网络位置可以更好地保证企业的网络合作收益、提高网络合作效率，对网络中心和网络结构洞位置的占据也因此成为企业成长的动力。由此可见，网络结构作为网络权力的决定因素，影响着企业对网络的控制力和支配力，是企业指挥其他网络节点、调动网络资源为增强自身竞争力服务的保证。

在 GPNs 中，作为嵌入节点的企业由于行为的自主性受到限制，网络合作对象主要是所嵌入网络内的有限网络节点，且在网络中处于不利的边缘位置，导致其不能很好地获得网络权力。对嵌入—突破模式的企业来说，构建自主网络就是要通过拓展网络关系、改变网络位置，利用网络结构优化机制建立网络权力和形成网络优势。

从我国先进制造企业的实践看，从嵌入状态成功实现突破的企业都是善于通过发展网络关系，改善网络结构和建立网络主导权的企业。以上汽成长为例，1985 年，上汽与德国大众成立合资企业，因为当时上海当地配套零部件企业的技术水平达不到要求，上海大众只有

[①] Powell, W. W., Koput, K. W., Smith-Doerr, L., "Inter-organizational Collaboration and the Locus of Innovation: Networks of Learning in Biotechnology", *Administrative Science Quarterly*, 1996, Vol. 41, No. 1, pp. 116–145.

采取CKD方式进口零部件进行组装生产，此时的合资企业实际上只是德国大众的一个加工厂和产品输出渠道。作为大众GPNs在中国的小节点，上汽几乎没有什么网络权力。在与大众合作10年后，为了改变过度依赖大众的不利网络关系，上汽引入第二个重要的网络合作伙伴——通用。上海通用的成立打破了大众的垄断地位，作为竞争对手，通用和大众都希望借上汽扩大在中国的市场份额，这种网络内竞争关系的引入提高了跨国公司对上汽这个网络节点的重视，刺激了跨国公司与上汽进行技术合作的意愿。上海通用在中国推出全球同步新车型，打破了跨国车企依靠一款落后车型在中国打天下的局面，而大众在通用的压力下，不得不加快新产品的推出时间，上海大众成立到上海通用成立的10年间，上海大众只推出了一个新车型，上海通用成立后的5年内，上海大众就陆续推出了4种新车型。随着合资车企新车型的研发和推出时间的缩短，上汽与跨国公司间的技术交流和合作开发的频率和深度也在加深。同时，上汽和通用还分别入股50%成立了泛亚技术中心，这也是国内合资企业中方与外方进行深度技术合作的首例。不仅如此，通过引入通用这一网络节点，上汽配套零部件厂商也实现了网络关系的拓展。上海通用成立后，上海大众与上海通用的供应商网络实现了交叉融合，许多原来上海大众的汽车零部件供应商开始成为上海通用的供应商。这种网络关系的拓展使这些零部件供应商获得了规模效应，也提高了它们的技术水平和配套能力。作为上汽下属零部件供应商的上海汇众，在上海通用成立前一直为上海大众提供轿车底盘系统产品，在上海通用成立之后，上海汇众很快也成为上海通用底盘系统的主要供应商。随着合作伙伴的增加，企业规模经济效应得到发挥，市场竞争力增强，上海汇众迅速成长为全国最大的轿车底盘模块供应商。而作为上汽生产网络的组成部分，供应商的配套能力的提高也是其自主网络竞争力增强的基础，是上汽网络优势提升的标志。这种网络优势的增强是上汽进一步发展网络关系和构建自主GPNs的基础。可见，通过引入通用这一重要节点，上汽改变了自身整车组装厂的角色，使自己嵌入单一GPNs网络的不利局面得到改善，竞争性节点的引入，在两个GPNs中心间形成了一种制衡机制，在客观上起到了平衡上汽与所嵌入网络领导企业间不对等的网络权力的作用。与此同时，随着上汽业务范围的扩大，为上汽提供配套的供应商对其的依赖性增强，提高了上汽与这些企业合作的话语权，而随着上汽品牌影响力的提高和在国内合作伙伴的增多，更多希望进入中国市场和利用国内相关资源的跨国企业对上汽的依赖性提高，上汽成为国内节点与跨国公司之间的连接桥梁，占据了结构洞的位置。这样，自主网络的发展和网络结构的优化使上汽的网络规模、网络质量，以及自身在网络中的地位都不断提高，使它能够依托更多优质的网络节点，凭借自身在网络中更佳的网络位置获得更大的网络优势。从表5－1以及文中对比亚迪、中芯国际、北汽集团等企业的成长案例分析中也可以清晰地看到这种自主网络发展带来的网络结构的优化，以及由此推动的网络优势的增强。

三 能力—结构互动机制实现专有能力、网络优势双提升

嵌入—突破模式推动企业成长的最重要的机制是以自主网络的构建实现专有能力与网络结构的良性互动，以网络结构的优化促进专有能力的提升，以专有能力的提高推动网络结构的优化和网络优势的提升。

从企业的专有能力与网络优势的关系看，一方面，正如上文所说，网络优势的获取在相当大程度上与网络结构有重要关系，同时，网络结构是影响专有能力建立和提升的重要因素。另一方面，专有能力又是决定网络结构，进而影响网络优势建立的重要力量。专有能力与网络优势间通过网络结构的作用相互影响，或形成互推共进的良性共演，或产生相互阻碍的恶性循环。在GPNs嵌入式成长中，后发企业作为网络节点被动接受网络关系，网络合作对象单一。对于企业来说，升级的主要机制是网络核心企业对其进行知识转移以及网内知识溢出提供的学习机会。然而正如我们看到的，通过这种途径转移的知识具有较强的专用性。当后发企业仅嵌入由某一网络领导者主导的GPNs中，在单一价值链的某一环节上从事专业程度较高的生产活动，甚至很可能在主导企业控制下只与少数几个上下游厂商进行交易活动时，其交易空间、信息来源渠道，以及所能获取的知识类型、数量都

极其有限。此时，企业的战略资源来源渠道和学习途径都非常狭窄，极易被资源输出方控制其学习通道。这种情况下，学习机制的作用力非常有限。与这种被动的网络关系下学习机制发挥作用的方式不同，在嵌入—突破模式中，后发企业通过主动的GPNs的构建改变网络结构，为自身赢得更多的学习机会和创造更好的学习环境，从而能更有效地发挥学习机制的作用，实现专有能力的更快提升，并利用更高的专有能力优化网络结构，实现两者的良性互动。

从我国嵌入—突破模式企业的实践看，正是从专有能力和网络优势的互动关系出发，通过自主生产网络的构建，不断地建立、扩展和调整网络关系，优化网络结构，由一个非自主网络的嵌入者，一个没有网络权利的边缘节点主动向网络结构洞、网络中心靠拢，创造出一个有利于企业专有能力持续提升的网络环境；在专有优势强化后，又以专有能力的网络吸引力进一步优化网络结构，创造更具竞争力的网络优势，形成专有能力与网络优势持续递进的动态成长，以一种专有能力与网络优势互推共演的方式渐进地实现向先进企业的成长。比亚迪发挥自己低成本制造优势，在电池代工期间嵌入多家跨国公司GPNs，使自己在生产制造环节的专有能力获得较大提升。之后，它利用这种专有能力优势和已有的网络关系，进行横向拓展，发展其他手机零部件和组装的代工业务，并将与诺基亚、摩托罗拉等原有网络合作者的合作领域从电池代工拓展到手机零部件和组装代工，进一步拉近和深化与这些网络中心企业的合作关系，同时，扩大网络合作对象，为三星、华为、中兴等企业代工，使自己的网络结构得到优化。进入到汽车制造领域后，比亚迪又利用自己在电池制造时期积累的技术开发出独有的铁电池技术，利用代工期间积累的资金并购模具厂、建设汽车零部件基地，扩大自主生产网络，并利用这些专有能力和网络优势进一步吸引戴姆勒奔驰、英特尔等优秀的网络合作伙伴以及在全球布局更多的网络节点，调整网络结构，使其进一步优化，从而推动专有能力发展，形成了专有能力和网络优势互推共演的良性循环状态，以此推动企业持续成长。表5-1中还列举了其他嵌入—突破模式企业利用能力—结构互动机制推动企业成长。

第四节　嵌入—突破模式的实现路径

一　嵌入非自主 GPNs，快速提升低层次/专业性专有能力

作为后发者，嵌入—突破模式的特征之一就体现在第一阶段的"嵌入"上。通过在第一阶段一定程度地放弃自主权，换取与高质量网络节点的合作机会，使企业可以更多获取在特定阶段所需的资源、知识，推动了企业在低层次或专业性专有能力上的快速发展。同时，这种嵌入方式也为企业赢得了在位优势，在一定程度上降低了竞争压力，拓展了发展空间。

仅以这一模式的代表企业万向为例。发展初期融入 GPNs 对其生存发展起了很大的推动作用。作为一个技术落后的后发企业，"干中学"的网络学习机制使万向在短期内技术水平和制造能力有了长足发展。同时，成为跨国公司 GPNs 内的企业，使万向可以依托网络领导者的渠道、品牌等资源，以及所有网内节点打造的网络优势和进入壁垒获得优于网外企业的竞争优势。这对于竞争对手如林，自身力量薄弱，又难以独立开拓市场的万向来说意义重大。通过为舍勒，以及后续的为其他一些先进国家的零部件制造商代工，加入先进企业的 GPNs，对万向快速积累一定的专业化生产制造能力起到了积极作用。万向通过代工较早接触到美国这一汽车产业的主流市场，促使其在生产设备、产品质量、工艺技术上能较快与国际先进水平接轨，尽早熟悉国际市场竞争环境和规则，并且在与跨国公司的合作中，万向学习到了先进的管理思想和经营理念。不仅如此，代工产品的技术标准压力客观上推动了万向对技术和质量的追求。万向传动轴有限公司总经理顾福祥在谈到万向的代工时说："我们最大的收获就是观念上与国际接轨了，并且培养了一批训练有素的员工。每次和海外企业接触，包括他们来中国对我们进行考察，对我们而言都是一种观念上的交流借鉴。除了观念，在与海外市场的接触中，我们还看到了自己和其他竞争对手在技术上、管理上的差距，这促使我们奋起直追。如果当时

我们不与海外市场接触，就待在国内，来一批订单做一批订单，那么万向集团也不会有今天。"① 这些代工时期的能力积累成为万向后来进一步开拓国际市场和提升自己在产业网络中的位置的重要基础。

除此之外，国际代工也使万向获得了由网络合作的资源共享和能力互补创造的竞争优势。在计划经济时期，汽车零部件国家统一采购经销的情况下，作为民营企业的万向根本无法进入国营大厂的供应体系。同时严格的进出口管制，使万向不可能靠自己的力量进入国际市场。为舍勒代工，万向利用其大供应商的渠道资源一举进入美国高端市场。不仅如此，能够为国际大供应商供货，能够得到美国市场认可也极大地提升了万向产品的声誉。1985年，全国计划经济工作会议上，鲁冠球谈到他们的产品已经出口，但国内还列不进计划，当时的国务院副总理姚依林表示，连国外都在用的产品，为什么国内不能用呢？有了副总理的支持，一些国内主机厂也开始陆续使用万向的产品了。② 1986年，凭借为舍勒代工积攒的出口能力，万向集团被国务院批准为第二批机电产品出口基地，享有"谈判权、报价权、在银行立户结汇权和留成外汇使用权"。这为成长初期的万向进一步拓展海外市场和积累发展资金起到了重要作用。可以说，依托舍勒等国际大供应商的品牌效应，万向达到了"以外销促内销"的效果。

由此可见，在万向成长初期，通过为先进的跨国公司代工的方式融入其GPNs，利用网内学习效应实现了专有能力的快速提升。同时，在一定程度上也产生了网络合作的资源能力互补效应，使万向的竞争力和网络发展能力得到增强。

二 主动优化网络结构，避免落入"网络陷阱"

对于嵌入GPNs的后发企业来说，避免和突破"网络陷阱"是其成长中一个关键的问题，大部分现有研究开出的药方就是要自主创新、重视品牌发展，通过建立起在价值链高端环节的专有能力优势来

---

① 曹子烈：《全球化的万向模式》，《世界经纪人》2011年第12期。
② 郑江淮：《企业家禀性、内生的贸易中介及其网络化——全球化竞争中万向集团企业家职能及其变迁的研究》，《管理世界》2003年第2期。

第五章 我国先进制造企业 GPNs 构建式成长模式之二

摆脱对发达国家跨国公司的依赖。但如何去完成这个专有能力的提升过程现有研究并没有给出足够的说明。事实上，如果我们仅把目光聚焦在既有网络关系或过分强调自我发展，这个过程是很难实现的。自主创新能力的培育和品牌的建设对于这些长期都只集中于价值链生产制造环节的企业来说，在资源的积累、能力的发展上需要巨大的跳跃。相对于制造环节的生产计划执行能力、应用性研发能力和对特定价值环节的流程把握能力来说，建立自有品牌需要的是对市场的把握能力、营销能力、基础性的创新能力和对从研发到生产，再到销售的全价值流程的运作能力。从资源和能力发展的路径依赖角度来说，长期专注于生产制造环节的企业要培育起产品创新和市场开拓的专有优势需要长期的资金和人力的投入，面临较大的转换风险。同时，正如我们看到的，因为网络结构产生的对网络领导者的强依赖使处于边缘位置的后发企业实现专有能力突破的勇气和意愿不足，使这些处于价值链中间制造环节的企业很难向价值链两端升级。

当现有专有能力将企业置于不利的网络位置，当这种网络位置阻碍了专有能力的发展时，跳出既有网络去发展新的网络关系，通过网络结构的改变去获得专有能力发展的动力是一条可行的成长之道。在不改变专有能力水平的情况下，如果企业能够在更广泛的空间内应用自己的专有能力，如利用自己在生产制造环节的突出的专有优势同时进入到多个 GPNs 中，尽管在每个 GPNs 中企业仍无法占据中心位置，但这种多网络的嵌入将降低企业对某一单一 GPNs 的依赖，当一个供应商可以获得多个购买商的订单时，它将有更大的勇气去摆脱某一购买商对其行为的约束。更为重要的，通过对多个 GPNs 的接入，企业学习的空间将大大扩大，所接触到的异质性的知识和信息将极为丰富。通过建立与拥有更多优质信息和关键知识的网络节点的紧密网络关系，企业可以获得更多有价值的信息和知识的转移，从而可以更大限度上利用 GPNs 的网络内学习机制来推动专有能力的提升。而当企业能够通过发展网络关系使自己处于新网络中的中心位置或结构洞位置时，它就可以利用有利的网络位置收获更多更高质量的信息，推动自身快速积累起向新的专有能力发展所需的资源。进一步地，因为专有能力是建立网络关系和确立网络位势时的重要影响因素，专有能力提升后所具有的网络吸引力如果能够被充分利用就可以为企业赢得更大的网络优势。这里并不要求企业一定要有价值链高端的高层次的专有能力。因为 GPNs 的价值链分工特性，使不同价值链环节的厂商在价值创造过程中形成了专业性专有能力的依赖，当企业在某一价值环节有突出的专有能力优势时它就能够吸引到其他环节的合作者。而对企业来说，在既有的价值链环节上实现专有能力的发展比跨越价值链环节要容易得多。在这样的情况下，通过专业性专有能力优势的强化，并以此发展网络关系，实现网络结构调整就能在低层次专有能力与不利网络结构的恶性循环中找到一个突破口，以一种相对容易的方式建立起两大动力的良性互动关系，避免由不利的网络关系形成的"网络陷阱"。

以中芯国际为例，虽然中芯国际目前仍以代工为主，处于被许多文献定义为低端的制造环节。但制造并不等于低端，代工并不等于落后。从中芯的成长经验看，靠的正是基于专有制造能力优势，这种专有制造能力优势利用的就是网络构建和网络结构的不断优化。高春亮等学者将中芯国际的代工模式称为"专业化代工"，并认为这种不同于我国晶圆制造企业传统代工模式——"内部化代工"的战略，使中芯国际能够实现技术的大幅跃升，成为我国晶圆制造行业的领导者。而这种"专业化代工"区别于"内部化代工"的重要特征就是由为某一或少数几个企业代工，而嵌入这些企业网络转变为与广泛的网络合作伙伴建立合作关系进而嵌入产业网络。这种代工方式的改变将改变"内部化代工"企业因过渡镶嵌而受母公司限制难以发展的局面，以网络合作对象的增加为企业知识获取和技术进步提供更多可能。[①]这实际上就是一种网络结构调整的战略。从 2001 年中芯国际与新加坡特许半导体合作，实现技术上的突破，成为国内第一家 0.18 微米芯片制造商后，中芯利用自己在技术和成本上的优势不断寻求新的合

[①] 高春亮、李善同、周晓艳：《专业化代工、网络结构与我国制造业升级》，《南京大学学报》2008 年第 2 期。

作伙伴。2002年，中芯与美国德州仪器达成合作协议、与欧洲IC设计商Accent S. R. L合作、在日本设立子公司；2003年与国际芯片巨头尔必达、东芝、英飞凌达成技术转让及代工协议。广泛的代工关系的建立使中芯国际嵌入到众多业界领先企业的GPNs中，拉近了与这些技术领先的产业网络中心企业的关系。随着与网络中心更多的技术合作和信息交流，随着来自不同GPNs的多元化知识的积累，中芯的技术水平和自主创新能力也得以提升。从工艺技术角度看，中芯国际依托代工，引入了8代工艺技术，构建了相对完整的代工制造平台，运用自己擅长技术移植的应用的能力，中芯将从各网络获得的知识和信息进行组合，形成更强的生产制造能力，不断强化自身的专有能力优势。特别是在28纳米工艺上，中芯国际是中国大陆第一家提供28纳米先进工艺制程的纯晶圆代工企业，并且现在仍是中国大陆唯一能够为客户提供28纳米制程服务的纯晶圆代工厂。不仅如此，随着网络合作伙伴和客户的增加，中芯国际产能利用率不断提高，2012年以来，中芯国际产能利用率一直保持在90%以上，2016年收购意大利LFE后，产能利用率更是突破了100%。规模效应进一步降低了制造成本，使中芯在规模化、专业化和低成本上的竞争力不断凸显，为它吸引更多合作伙伴奠定了基础。目前，中芯已携手Crossbar，进入PRAM存储领域。可见，中芯国际已经形成了一种专有能力—网络优势—专有能力的互推共进的良性发展状态，依靠不断地利用专有优势吸引网络合作者，中芯在国内建立起行业领导地位，在国内建设了六大生产基地，以此聚集国内合作伙伴。同时，中芯也努力以并购或新建方式在国外建设跨国生产基地或子公司，构筑自主GPNs，形成以自主GPNs嵌入更大的产业网络的发展态势，使自己成为自主网络的中心和产业网络中重要的节点。

可见，利用自身专有能力（尽管这种专有能力可能并不是高层级的专有能力）主动发展网络关系，调整和优化网络结构将有效避免处于"嵌入"或非主导网络位置的企业落入低端锁定的"网络陷阱"。

三 不断平衡网络关系的调整式网络构建，实现网络自主性

不同于自主发展模式始终坚持对网络的自主性，嵌入—突破模式

的企业在成长初期是在一定程度上放弃了网络自主性的。但它最终的目标都是建立起具有主导力的自主GPNs。为了实现这一目标，嵌入—突破模式的企业采取的是一种持续的网络关系的调整策略，即不断地通过发展新的网络关系和切断或改变原有的合作关系来建立起与网络合作者相对均衡的网络权力，并最终形成对合作网络的足够影响力和控制力。

仍以这一模式中的万向为例。万向依托舍勒快速进入美国市场，并实现了制造能力的较快提高。但在嵌入舍勒GPNs后的第三年，万向就遭遇了过度依赖单一网络和没有网络主导权带来的负面冲击。面对舍勒的"垄断性"包销要求，鲁冠球断然拒绝了美方的要求，并表示即使遭受一些短期损失，也不能放弃行为的主动权。[①] 并从此时开始，万向开始发展新的网络关系，建立自主GPNs。通过与国内外进出口公司和国外代理商合作，在最困难的时期，打开了日本、意大利、德国等18个国家的市场，打入了世界汽车工业和农机工业的销售网[②]。并"迫使"舍勒主动回头再与万向合作。但这次合作万向已经走出了对舍勒的依赖，使自身在两者合作中的话语权发生了极大改变。之后，万向通过海外子公司万向美国，建立与通用、福特、克莱斯勒等主流整车制造商的合作关系。通过并购业内技术领先企业和高级供应商，快速升级为全球主要整车制造企业的一级供应商。万向通过多个主流GPNs的嵌入，降低对单一网络的依赖；凭借与全球主要整车制造商的网络关系牢牢吸引住供应商、配套企业和其他合作者，形成对合作网络足够的控制力；依托具有主导权的自主网络增强与整车制造商的合作能力，使自己的自主零部件GPNs成为整车制造商

---

① 鲁冠球在1991年的一次报告中明确讲道："独家经营我厂的出口万向节。这样做，虽然有产品外销稳定有利的一面，但也存在着视线偏狭，不能博采众长的一面：一是我们没有机会与更多的外商接触，难以获得更多的信息和进一步开拓国际市场；二是受人控制，被他人牵着鼻子走，丧失了主动权；三是一旦出现风险，他们撒手不管，我们好不容易进去的国际市场便会就此断送。"（鲁冠球：《中国企业家经营管理丛书·鲁冠球集》，人民出版社1999年版，第28—29页。）

② 郑江淮：《企业家禀性、内生的贸易中介及其网络化——全球化竞争中万向集团企业家职能及其变迁的研究》，《中国制度经济学年会论文集》，2003年，第105—115页。

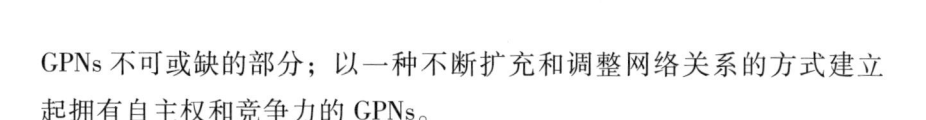

GPNs 不可或缺的部分；以一种不断扩充和调整网络关系的方式建立起拥有自主权和竞争力的 GPNs。

第五节 嵌入—突破模式的实现条件与局限性

一 易落入"学习陷阱"而丧失创新动力

嵌入—突破模式的一个重要的成长路径和成长机制是通过嵌入领先企业 GPNs，发挥网络内学习机制的作用推动自身专有能力发展。这种发挥后发优势的学习式进步使嵌入—突破式成长企业节约了许多自我开发和知识积累的时间与成本，使它们能在相对较短的时间内获得生产技术的快速发展。但同时，这种模式也存在很大的因学习依赖和创新惰性带来的企业自主创新发展乏力，自主创新能力丧失的风险。Levitt 和 March 指出，学习并不总是能产生明智的行为，也可能造成迷信式学习及能力陷阱和不正确的推理等问题。[1]

对于嵌入—突破模式的企业来说，由于在嵌入阶段极大地依赖于技术拥有方的知识转移，在吸收知识和利用知识上也有较强的外部驱动特征。在这一阶段，网络领导者会以图纸、参数的形式向嵌入节点传递显性知识，会对嵌入节点进行能力提升的技术培训，会用竞争机制驱使节点企业进行一定程度的知识消化吸收和再创造。这种学习环境造成了嵌入节点一种较为典型的驱动式学习的特点。这样一种学习模式在外部驱动者和学习者目标一致时能产生较好的学习效果，但当两者目标相悖时，就可能发生"学习无效"的风险。阿吉里斯曾经根据学习推动力的不同把组织的学习分为外驱式学习与内省式学习两种模式。外驱式学习指组织在外部压力的推动下努力吸收各种知识和技术技能来证明自己的能力。内省式学习是组织在反思自己的基础上进行学习，需要企业反思自己的行为与假设是否一致，并进行改进式学

---

[1] Levitt, B., March, J., "Organizational Learning", *Annual Review of Sociology*, 1988, Vol. 14, pp. 319–340.

习来适应环境的变化。在外驱式学习中，当外部驱动者和组织成长目标相一致时，学习效应将很好地推动组织成长。但当两者目标不一致时，作为知识的接收方如果不改变学习方式，就可能在外驱力下出现偏离自身成长目标的无效学习。这时就必须通过内省式学习来加以矫正。但是由于行为惯性和组织的一种自我防卫机制，它们会过于自信过去的成功方式，从而对新环境表现出极大的抵制。当事后结果与事前目标不一致时，它们就更多地把原因归咎于外部环境，而很少考虑自身问题。这种缺乏自省的自我防卫机制可能导致整个组织的"熟练性无能"：组织成员非常聪明，且在技能上非常熟练，但却无助于组织对内外部环境的适应。[①] 此外，嵌入阶段的获利方式和实现突破所需的努力方向的不一致以及实现嵌入突破需要的企业对短期利益的暂时放弃和企业的短视行为之间的矛盾，也在企业从嵌入走向突破间设置了不小的屏障。这样一种外驱式学习推动机制与企业成长方向的不一致，以及因企业对短期利益的追求和内省式学习能力不足相加，就使嵌入—突破模式的企业极有可能落入"学习陷阱"，即在生产制造环节不断强化学习，而在研发设计和市场渠道环节难有创新的局面，最终成为只有嵌入而无突破的嵌入发展模式。

这样一种危机在我们的嵌入—突破模式的代表企业中也曾经出现过。北汽集团在与美国汽车公司合作的过程中，美国跨国公司需要的是北汽的生产制造能力，在外驱式学习下，北汽获得了先进的制造技术和工艺，使它的制造能力有了显著提高。但美方不愿北汽发展研发能力使北汽在合作的二三十年都没有进行自主研发，使北汽的技术研发回落到谷底，进入一种低研发、高制造的发展状态。当北汽受到来自轿车市场的挑战，开始意识到必须建立起一定的自主研发能力时，又因研发需要大规模投入，且不能迅速实现利润，而转向引进先进产品，跟随制造技术，暂时搁置自主研发。从1995年组建北汽福田开始进行轿车生产，到2011年，北汽抓住了中国汽车市场的黄金期，

---

① 刘海建：《学习失效、组织成长盲点与代工企业转型升级研究》，《中国科技论坛》2014年第8期。

利用低端产品在实现销量与盈利目标的同时，积累了大量资金，提高了产品制造的技术水平，但北汽的自主研发能力始终没有取得实质性进展。直到国内低端市场的竞争变得异常激烈，才刺激了北汽发展高端产品。而高端产品对研发创新能力的要求是无法再通过简单的产品引进和制造技术跟随来获得的。北汽通过收购瑞典萨博，获得其三个整车平台、两个系列涡轮增压发动机和两款变速箱在内的核心技术知识产权、评价体系、制造体系和质量体系文件，并且用了三年多的时间进行技术消化和吸收，完成对萨博技术的充分解构，通过自主再创新才最终实现了向行业领导企业迈进的目标。[①] 可见，对于采取嵌入—突破模式的企业来说，必须清楚地认识到依靠单纯的"外驱式"学习是无法实现持续成长的，最终将会陷入技术依赖和低端化发展的"网络陷阱"。为此，必须加强"内省式"学习，把握自身成长阶段的知识需求，确保学习内容与成长方向的一致性，并且积极进行网络关系的调整，通过网络结构的优化拓展学习渠道、丰富学习内容、推动自主创新能力建设，才能成功实现由"嵌入"到"突破"的能力飞跃。

二 受限主客观因素，自主 GPNs 建设难度较大

对嵌入—突破模式来说，最关键的是完成由非自主 GPNs 的嵌入节点向自主 GPNs 的主导企业的"惊险一跳"。它是企业最终将落入被动嵌入模式下的"网络陷阱"还是成为 GPNs 构建模式下的先进企业的决定性因素。之所以称为"惊险一跳"是因为实现这一突破式发展需要企业克服许多困难，即便是我们在表 5-1 中列出的代表企业，也有许多还处于自主 GPNs 构建的探索阶段，所形成的自主 GPNs 的竞争力还较弱，企业对网络的影响力和控制力也还有限。

相比较自主发展模式，嵌入—突破模式的企业在发展自主 GPNs 上面临的困难更多。对自主发展模式而言，主要的困难来自网络构建能力的不足和一些客观因素，而对嵌入—突破模式来说，自主 GPNs

---

① 黄江明、赵宁：《资源与决策逻辑：北汽集团汽车技术追赶的路径演化研究》，《管理世界》2014 年第 9 期。

构建既有能力的不足也有动力的不够,既有客观的限制也有主观的因素,并且嵌入—突破模式在构建自主GPNs时的客观阻力既有自身的因素,也有外部的压力,这使嵌入—突破模式发展自主网络的阻力更大。

从客观阻碍因素来说,有两个方面,一是企业自身的网络构建能力的限制;二是来自所嵌入网络领导企业的打压。就第一个方面来说,由于嵌入—突破模式的企业在嵌入发展阶段所进行的资源和能力积累与发展自主GPNs所需的资源和能力之间存在较大的缺口,要补足这一缺口需要企业做出较大的调整。从知识的系统性和技术的连贯性的角度来说,研发创新能力需要对整条价值链运行情况的系统掌握,需要对市场需求信息的准确把握。这就意味着,对在嵌入阶段只是从事价值链某一个或少数几个环节的功能业务,资源积累和能力发展都长期集中在特定部件生产制造环节上的后发企业,要发展起研发创新和市场渠道这样的足够支撑自主网络发展的高层次专有能力就必须积累起对产品开发的系统知识和直接面对市场消费者。从知识发展连贯性和企业行为路径依赖性的角度来说,这对后发嵌入企业都是巨大挑战。

以整车制造为例,车型的研发需要企业有一个独立的研发平台,需要大量历史数据的积累和不同技术的集成,但对于以合资方式嵌入在发达国家跨国公司GPNs中的我国本土企业来说,在这个嵌入过程中实际所承担的只是生产制造环节的活动。正如我们提到的,北汽在与美国跨国公司合作的二三十年都在依靠跨国公司的研发,而将自主研发工作搁置起来了,没有自己独立的研发平台进行必要的数据和知识积累与进行技术集成,使合资企业的技术能力往往是片断化的,个人的技术知识和经验不能转化为完整的技术能力[1],使企业难以建立起可以驱动整条价值链和形成网络主导权的高层次专有能力。瞿宛文

---

[1] Zhao, Z., Anand, J. & Mitchell, W., "A Dual Networks Perspective on Inter-Organizational Transfer of R&D Capabilities: International Joint Ventures in the Chinese Automotive Industry", *Journal of Management Studies*, 2005, Vol. 42, No. 1, pp. 128–160.

第五章 我国先进制造企业 GPNs 构建式成长模式之二

在谈到代工企业由 OEM 成长为 OBM 时也指出,要成为一个拥有自主 GPNs 的 OBM 厂商,企业必须改变以往的竞争模式,依赖创新能力而不是生产能力进行市场竞争,这是崭新的不同于代工的企业成长模式,牵涉经营模式的转换问题①,而要改变经营模式需要企业进行技术发展方向、组织形态、竞争战略等多方面的调整,从行为惯性的角度来说,每进行一种调整就意味着企业对既有行为模式和行为惯性的改变,这种行为路径的调整并非一件容易的事。

从第二个方面来说,相比较自主发展模式,嵌入—突破模式在发展高层次专有能力上将面临来自外部的更大阻力。作为一个竞合体,网络组织内部企业间既存在共同利益下的合作关系,也具有个体利益冲突的竞争关系。作为发达国家跨国公司 GPNs 内的一个节点,当双方利益一致时,网络内合作力量大于竞争力量,嵌入节点从领导企业处得到的更多是合作力量对成长的推动力。但当双方利益不一致时,网络内竞争力量大于合作力量,嵌入节点将面临竞争力量对成长的更大阻力。对嵌入—突破企业来说,当希望建立起自主 GPNs 时,一方面意味着嵌入企业不再是单一原子企业,它将拥有自主网络群体打造的网络竞争力,这种竞争力的增强将提高嵌入企业在原网络中的地位,相对降低原网络领导者的网络权利。如果嵌入企业发展自主网络主要是增强其在原价值环节上的专有能力,或者说这种自主网络还不至于威胁到原网络领导者的高层次专有能力竞争性,原领导企业可能不会对这种行为进行打击。但如果嵌入企业的自主网络发展威胁到了领导企业的竞争优势,强大的领导者就会对其实行打压,迫使其放弃网络关系的发展。

就主观因素而言,主要是在对短期利益和长期利益的取舍上,企业常常会因短视而造成自主网络构建动力不足。对企业来说,总是要在短期收益和长期发展间寻找一个平衡点。从生存的角度来说,短期收益肯定是最重要的,从长期发展来说,在某些情况下企业又应该放

---

① 瞿宛文:《中国台湾后起者能借自创品牌升级吗?》,《世界经济文汇》2007 年第 5 期。

弃一些短期利益。但在实际运行过程中，受限于企业领导者的心智，在面对短期利益的诱惑和长期发展的不确定时，企业常常会选择短期利益而放弃长期成长的机会。这样的情况在嵌入—突破模式中更容易发生。这一模式的企业在嵌入阶段从所嵌入的 GPNs 处获得了更多的利益，一种接单生产的模式使其适应了利用网络领导者的技术、渠道完成价值实现。当发展自主 GPNs 可能与网络领导者意愿相违背时，这些企业会担心既有网络关系的破裂将使自己不能再享受到原有网络关系带来的利益。同时，一旦失去了原有网络的庇护而要独立面对市场和独自进行创新时，它们又担心巨大的创新投入和创新结果的不确定，以及市场竞争的压力与风险是自己无法承担的。这样的短视与不自信最终导致企业在发展自主网络上不力，并迟迟不能改变不利的网络结构，最终陷入能力发展与网络结构的恶性循环中。巴西 Sinos Valley 鞋业集群的例子充分说明了，一种对于现存状态的依赖和不愿、不敢改变行为路径的惰性使这些在生产工艺和生产能力上可以媲美世界上最优秀的制鞋商的巴西企业始终未能走出国际大购买商控制的 GPNs。

综上，在自身网络构建能力不足和所嵌入网络对发展自主网络的阻碍等客观因素，以及企业因短视和行为惰性造成的自主网络发展动力不足等主观因素的影响下，嵌入—突破模式的企业很可能长期处于嵌入状态而无法成功实现突破，致使模式最终趋于失败。与那些失败的企业相比，成功实现突破而成为真正的嵌入—突破模式的制造企业都是在嵌入阶段就意识到要摆脱既有网络束缚和发展自主网络，并积极为此做准备的企业。格兰仕在做代工期间就创造性地利用从代工对象引进的生产线的剩余生产能力生产自己的产品，不断扩大产能，为发展自主生产网络做准备，同时积极嵌入微波炉各个生产部件和生产环节，使自己积累起关于微波炉制造的系统知识，为自主研发奠定了基础。不仅如此，为了尽快形成自主创新能力，格兰仕从一开始就十分重视研发投入，1997 年，设立"格兰仕美国研究中心"，在 2000—2003 年，格兰仕的研发投入超过 10 亿元人民币，并保持每年的技术投入在全年销售额中占 3% 的水平。[①] 同时，格兰仕董事长梁庆德一再强调"创新，创新，再创新是格兰仕的核心理念之一"。正是因为从嵌入阶段就立志要突破，并为此积极准备才有了后来的成功一跃；正是一开始就不甘于做"世界工厂"，而要成为"全球名牌家电制造中心"的战略抱负推动格兰仕成功地由一个 GPNs 的被动嵌入者成为一个自主 GPNs 的主动构建者，由此成功地突破"网络陷阱"而获得了可观的成长业绩。而上汽、北汽也是因为意识到被动嵌入的发展桎梏后，改变心智，整合资源，才实现了今天的成长。

[①]《格兰仕——从世界工厂到世界品牌》，佛山专利信息网，http://www.fszl.gov.cn/Common/news_display.aspID=1087。

第六章

推动我国先进制造企业 GPNs 构建式成长的对策建议

通过对我国先进制造企业 GPNs 构建式成长的两种模式的理论分析和代表性企业的经验研究,我们得到一些有利于推进我国制造企业自主 GPNs 构建,并借此实现向先进制造企业发展的对策建议。从我国制造企业自主 GPNs 构建式成长过程中反映出的问题来看,既需要企业进行成长战略的调整,也需要政府进行成长环境的建设。只有企业与政府共同努力才能更好地实现我国制造企业自主 GPNs 构建式成长。

第一节 企业层面的对策措施

一 培育 GPNs 构建能力,提高 GPNs 构建效率

GPNs 构建式成长是一种以网络关系的发展和自主生产网络的治理为基础的成长模式。从本书的分析可以看出,GPNs 构建是全球化和网络化的成长环境下企业培育内部专有能力和获得外部网络优势的最有效的手段,GPNs 构建能力本身成为有别于企业技术能力的一种核心能力。企业要实现 GPNs 构建式成长就必须学会发展网络关系、利用网络组织和实现网络治理,就必须建立起 GPNs 构建能力和以尽可能低的成本组织起最有效的合作网络。

第六章 推动我国先进制造企业 GPNs 构建式成长的对策建议

较早提出网络能力概念的 Hakansson 在实践研究中发现，没有任何企业是在孤立的环境下发展的，企业处理网络关系的能力存在差异，这造成了它们发展上的差异。他将这种企业提高网络综合地位和处理特定网络关系的能力称为网络能力。[①] Walter 等认为，网络能力是一种难以模仿的，能够有效改善企业其他资源的效益和效率的富有价值的组织能力[②]，因而是一种企业的动态核心能力。

根据现有文献及我们的理论分析和实践研究，可以将企业 GPNs 构建能力分解为三个层面的能力：节点选择能力、关系建立能力和网络管理能力。

节点选择能力是一种企业根据自身特定成长阶段的需要，在科学评估自身网络节点纳入能力的基础上选择合适的网络合作对象的能力。对企业来说，在不同的成长阶段面临的主要竞争压力和要克服的主要困难是不同的，从 GPNs 构建式成长模式也可以看出，GPNs 构建式成长是一种多路径的成长方式，后发企业可以选择先与优质网络节点建立合作关系和发展低层次的专有能力，也可以选择先与次优网络节点建立弱势网络和获得网络优势。与此同时，网络构建不是没有成本的和无条件的，它需要企业有一定的可以与网络合作对象形成互补的能力以吸引合作伙伴，需要企业对潜在网络合作伙伴进行搜寻，并且从多个潜在的网络合作对象中选择出那个最适合自己的合作伙伴。关系建立能力是企业通过一定的网络节点连接方式组织起网络的能力。GPNs 以一种有别于市场分工和企业内部层级组织的"中间"组织形态来建立与众多网络节点的合作关系，如何从灵活多样的网络节点连接方式中选择可以有效地实现节点资源整合目标，又尽可能少地承担网络关系建立和维护成本是一项需要认真学习的工作。网络管理能力主要指企业要学会如何协调、管理各类型的网络节点。这是

---

① Hakansson, H., Snehota, I., "No Business is an Island: The Network Concept of Business Strategy", *Scandinavian Journal of Management*, 1989, Vol. 5, pp. 187–200.

② Walter, A., Auer, M. and Ritter, T., "The Impact of Network Capabilities and Entrepreneurial Orientation on University Spin–off Performance", *Journal of Business Venturing*, 2006, Vol. 21, pp. 541–567.

GPNs构建者作为自主网络领导企业的应有之责，也是GPNs构建者促使网络节点间实现资源优化配置和完成节点间资源重整以实现"1+1>2"的网络协同效果的关键。

在华为和万向这样两个代表性企业的GPNs构建过程中，我们非常清晰地看到，华为根据优质可控的原则，在权衡自身与网络节点间的互依程度的基础上，不断优化网络节点和推进GPNs建设。用非完全股权的联盟方式组织庞大的外部网络，并以合作共赢的治理模式，在信任和互利的基础上提升与网络节点间的合作效率和维护网络合作关系，以相对较低的成本和更加灵活的方式实现了自主网络的发展。同时通过高效的流程建设实现对整个网络生产体系的全盘控制和协调管理，提升了GPNs的运行效率。万向在科学地评价自身网络构建能力的基础上，根据不同成长阶段的发展需要，以互补兼容的原则，选择最合适的合作对象，并善于把握外部环境变化带来的节点纳入机会，成功将许多优质节点纳入自己的全球生产网络。按照差异化定位的原则，根据不同的战略意图和子公司的资源能力状况对子公司节点进行角色定位，形成内部网络节点间合理分工的局面，优化了内部网络节点的布局，以灵活多样的管理手段，实现了有效的内部节点治理。由于善于协调与海外子公司间的关系和被纳入的新节点的关系，善于在自主GPNs中整合新旧节点间的资源来创造更大的网络收益，使在许多企业看来很难建立的海外生产网络、很难实现的并购整合在万向这里都变得高效、自如。成功企业的实践表明，要想建立起自主GPNs，要想利用好自主GPNs，企业就必须学会如何建立网络、如何管理网络。

就如在层级组织时代对企业内部管理知识的学习和经验积累一样，在网络组织时代企业必须从网络组织的角度进行相应的学习和积累。对后发企业来说，要利用GPNs，要建立起在GPNs环境下竞争优势，就要发展网络关系、协调网络关系和调整网络关系，这种对网络的组织和管理的能力本身就是一种企业核心能力和动态能力，是企业利用GPNs提升技术能力和培育创新能力的能力，是一种比技术能力更基础的能力，是GPNs时代企业核心能力的新范畴。

二 加强GPNs构建与技术能力发展的协同性，以双元学习走出低端市场依赖，激发自主创新动力

作为制造企业，技术能力是其立足之本。魏江将企业的技术能力定义为一种蕴藏在企业内部人员、设备、信息和组织中的知识存量。[1] Linsu Kim在对韩国半导体行业的研究中，提出了一个针对后发企业的"技术引进—消化吸收—自主创新"的技术能力发展路径。[2] 这些观点引导我们从学习的视角和知识外部性与内部化的角度来思考技术能力的培育。

关于学习，March在1991年首次提出了探索性学习与利用性学习两种不同类型的学习方式。探索性学习指企业通过探索试验，吸收外部知识、激活现有知识，形成组织内特有的新惯例的过程。探索性学习强调对新知识的探索和技能的开发，其学习行为具有搜寻、变化、冒险、试验、尝试、应对、发现、创新等特点。利用性学习则是指企业对内部现有知识进行挖掘，并将其运用到具体产品开发或市场中的过程。它以现有知识为基础，是对已有知识轨迹的延续。对应着提炼、筛选、生产、执行等学习行为。[3] 利用性学习是一种沿现有技术轨道的技术改进型和技术应用型学习，这种对现有技术的深化和提升的目的或产生的主要结果是提高现有业务的竞争力和快速实现创新收益。由于是一种渐进的小范围改进和适应性创新，利用性学习通常具有较高的创新效率和可靠性。探索性学习则是要形成与现有的规则、生产标准和流程等有较大差别的新知识，是对一个新领域的探索和一种更为彻底的创新，因而具有较大的不确定性和风险性。但也因其颠覆性和先发性，可能使企业由此获得超越性发展，对后发企业来说，建立在探索性学习基础上的突破性创新一旦建立起一套可以与现有标准相抗衡的新的标准和规则流程，就意味着后发企业可以凭借此成为

---

[1] 魏江：《基于知识观的技术能力研究》，《自然辩证法研究》1998年第11期。

[2] Linsu Kim, *Imitation to Innovation: The Dynamics of Korea's Technological Learning*, Harvard Business School Press, Boston, Mass, 1997.

[3] March, J. G., "Exploration and Exploitation in Organizational Learning", *Organization Science*, 1991, Vol. 2, No. 1, pp. 71–87.

新的全球产业网络的领导者。即便探索性学习和由此引发的探索性创新只是针对环境变化进行的尝试性改变,也能增强企业应对环境变换的能力和捕捉变化的机会。对处在一个不断变化的环境中的企业来说,既需要利用性学习也需要探索性学习。既要充分利用现有技术和针对当前客户进行利用性学习和创新,以确保今天的利润,也需要探索新技术和针对潜在客户进行探索性学习和创新,以保证未来收益。[1]

对我国两类 GPNs 构建式成长企业来说,自主发展模式的企业由于一开始就需要以相对独立的姿态面对最终产品市场的竞争,它们主要采取的竞争手段是针对非主流市场提供一些差异化的产品。因为面对并不完全相同的消费对象,就产生了对产品和服务一定程度的改进的需要,这使自主发展模式的企业一开始的学习就具有一定的探索性学习特征。如华为针对 2000 年以前国内电信市场高昂的网络构建成本,推出了边际网解决方案,并开发出了适应边际网建设的系列化基站产品和专门针对多山地区的解决方案和设备,大幅度降低了运营商建网成本,使其 GSM 产品迅速占领国内市场,较短时间就实现了由农村到城市的突围,打破了欧美移动通信巨头在中国移动通信市场上的绝对垄断。再如吉利,通过对已成型的整车的解剖和测绘,建立自己的轿车研制数据库,通过不断试错积累经验数据,针对国内中低端市场开发出了 5 万元以下的经济型小排量轿车。[2] 但受限于资金和知识,这些探索性学习的范围和程度都相对较低,所进行的探索性创新的力度也非常小。随着企业度过生存期,安于现状的惰性思想和与已有客户建立起的紧密联系使部分自主发展模式的企业开始依赖既有市场渠道和客户网络,在学习上也由最初的探索和尝试逐渐转为现有市场维护和资源、知识使用的利用性学习。这在一定程度上使自主发展模式的企业渐渐落入对低端市场的依赖。

相对自主发展模式,嵌入—突破模式的企业由于一开始就面对一

---

[1] 朱朝晖、陈劲:《探索性学习和挖掘性学习的协同与动态实证研究》,《科研管理》2008 年第 29 期。

[2] 唐春晖:《资源、网络与本土企业升级的协同演化机制——基于吉利集团的纵向案例研究》,《经济管理》2012 年第 10 期。

第六章　推动我国先进制造企业 GPNs 构建式成长的对策建议

个较为稳定的发展环境，与所嵌入网络的紧密联系和固定的服务对象，使它们的学习具有很强的利用性学习的特点。它们只需要对来自 GPNs 领导者的标准化的技术进行吸收和应用，按给定的参数进行生产和完成产品的实现就可以获得不错的收益。这使它们没有多少探索性学习的动力，并形成了对环境变化反应迟缓、缺少"内省"的外驱式利用性学习惯性，产生对所嵌入网络的技术标准、生产规则的不断强化的依赖，难以发展起自主创新的能力。

可见，不论是自主发展模式还是嵌入—突破模式，我国制造企业探索性学习的不足都在相当程度上制约了企业技术能力的提高和创新能力的发展，而这又是导致自主发展模式对低端市场形成依赖和嵌入—突破模式陷入"外驱式学习陷阱"的重要原因。

从企业网络与组织学习的关系看，Sidhu、Commandeur 和 Volberda (2007) 认为，无论是探索性学习还是利用性学习都应该理解为一种外部信息获取过程。[①] 在全球化和网络化时代，GPNs 作为企业最重要的外部信息获取通道，成为企业开展利用性创新和探索性创新的主要信息源。不仅如此，网络还解决了困扰组织的利用性学习与探索性学习平衡的问题。网络组织降低了资源的稀缺性，企业可以通过在不同业务领域或不同价值环节上开展不同的学习来实现探索性学习和利用性学习的平衡。如在产品研发领域进行探索而在制造、销售和服务领域进行利用性学习；同时，探索性学习和利用性学习还可以在企业发展的不同阶段进行动态转化，形成互补和相互推动的关系。[②]

从 GPNs 构建式成长的内涵和对我国制造企业两种 GPNs 构建式成长模式的成长机制、成长路径的研究中也可以看出，学习效应的发挥、学习陷阱的突破、专有能力与网络结构的互动发展实际上都是通过网络形态的改变来创造新的学习通道、学习环境和创新动力。两类

[①] Sidhu, J. S., Commandeur, H. R. and Volberda, H. W., "The Multifaceted Nature of Exploration and Exploitation: Value of Supply, Demand, and Spatial Search for Innovation", *Organization Science*, 2007, Vol. 18, No. 1, pp. 20–38.

[②] Gupta, A. K., Smith, K. G. and Shalley, C. E., "The Interplay between Exploration and Exploitation", *Academy of Management Journal*, 2006, Vol. 49, No. 4, pp. 693–706.

成长模式出现上面提到的局限性也可以归因于网络调整不利造成的学习障碍。对自主发展模式的企业来说，探索性学习资源不足、能力不够，沉溺于低端市场而止步于利用性创新，不敢进入高端市场或高端市场开拓不利，使其陷入低端市场—利用性学习—低端市场的停滞状态；对嵌入—突破模式的企业来说，受因于既有网络的强吸力，没有动力、缺乏勇气进行探索性创新，产生嵌入网络—利用性学习—继续嵌入的恶性循环。要打破这种困局，就要求企业根据自身特定成长阶段的能力发展需要动态地调整网络，通过更有利的网络关系和更合理的网络结构来推动两类学习的协调和转化，以恰当的网络安排来实现两类学习的平衡。

以自主发展模式的代表企业海天塑机集团为例，海天的学习历程大致经历了探索性学习为主—利用性学习为主—探索性和利用性学习并行的发展过程。伴随这一学习过程的演进，海天相应地进行了自主网络的调整，从最初与国有企业和科研院所的弱连接到与跨国公司建立合资企业的强连接，再到与全球知名供应商、少数关键客户建立强连接和与大量其他客户、科研院所和行业协会维持弱连接。这种根据不同发展阶段的成长需要和学习要求进行网络动态调整的战略，使其在高效的探索性学习和利用性学习平衡中，实现了 GPNs 构建与技术能力的协调发展，并由此实现了企业的不断成长。在进入行业初期时，海天塑机自己没有任何注塑机产品的生产知识和生产技术，它通过向国有企业购买产品图纸和相关工艺资料，针对低端市场进行改进性的创新，开始了探索性学习。虽然海天购买的图纸和技术资料都是一些成熟的技术知识，但一方面这些知识对于海天来说是全新的，另一方面，它针对不同于国有企业的市场需求对象进行了技术的改进性尝试，因而更加偏向一种探索性学习。与此相适应，为了获得探索性学习所需的资源，海天与上海塑料机械厂、宁波东风机械厂等国内技术领先企业开展合作生产，为了获得探索性学习的人力资源和技术支持，它与北京化工大学、上海轻工研究所等科研机构开展了合作研发活动。并且因为与合作对象并非嵌入式的强联系，而且与科研院所等的关系也不是竞争性的关系，这使海天在网络合作中能够很好地把握

第六章 推动我国先进制造企业 GPNs 构建式成长的对策建议

学习内容和学习方向，使获得的外部知识能较好地支撑自己开展探索性创新，需要开拓生存空间又使海天有动力针对目标市场进行探索性创新。这些都使海天在第一阶段的探索性学习获得了较好的效果。第二阶段，海天欲向中高端市场进发，但自身的技术能力并不能支持其实现这一目标。海天采取了与中国台湾琼伟、德国德马格等建立合资企业的方式，通过与这些技术领先企业的紧密合作，海天实现了产品质量的提升和生产工艺的改进。由于在合资企业中，外方提供技术和设计，海天只负责制造，作为制造方，海天完全按照技术供给方的规则、流程和要求进行生产，是一种偏重执行的利用性学习。但通过这种利用性学习，海天近距离接触到先进的技术和领先的制造流程管理经验，形成了生产线的快速复制能力，使其技术水平很快达到了国内领先。同时与跨国公司合作，海天还了解到了国际市场的知识，推动了其国际化速度。合资后，海天的外销数量有了大幅提高。可以说，选择合适的网络节点和恰当的网络连接方式所推动的利用性学习为海天下一阶段针对中高端市场和海外市场展开的探索性学习积累了知识，储备了资源，成为其走出低端市场依赖的重要跳板。进入到全球发展的第三阶段后，海天采取了双网络的发展战略，一方面以宁波海天为中心集聚了一批中端市场客户资源和低成本供应商、高校院所，针对中端市场开展利用性学习和创新。另一方面，围绕德国长飞亚集团吸引国际大客户和一流供应商、研发机构开展针对国际高端市场的探索性学习和创新。使其在开展利用性学习保证当前利润的同时，通过探索性学习为夺取未来市场和站上行业巅峰做好了准备。

对于嵌入—突破模式来说，嵌入发展阶段的利用性学习对其生产制造能力的发展起到重要作用，而要破除在嵌入网络内的利用性学习带来的技术依赖和形成自主创新的技术能力，就需要依靠网络的调整来实现网络形态与技术能力的协同。从我们在北汽的案例分析中可以看出，合资使北汽在与美国公司的紧密合作中通过利用性学习获得了先进的制造技术和工艺，但却因缺乏探索性学习而困于对嵌入网络的技术依赖。而北汽对合资网络的突破是通过自建自主网络，发展自主品牌，并在这个过程中先针对低端市场进行技术改进性探索，后并购领先企业，获得核心技术，并结合高端市场需求进行技术解构、消化、吸收，也即探索性学习，最终将外部知识内化为自己的创新能力，实现了技术能力的飞跃式发展。

由此可见，技术能力的发展需要利用性学习和探索性学习的共同推进，而利用性学习和探索性学习的效率取决于企业的网络关系，只有通过 GPNs 构建，实现自主 GPNs 与技术能力的协同，根据不同成长阶段的技术能力发展需要，建立起合适的网络关系，才能从网络合作中得到尽可能多的技术能力发展动力和支持，才能更好地发挥 GPNs 的学习效应，实现企业的快速成长。

三 加强两类模式企业间合作，实现优势互补，突破各自局限

通过我们在上文中对我国两类 GPNs 构建式成长模式的讨论可以看出，自主发展模式和嵌入—突破模式的企业因为各自发展路径的不同，在资源和能力积累上存在差异。同时，也受路径依赖作用的影响，两类模式各有缺陷。但认真比较两类模式的差异，能够发现这两类企业间存在着一定的资源、能力互补性，可以通过两类模式企业间的融合发展，利用彼此的互补性优势提升自主 GPNs 的构建能力，在一定程度上克服模式的局限性。

对自主发展模式来说，由于企业主要从国内市场起步，且最初的网络合作对象主要是国内的经济主体，这使它们对国际市场的产品需求情况、国际生产制造标准的了解相对缺乏，与跨国公司较少的交流合作使它们在进行跨国经营时可能存在一定的文化障碍，由于不被东道国企业了解，难以在当地组建起生产网络。如华为在开拓欧洲市场时就费了很长时间让当地的经销商了解自己和相信自己。而这些信息、文化和信任的障碍，对嵌入—突破模式的企业来说会小许多。嵌入—突破企业由于较早嵌入发达国家跨国公司的 GPNs，在作为嵌入节点的阶段就利用网络内学习机制，从国际大购买商的订单合同和对产品质量的参数要求中间接地了解到国际市场，特别是高端市场的产品需求和质量要求，从领导企业规范化的生产流程管理、所提供的先进的生产线以及对原材料、投入品、配套产品的品质要求中获悉国际品质要求。不仅如此，在嵌入—突破模式的企业发展跨国生产网络

第六章 推动我国先进制造企业 GPNs 构建式成长的对策建议

时,已有的跨国合作经验和网络关系会作为一种社会网络资源,降低与国外合作者的文化、信任障碍。已有研究表明,一些国际化企业在国内发展阶段建立起的与国外企业的网络联系,帮助它们在进行跨国经营时超越文化距离。① 除此之外,作为 OEM 或 ODM,嵌入—突破企业的一些跨国投资活动还能得到所嵌入的 GPNs 领导企业的直接支持。出于降低成本、便于沟通、提高整体网络运行效率和租金的需要,在某些情况下,GPNs 的领导者会要求和驱动网络节点进行海外投资。比如,在中国台湾电子类代工企业的跨国网络发展中,一些中国台湾本土的中小供应商在当地大供应商的驱动下进行生产转移,由最初的不愿意和"被逼",到后来进入东道国后获得更大的网络发展机会,形成了自己的跨国生产网络。② 而不少跨国整车制造商在开拓海外市场时,也乐意帮助与自己有着紧密关系的供应商进行跟随投资。理论和实践都充分说明嵌入—突破模式的后发企业在跨越国境的自主 GPNs 的发展中确有独特的优势。

但是,嵌入—突破模式的企业在发展自主 GPNs 时也有自身局限。一是依赖国际采购商,自身缺乏市场渠道资源,缺少终端市场的需求信息。这使它们对原有价值链高度依赖,降低了发展自主网络的动力和能力。二是自身片段化的资源和能力发展,使其专业价值环节能力有余,而全价值链创造能力不足,而要成为自主 GPNs 的领导者,特别是要成为自主品牌的网络中心就需要具有对整条价值链的运营能力。我们在对嵌入—突破模式局限性进行讨论时也提到缺乏自主研发平台来进行历史数据积累和不同技术集成,是我国合资整车制造商进行自主创新和发展自主 GPNs 的一大桎梏。但自主发展模式的企业恰恰具有这些互补性的资源、能力,从一开始就基于最终产品竞争的自主发展模式企业,对产品的整条价值链的构成情况和产品的架构知识

---

① Coviello, N. E. and Munroion, H. J., "Network Relationships and the Internationalizations Process of Small Software Firms", *International Business Review*, 1997, Vol. 6, No. 4, pp. 361–386.

② 龚宜君:《半边陲之中国台湾企业在世界体系的镶嵌》,《中国台湾东南亚学刊》2005 年第 4 期。

有较好的了解，依托国内市场和利基市场发展起来的自主发展模式企业一大成功之处就是拥有市场渠道、贴近消费者、注重引进技术的同时根据市场需求进行改进性的创新。因此，自主发展模式的企业在产品系统知识、市场渠道资源、消费者需求信息上具有的资源优势成为能够与嵌入—突破模式进行能力互补的重要方面。

对于我国制造业来说，企业的战略选择产生了同一行业中自主发展和嵌入—突破两种类型的企业，它们以不同的发展路径形成了差异化的资源和能力，而这些资源和能力又是具有互补性的，这应该成为我国制造业建立自主 GPNs 的优势。要发挥这一优势就是推动两类模式企业的融合发展，促使两类模式企业进行各自生产网络的联通，实现彼此互补性优势资源在网络内的重组，形成基于本土制造企业能力组合的中国制造网络，帮助自主发展模式企业走向全球，推动嵌入—突破模式企业发展自主网络，最终使由中国制造企业组成的 GPNs 成为最具全球竞争力的 GPNs。

从当前的实践来看，两类企业已有一些合作，且有效地推动了各自发展。我国整车制造行业自主发展模式企业的成长在很大程度上得益于嵌入—突破模式企业创造的技术、资源条件。例如，吉利进入行业时几乎是技术空白状态，靠从一汽和天汽引进了大批技术人才，形成了最初的重要的技术力量。奇瑞的发展也是得到了上汽的"大力支持"，借助上汽集团的供应链，奇瑞得到了数百家为上海大众配套的零部件供应商的支持。但是，上述的合作从严格意义上说还不是我们所倡导的自主网络连通和融合发展。这样一些资源的利用或者并非企业层面直接的网络合作，而只是人员的流动；或者是在彼此并不十分"情愿"或不平等的情况下进行的合作。例如，上汽与奇瑞的合作谈判是在国家经贸委的协调下进行的，上汽不仅要求奇瑞将注册资本的 20% 无偿划入上汽，还提出了"四不"原则，以及其他的一些"不能"条件。[1] 上汽在合作中表示出不屑和不情愿，一方面是因为奇瑞

---

[1] 詹长春：《技术能力与中国汽车工业自主创新模式研究——以安徽江淮、奇瑞汽车公司为例》，博士学位论文，华中科技大学，2007 年。

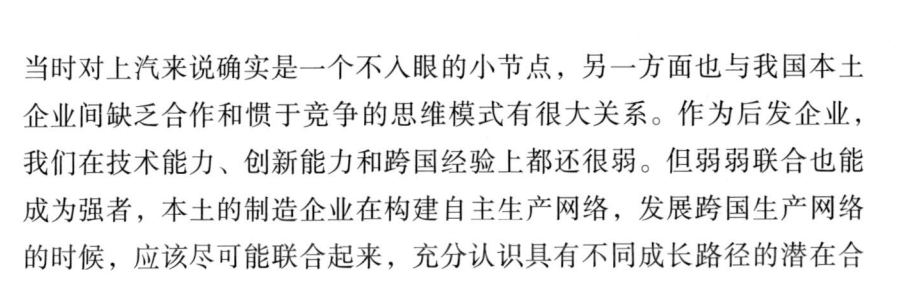

第六章 推动我国先进制造企业 GPNs 构建式成长的对策建议

当时对上汽来说确实是一个不入眼的小节点,另一方面也与我国本土企业间缺乏合作和惯于竞争的思维模式有很大关系。作为后发企业,我们在技术能力、创新能力和跨国经验上都还很弱。但弱弱联合也能成为强者,本土的制造企业在构建自主生产网络,发展跨国生产网络的时候,应该尽可能联合起来,充分认识具有不同成长路径的潜在合作对象的互补性资源和能力,加强彼此的联系,打通彼此的网络,组建由自主发展模式和嵌入—突破模式核心企业联手打造的中国制造网络,提升我国制造企业自主 GPNs 的全球竞争力。

四 把握 GPNs 演进趋势,抓住自主 GPNs 构建机会

GPNs 的形成和发展是跨国公司以网络组织的形态组织全球生产和展开全球竞争的结果。对利润的追逐驱使跨国公司不断调整生产网络的空间布局以最大限度地利用不同国家和地区的比较优势开拓更多的市场空间。这充分表明了 GPNs 的动态性,也提供了后发国家和地区利用 GPNs 的发展推动自身成长的机会。作为后发者,20 世纪八九十年代发达国家跨国公司的 GPNs 调整使我们得以融入 GPNs,通过参与国际分工获得了快速发展,成就了"中国制造"的美誉。但这一过程我们主要是以被动接受 GPNs 演进的方式完成的,这主要是因为当时我国制造企业能力还较弱,国内资源状况和市场情况都难以左右或主导 GPNs 的调整。今天我国制造企业中的一些已经有了相当的高层次专有能力竞争优势和对产业网络发展一定的影响力。稳定而快速的经济增长创造的巨大的市场潜力,广泛的国际合作、平等共赢的合作主张和负责任大国形象创造的国际声誉,以及金融危机后欧美经济复苏的迟缓都为我国制造企业以主动影响者的身份参与本轮的 GPNs 调整,捕捉网络发展机会推进自主 GPNs 建设,并以此提升自己在全球产业网络中的地位提供了可能,创造了机会。认识 GPNs 演进规律,准确把握本轮 GPNs 调整趋势,抓住有利于自身 GPNs 建设的机会,发挥自身对 GPNs 调节的影响力,将能有效推动我国制造企业自主 GPNs 构建,并从中获得更大的成长动力。

概括来说,GPNs 的演进是网络构成主体根据环境变化,发挥能动作用影响全球生产体系的过程。全球竞争环境的变化是推动 GPNs

演进最重要的客观因素，GPNs构成主体的战略选择是推动GPNs演进的决定性因素，而在GPNs构成主体中最有力和最直接地推动GPNs发展的就是拥有GPNs主导权的GPNs领导企业或旗舰企业。因此，我们可以通过分析制造业全球竞争环境变化情况、捕捉GPNs领导企业投资动态来把握GPNs的演进趋势。

一方面，随着越来越多的行业逐渐步入成熟期，产生重大技术创新的可能性不断降低，更多的技术创新是根据市场需求进行的改进性创新。同时，由于单纯的技术创新的竞争力减小，价格成为市场竞争的重要因素。另一方面，金融危机后，欧美市场虽逐渐复苏，但复苏的步伐相对缓慢，同时作为先发地，这些国家和地区的市场逐渐趋于饱和。与之相对的是，许多发展中国家经济增长较快，创造了大规模的市场需求。这样一些变化意味着进一步寻求成本低地和开拓发展中国家市场成为全球生产网络拓展的重要动力。这一目标决定了东亚、东南亚、非洲等生产成本相对较低和市场潜力相对较大的地区成为全球生产网络伸进的重要地区。从近年跨国公司投资变化情况也可见一斑。2015年，亚洲地区吸收对外直接投资达到了5407.2亿美元，增长15.6%，约占全球FDI流量的1/3，并且主要集中在东南亚地区。2014年，中国吸收FDI超过美国，成为全球最大的FDI目的国。2015年，UNCTAD的调查显示，28%的跨国公司都将中国列为首选投资目的地。同时，世界银行报告显示，2005年以来，全球营商环境改善最快的50个国家和地区中，有19个来自非洲。根据世界银行预测，到2019年，全球经济增长率最高的22个国家中，将有14个是非洲国家。[①] 作为拥有丰富的自然资源和低成本劳动力，以及巨大的潜在市场的地区，非洲也将成为各跨国公司GPNs布局的重要区域。GPNs的这样一些变化趋势为我国制造企业构建自主GPNs创造了机会。

首先，作为本土厂商，我国制造企业在国内市场通路和文化异同性上都较发达国家跨国公司具有优势，特别是依托国内市场发展起来

---

① 王晓红、谢兰兰：《金融危机后全球跨国直接投资的主要特征及趋势研究》，《宏观经济研究》2017年第3期。

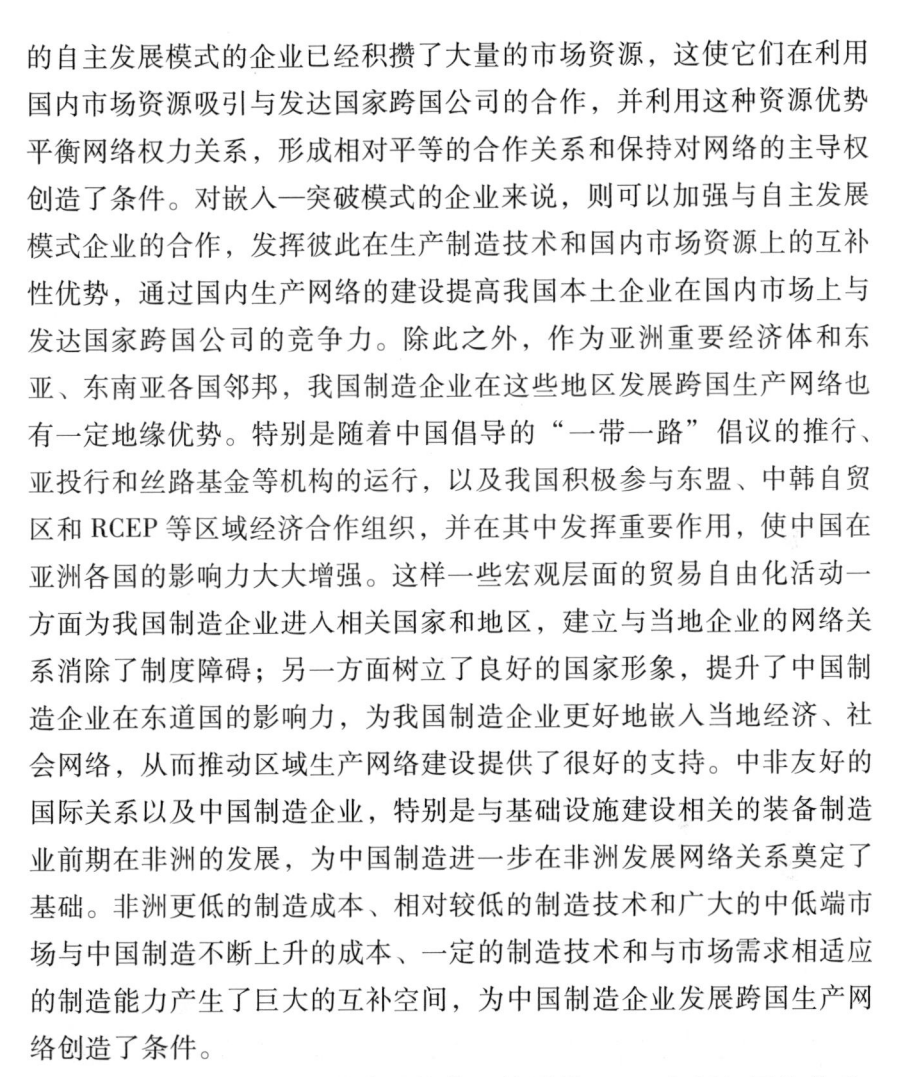

第六章　推动我国先进制造企业 GPNs 构建式成长的对策建议

的自主发展模式的企业已经积攒了大量的市场资源，这使它们在利用国内市场资源吸引与发达国家跨国公司的合作，并利用这种资源优势平衡网络权力关系，形成相对平等的合作关系和保持对网络的主导权创造了条件。对嵌入—突破模式的企业来说，则可以加强与自主发展模式企业的合作，发挥彼此在生产制造技术和国内市场资源上的互补性优势，通过国内生产网络的建设提高我国本土企业在国内市场上与发达国家跨国公司的竞争力。除此之外，作为亚洲重要经济体和东亚、东南亚各国邻邦，我国制造企业在这些地区发展跨国生产网络也有一定地缘优势。特别是随着中国倡导的"一带一路"倡议的推行、亚投行和丝路基金等机构的运行，以及我国积极参与东盟、中韩自贸区和 RCEP 等区域经济合作组织，并在其中发挥重要作用，使中国在亚洲各国的影响力大大增强。这样一些宏观层面的贸易自由化活动一方面为我国制造企业进入相关国家和地区，建立与当地企业的网络关系消除了制度障碍；另一方面树立了良好的国家形象，提升了中国制造企业在东道国的影响力，为我国制造企业更好地嵌入当地经济、社会网络，从而推动区域生产网络建设提供了很好的支持。中非友好的国际关系以及中国制造企业，特别是与基础设施建设相关的装备制造业前期在非洲的发展，为中国制造进一步在非洲发展网络关系奠定了基础。非洲更低的制造成本、相对较低的制造技术和广大的中低端市场与中国制造不断上升的成本、一定的制造技术和与市场需求相适应的制造能力产生了巨大的互补空间，为中国制造企业发展跨国生产网络创造了条件。

由此可见，从 GPNs 的演进趋势，特别是 GPNs 空间拓展趋势看，中国制造企业在未来跨国公司全球生产体系布局的重点区域拥有一定的进入优势。发挥这些优势，积极进行生产节点的布局，以国内生产网络和区域生产网络的建设提升自主 GPNs 的竞争力；利用相对发达国家跨国公司在这些区域建立网络关系的优势发展本地生产网络，并以此作为与发达国家跨国公司建立合作关系的网络资源，提高自己对领先企业的网络吸引力，占据发达国家跨国公司与当地供应商网络的结构洞位置，实现自主 GPNs 的优化和提升。这就犹如当初的日本和后来的亚洲四小龙，利用欧美跨国公司发展GPNs的机会，凭借自己相对东亚其他各国一定的技术领先优势、地缘优势和与欧美国家跨国公司的网络关系，积极推动东亚生产网络的发展，通过区域生产网络的建设构筑起自身主导性的GPNs。今天的中国制造企业也应该顺应GPNs演进规律和把握GPNs调整机会，以一个重要影响者和主导者的身份积极参与到GPNs的调整中来，借此机会发展起自己的GPNs和提升自主网络的全球竞争性。

五 改变企业家心智模式，培养主动网络化思维

在嵌入—突破模式局限性的讨论中，我们曾经提到这一模式存在对嵌入状态的依赖而难以实现突破性的超越，这其中一个重要的主观因素是企业家的心智。企业家的心智是企业家在生产经营活动过程中形成的关于自身、他人、组织以及世界各个层面的思维方式和行为习惯，是他们过去的经历、习惯、知识素养和价值观念的反映。企业家的心智对企业成长具有重要影响，它会通过企业家对企业成长环境的认识、成长机会的把握、成长路径的选择，以及经营活动的管理各个方面体现出来。一个具有科学的思维方式、良好的心理品质、健全的知识结构、优秀的思想品德企业家心智[①]能够引导企业克服成长困难，抓住成长机遇，突破成长上限。反之，则可能导致企业落入"企业家陷阱"。

在我国，缺乏企业家精神，缺乏良好的企业家心智模式是制约企业成长的一个重要的因素。害怕风险、不愿冒险和安于现状是我国企业领导者中普遍存在的问题，这种"特质"在长期的OEM经营状态下被进一步强化。对嵌入—突破模式的企业来说，在代工嵌入期间，企业在无须担心产品的销路和不用进行自主创新的情况下就能凭订单获得可观的收益，这种成长环境在一定程度上对企业家心智模式的形成和发展产生了影响。中国OEM企业家普遍存在"短视"行为，他们只专注眼前"有利可图"的代工业务，认为只有单纯的生产制造才是符合比较优势的行为，代工的甜头使他们对当前网络产生依赖，让

---

① 王庆宁：《刍议企业家的心智模式与能力结构》，《经济论坛》1999年第5期。

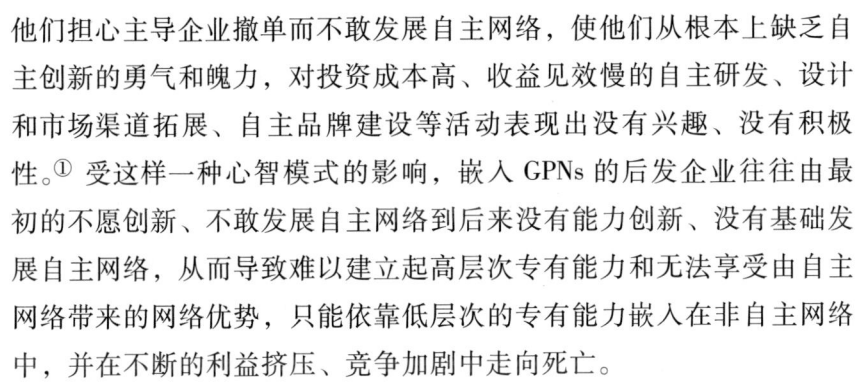

第六章 推动我国先进制造企业 GPNs 构建式成长的对策建议

他们担心主导企业撤单而不敢发展自主网络,使他们从根本上缺乏自主创新的勇气和魄力,对投资成本高、收益见效慢的自主研发、设计和市场渠道拓展、自主品牌建设等活动表现出没有兴趣、没有积极性。① 受这样一种心智模式的影响,嵌入 GPNs 的后发企业往往由最初的不愿创新、不敢发展自主网络到后来没有能力创新、没有基础发展自主网络,从而导致难以建立起高层次专有能力和无法享受由自主网络带来的网络优势,只能依靠低层次的专有能力嵌入在非自主网络中,并在不断的利益挤压、竞争加剧中走向死亡。

从成功实现了嵌入—突破式成长的代表性企业的研究中可以看出,这些企业的领导者都是拥有敢为人先、勇于创新,善于用辩证的思维看待当前状态和未来发展的心智模式的企业家。格兰仕创始人在一开始的嵌入阶段就意识到,自己没有磁控管等核心技术,核心技术掌握在欧美、日韩等跨国公司手中,就永远会处于被动落后的状态,要占领全球市场就必须掌握高端技术,打造属于自己的一流技术。他无数次强调,创新、创新、再创新是格兰仕的核心理念之一,同时也强调格兰仕要"居安思危"。正是这样一种创新理念和忧患意识使格兰仕从一开始就注重自主技术发展和自主创新能力的培育,保持一个较高的研发投入比例,并且积极引进人才、扩大网络合作范围,拓展学习渠道,为自主创新进行积累。被称为民企不倒翁的鲁冠球能够领导万向从一家公社修理厂成长为全球跨国企业,能够数十次地完成所谓"蛇吞象"的收购,靠的也是其独特的企业家气质和心智模式。对于一般代工企业来说,当面对大买家开出的不错的条件时,往往积极应和,但鲁冠球却能敏锐地看到巨大诱惑背后隐藏的危机。面对舍勒的同意包销就增加订货量、提供技术、资金、先进设备、市场情报、代培工程师等优惠条件的诱惑,以及不同意就大幅削减订单的威胁,鲁冠球既抵挡住了短期的诱惑,也顶住了强势者的威胁,毅然决定,宁可暂时受点损失,也不能把外销权统统包给一家企业。他说:"我

---

① 胡大立、刘丹平:《中国代工企业全球价值链"低端锁定"成因及其突破策略》,《科技进步与对策》2014 年第 12 期。

厂是中国唯一的万向节出口基地，好不容易有了这个窗口，不能把开关窗口的权力交给美国人。……国际市场的行情是千变万化的，出口创汇要有长远眼光，要想立于不败之地就要把主动权掌握在自己的手中。"① 正是这种远见、胆识和魄力使万向一步步走出嵌入状态，一次次勇敢而富有策略地将一个个欧美跨国公司纳入自己的 GPNs。

GPNs 的构建不是一件易事，它需要企业动态地发展网络关系，需要企业对所处的网络环境有清楚的认识，需要企业看清网络化成长的双重性，学会利用网络关系、发展网络关系和调整网络关系。这是对企业家辩证思维能力、适应环境能力和长远规划能力的考验。尽管我们主要通过嵌入—突破模式来说明企业家心智模式在企业 GPNs 构建式成长中的重要性，但不论是嵌入—突破模式还是自主发展模式，抑或其他网络构建式成长模式都需要企业家不断学习和提高自己的企业家素养，培育良好的心智模式应对全球化和网络化下更加复杂和多变的成长环境。

第二节 政府层面的政策建议

全球生产网络是一个技术与制度共同推动的产物，尽管我们在前面章节中没有对制度，特别是国家层面的制度对我国制造企业发展 GPNs 的作用进行讨论，但这种影响力确实存在，并起到了相当重要的作用。本节我们将在对政府在 GPNs 形成、发展中的作用机制进行讨论的基础上，结合我国制造企业 GPNs 构建中政府政策的影响情况，就政府层面如何制定和调整相关政策，为企业建设自主 GPNs 提供支持，创造环境进行探讨。

一 GPNs 构建中的政府角色

尽管 GPNs 是跨国公司生产体系全球布局的结果，但跨国公司的

---

① 郑江淮：《企业家禀性、内生的贸易中介及其网络化——全球化竞争中万向集团企业家职能及其变迁的研究》，《管理世界》2003 年第 2 期。

第六章　推动我国先进制造企业 GPNs 构建式成长的对策建议

任何行为都是在一定的政治、社会和文化环境下进行的，这种外部环境的影响力使除跨国公司和生产网络内的其他企业主体外，政府这一政治环境和社会环境的重要影响者在全球生产网络的形成和发展过程中也扮演着重要角色。Henderson 等在 GPNs 理论框架中明确提出了机构权力、集体权力的概念，并划分了五类权力机构：①国家和地方政府；②区域国际组织，如联系愈加紧密的欧盟（EU）、较松散的东盟（ASEAN）、北美自由贸易协议（NAFTA）等；③"布雷顿森林"制度（国际货币基金、世界银行）和世界贸易组织；④各类联合国代理机构（特别是国际劳工组织）；⑤国际信用评级公司（穆迪、标准普尔等）。并指出，这些机构会通过影响 GPNs 领导企业和网络中其他企业的投资和决策行为来影响 GPNs 的运行[1]。其他学者也指出，在 GPNs 中，包括政府在内的非企业行动者会对 GPNs 的发展产生重要的影响，这些非企业行动者与企业进行博弈以实现各自的目标。[2]

GPNs 淡化了国家的主权边界，降低了国内产业发展独立性。但这种经济的一体化带来的价值创造的无国界并没有改变价值分配的国界性，各个国家因在 GPNs 中所处的位置不同，从事的主要价值创造活动不同，从这种全球分工中获得的利益也不同。GPNs 下新的国际分工体系是一把"双刃剑"，在提高了发展中国家参与国际分工并获取分工收益机会的同时，也使其经济和产业发展的独立性受到影响。在 GPNs 生产方式下，国家利益的界定与实现有了新特点。GPNs 中不同权力主体对网络租金的攫取力和它们所代表的国家竞争力使只有所有权意义上的国家产出，而非地理意义上的国家产出才是一国国民能够支配和享用的财富，才能更准确地反映一国生产要素的价值创造力，也才能更真实地体现一国的国家竞争力。[3] 为此，Barrientos 指

---

[1] Henderson, J., Dicken, P., Hess, M., Coe, N., Yeung, H. W. C., "Global Production Networks and the Analysis of Economic Development", *Review of International Political Economy*, 2002, Vol. 9, pp. 4436–4464.

[2] Tim Büthe, Walter Mattli, *The New Global Rulers: The Privatization of Regulation in the World Economy*, Princeton: Princeton University Press, 2011.

[3] 张幼文：《经济全球化与国家经济实力——以"新开放观"看开放效益的评估方法》，《国际经济评论》2005 年第 5 期。

出,全球生产网络的扩张给各国对外贸易结构、生产和就业带来了严峻挑战,各国政府与非政府机构都应该充分关注全球生产网络的治理和维护本国劳动者的利益。[①] 因此,每一个主权国家的政府都应该为维护本国利益,提升本国企业在 GPNs 中的分工地位和对 GPNs 的控制力而努力。推动本国企业构建自主 GPNs,提高本国企业自主 GPNs 的竞争力成为政府应有之责。

从推动本国企业自主 GPNs 构建的角度来说,一国政府至少扮演着两个角色:一是环境的塑造者,即为企业 GPNs 建设提供外部环境支持;二是网络建设的参与者,即直接参与到企业 GPNs 构建活动中。

仅以最为推崇市场调节的美国为例,作为 GPNs 的先发国,美国政府在推动和支持本国跨国企业建立 GPNs 竞争优势上扮演了重要角色。我们在第三章中谈到了,美国跨国公司 GPNs 的重要特征是其高层次专有能力的显著竞争优势。美国跨国企业所拥有的技术知识和创新能力是它们拓展 GPNs 最重要的支撑,而这种能力的形成除了依靠企业长期的技术积累之外,与美国政府提供的创新环境密不可分。美国政府一直以来都在致力于创建国家创新体系,不仅注重研发基础设施的建设,也积极推动各类研发机构的发展和创新人才的培育。美国的研究型大学是美国国家创新体系的重要组成部分,是美国创新人才的储备库。美国政府对研究型大学给予了大量政策扶持和经费倾斜。这些研究型大学将教育与科研相结合,培养具有较强创新能力的技术人才。仅占全美大学总数 3% 左右的研究型大学就培养了全美近 40% 的学士、硕士和 80% 的博士,成为美国教育、培训和科学研究的基地。在美国,能够较快实现创新收益的应用性研究和技术开发主要由企业进行,最具先导性,同时也是研发风险最大和见效最慢的基础性研究工作则主要由政府承担。其中联邦政府所承担的基础性研究工作占全国 60% 以上。同时,国立研究所、国家实验室等机构承担了大量有关国计民生的关键核心技术开发和相关基础研究工作。自 20 世纪

---

① Barrientos, "Economic and Social Upgrading in Global Production Networks: A New Paradigm for a Changing World", *International Labor Review*, 2011, Vol. 3, pp. 3 – 4.

第六章 推动我国先进制造企业 GPNs 构建式成长的对策建议

80 年代以来，美国政府更是加大了对本国的知识产权保护。有研究型大学不断输送的创新人才，有国家层面的基础研究做支撑，有完善的知识产权保护制度做保障，美国企业的创新能力、创新意愿能够保持一个较高的水平就不难解释了。除此之外，美国政府以保护投资、促进出口、提升美国企业国际竞争力和以国家安全为由，对别国跨国公司的投资活动进行干预，甚至为了本国跨国公司的利益对跨国公司国际管制制度的实施施加影响。就连美国国际政治经济学家吉尔平也指出，"体现在机制中的准则、规范和其他因素一般都反映了该机制中占据支配地位的大国的权利和利益……美国利益发生变化时，美国政府就会动用权力修改这个或那个机制"。[①] 尽管我们并不主张一国政府为了本国利益损害他国利益和违背国际法规，但美国政府的行为说明了，在全球化的竞争环境下，一国政府对本国企业全球竞争力的建立和维护是可以也应该发挥重要作用的。除了作为环境缔造者，美国政府作为网络行为者，在特殊情况下也积极参与企业的 GPNs 治理，协调各方行为，推动网络健康运行。2008 年国际金融危机后，美国汽车行业遭到重大打击，也暴露出美国汽车行业 GPNs 中的一些弊端。为了矫正工会和地方政府对企业网络调整和优化的干预和限制，联邦政府动用公权要求工会降低薪金福利，要求各州政府取消关于特许经营法中代理权的限制条款等，从而帮助汽车制造商扫除生产网络调整中的外围障碍，推动美国整车制造商优化生产网络和提升网络竞争力。[②]

GPNs 赋予了政府干预经济的新使命，政府不光要对国内经济主体的行为进行调节，更需要从 GPNs 的角度出发，从全局和长远出发，发挥应有的网络权力。为维护国家利益、提升国家产业竞争力和本土企业的网络权力、网络利益而努力。对于本国企业自身 GPNs 构建能力很强的美国来说，政府尚且积极支持和推动企业的 GPNs 建设，对我国这样的后发国家来说，企业全球竞争力很弱、网络建设能力不

[①] [美] 罗伯特·吉尔平：《全球政治经济学》，上海世纪出版集团 2006 年版，第 13—14 页。

[②] 景秀艳：《产业网络治理与政府干预基于美国政府参与本土汽车产业治理案例分析》，《江西师范大学学报》2012 年第 8 期。

足、跨国网络发展经验不够，国家更需要在企业GPNs发展过程中给予更大力度的支持。充分发挥自己GPNs行动者和权力拥有者的作用，引导、影响和支持本国企业的自主GPNs构建活动。鉴于我国国内制度环境、企业能力状况和建设自主GPNs需要，改善企业GPNs构建环境，引导和协调生产网络各行动者行为以支持企业网络构建活动，发挥国家力量支持企业的跨国网络建设，提升我国制造企业自主GPNs的构建能力，我国政府至少应该从以下几个方面着手。一是推进国家创新体系建设；二是优化制度环境；三是引导国内需求；四是建立健全跨国投资政策支持体系和服务体系；五是推动区域一体化和全球一体化建设；六是助力企业国际标准权建立。以下我们将就这六大方面进行详细论述。

二 推进国家创新体系建设，支持企业培育高层次专有能力

GPNs领导者的网络权力是建立在价值链高端专有能力优势基础上的，而最能代表这种高层次专有能力优势的就是企业的创新能力。创新能力不足、高层次专有能力的缺乏，是制约我国制造企业进入GPNs核心，产生强有力的网络吸引力和形成网络主导权的最根本的原因。自主发展模式企业陷入低端市场依赖和嵌入—突破模式企业难以走出嵌入状态，从根本上说也是自主创新能力不足所致。

尽管自主创新能力的培育需要企业长期知识、资源的积累和持续的自主研发投入与实践，但企业创新资源的来源、创新动力的产生在相当大程度上受到所处外部环境的影响。自1987年以来，英国经济学家克里斯托弗·弗里曼提出国家创新系统（体系）的概念后，国家创新体系的作用和建设就受到了广泛关注。弗里曼通过考察日本经济的崛起后指出，日本在技术水平落后的情况下，只用了几十年的时间，就发展成为工业化大国，其重要原因是日本举全国之力推动技术创新，形成了以技术创新为主导，辅以组织创新和制度创新的创新格局，而这其中，国家扮演了十分重要的作用。他由此认为，创新不仅是企业的技术创新，也是制度和组织的创新，是一种国家创新体系演变的结果。在经济发展和赶超过程中，不能只靠自由竞争的市场经济，还需要政府的公共供给来推动产业和企业的技术创新。1990年波

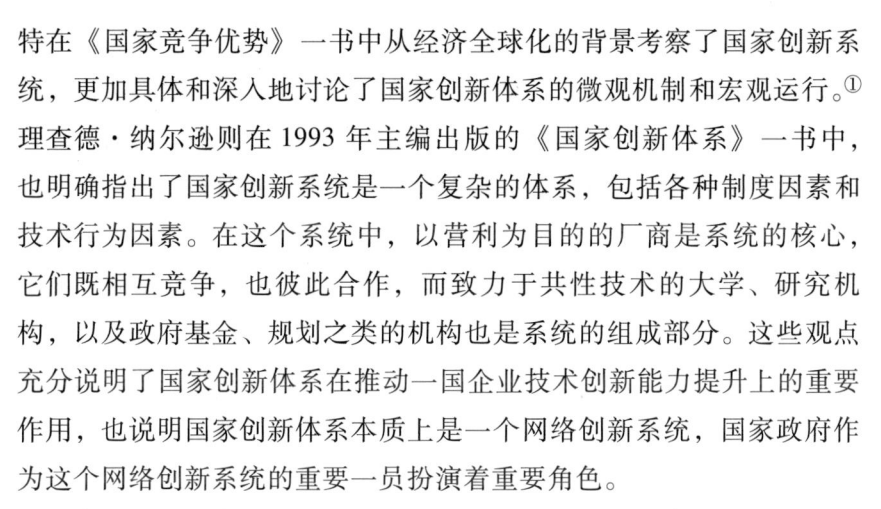

第六章 推动我国先进制造企业 GPNs 构建式成长的对策建议

特在《国家竞争优势》一书中从经济全球化的背景考察了国家创新系统，更加具体和深入地讨论了国家创新体系的微观机制和宏观运行。[①] 理查德·纳尔逊则在 1993 年主编出版的《国家创新体系》一书中，也明确指出了国家创新系统是一个复杂的体系，包括各种制度因素和技术行为因素。在这个系统中，以营利为目的的厂商是系统的核心，它们既相互竞争，也彼此合作，而致力于共性技术的大学、研究机构，以及政府基金、规划之类的机构也是系统的组成部分。这些观点充分说明了国家创新体系在推动一国企业技术创新能力提升上的重要作用，也说明国家创新体系本质上是一个网络创新系统，国家政府作为这个网络创新系统的重要一员扮演着重要角色。

借鉴发达国家经验，结合我国实际情况，我国政府应着重从以下几个方面推动我国国家创新体系的建设，构建良好的企业创新环境和支持企业高层次专有能力培育。

一是增加对基础研究和共性研究的投入。对我国制造企业来说，基于市场的应用性创新是主要的创新形式。这也是后发国家发挥后发优势在技术引进的基础上进行改进性创新，在技术学习的基础上实现能力追赶的主要形式。但应用性创新虽然能够帮助后发企业快速实现技术追赶，却很难使其实现技术超越。在技术引进的基础上进行的创新囿于已有的技术范式，是沿既定的技术轨迹开展的技术创新。[②] 这意味着，如果不建立一套自己的技术标准，就只能在别人（产业网络的主导者）建立的技术标准下沿既有的技术路径做一个追随者，要实现核心技术的突破只能依靠原创性创新，而这种根本性的创新需要建立在产业基础性研究和共性研究的基础上。特别是随着我国制造企业逐渐逼近行业核心技术，技术学习的空间变得越来越小，必须更多地依靠自主的原始创新来完成技术超越和建立自主国际标准来夺取产业网络核心位置。从我国一些先进企业的发展中可以看出，企业对基础

---

① ［美］迈克尔·波特：《国家竞争优势》，华夏出版社 2002 年版。
② 吴晓波、马如飞、毛茜敏：《基于二次创新动态过程的组织学习模式演进——杭氧 1996—2008 纵向案例研究》，《管理世界》2009 年第 2 期。

性研究和原始性创新的需求正在不断增加。当华为技术接近前沿，小的技术改进已无法成就其全球领导者的目标，唯有根本性的创新才能实现这一目标。为此，华为正积极探索创新模式的变革。认识到基础研究重要性的其他一些本土企业也开始加大这方面的投入。中联重科就聚集了大量专注于工程机械基础技术研究的行业专家和人才，运用业内顶尖的试验装备和开发工具开展前沿技术研究和共性基础技术研究。[①] 但有这样意识的企业毕竟是少数，有这样的研究能力的企业在我国更是少之又少。许多文献都指出，基础研究是应用研究的先决条件和催化剂，是技术创新的根本驱动力，由于基础研究和共性研究具有"公共物品"的特性，存在"市场失灵"的问题，政府对基础研究具有不可推卸的责任。[②] 从美国联邦政府对基础研究的重视和所承担的主要责任也可以看出，加大政府对基础性研究和共性技术的投入对企业技术创新能力的突破性发展和整个产业竞争力的提升具有重要意义。

二是加大对研究型大学和科研院所的支持。国家创新体系从功能上可以分为知识创新体系和技术创新体系，知识创新体系的重要构成就是研究型大学和科研院所，它们是创新主体——人才的创造所和创新的核心力量。为此，日本政府颁布了《科学技术基本法》，以法律的形式明确规定，日本政府每五年制定一次科学技术基本计划，据此对科研机构进行持续经费投入。同时，日本政府还通过基本法扩大研究人员对经费使用和课题选择的自主权，促进科研人员创造力提升，为竞争性研究课题匹配30%的间接经费，以提高研究机构的科研能力和促进科研机构之间的竞争。

从我国先进制造企业 GPNs 式成长的代表企业的成长经历看，几乎都从大学和科研院所得到了大量支持。可以说，大学和科研院所是我国制造企业生产网络的重要组成部分，它们的质量高低决定着制造

---

① http://www.zoomlion.com/technology/base.html.
② Bush, V., *Science and the Endless Frontier*, Washington, DC: National Science Foundation, 1945.

企业生产网络质量的高低。同时，大学和科研院所往往是一个国家开展基础性研究的主要场所，为企业创新提供基础性和共性技术。据统计，美国国家重点实验室大部分都建在研究型大学，或由研究型大学管理。在我国高铁产业的发展过程中，由于企业缺乏基础研究的能力，铁道部组织了大量科研院所参与高铁领域的基础研究，对我国高铁产业国际领先地位的确立起到了关键作用。仅以中科院力学研究所为例，它们所承担的高铁领域的基础研究是对力学最前沿科学问题的探索，这些研究一旦取得突破性进展和创造性成果，将引领世界高速列车关键力学问题的研究进入一个新阶段[1]，也将推动我国高铁制造业站上世界巅峰。因此，加大对这些创新主体的扶持对推动我国制造企业生产网络建设和质量提升具有重要意义。

陈超对我国 20 所研究型大学进行的实证研究表明，研究型大学的发展状况在很大程度上取决于政府的投入力度。[2] 近年，我国一直在加大对研究型大学和科研院所的研究支持，但要满足我国制造业对基础研究和创新人才的需求，这一投资力度还需加大。同时，为了激励和支持科研院所开展基础研究和共性研究，可以选择一批与产业相关的大学和科研机构，通过设立各种基金的方式，支持科研机构引进优秀人才，为其研究工作提供资金资助。

三是协调和推动创新体系主体间的合作创新。国家创新体系是一个多主体构成的创新网络，其运行效率取决于分散的、承担着不同功能的构成主体间的沟通、协调。从目前我国国家创新体系运行情况看，主体间不协调导致的运行不畅和投入产出效率不高的问题较为突出。一方面，高校和科研院所的创新成果转化率较低；另一方面，企业亟须解决的技术难题得不到研发机构的支持。为此，政府可以在其中充当中间人、协调者和管理者的作用。作为一个拥有特别权力的主体，政府可以动用自己的制度资源、信息资源和创新资源协调独立和

---

[1] 程鹏、柳卸林、陈傲、何郁冰：《基础研究与中国产业技术追赶——以高铁产业为案例》，《管理评论》2011 年第 12 期。

[2] 陈超：《政府支持力度对我国研究型大学的影响——以 20 所研究型大学为样本》，《清华大学研究》2009 年第 4 期。

分散的创新主体的行为，以政策诱导促成市场难以形成的创新联盟；搭建科技平台，形成创新长效对接机制，推动创新成果转化和引导创新主体加入；建立创新利益分享制度，提高合作创新动力。通过政府的直接投入和在创新主体间的协调斡旋，引导和促成创新合作、降低合作摩擦，提高合作效率。

四是加强创新体系制度环境建设。政府最重要的作用就是环境创造者。在国家创新体系的建设中，政府通过法律法规和制度建设为创新体系的形成和高效运转提供动力和保障。随着政府职能转变和市场体制改革深化，政府需要更多通过环境建设而不是直接的行政干预来推动创新体系的建设。政府创造有利于科技发展的市场环境，形成政策指导科技市场发展，市场引导科研机构和企业行为的调节机制。同时，在合作创新中，一个重要的问题是知识产权保护的问题。在合作创新中，知识的外溢是不可避免的，创新主体对创新成果的控制力也相对较弱。由此带来的创新者创新收益受损成为制约合作创新的主要因素之一。如果不能很好地保护各创新主体对创新成果的所有权和收益获得权，将不利于国家创新体系的发展。从先发国家的经验看，美国的国家创新体系的形成在很大程度上受益于国家对创新活动建立的完善的法律法规，特别是关于知识产权保护的规制，保护协同创新主体的利益，使知识在创新部门之间的流动更加顺畅。目前我国对这方面的法律法规的建设还很不完善，成为降低科研人员研发积极性和引发合作创新成果争议并导致创新联盟解体的一大因素。为此，政府需要以制度的创新和完善来强化和协调开放创新体系的开放性与知识产权的排他性的矛盾，更好地服务于国家创新体系的建设。

三 优化制度环境，消除企业国内生产网络建设障碍

无论哪种类型的企业，其 GPNs 的构建都离不开国内生产要素的整合和国内生产网络的建设。自主发展模式的企业是通过与国内各类网络节点企业的合作开始自己的网络化发展的，嵌入—突破模式的企业要形成自主生产网络也必须利用国内合作者的资源、能力。在我国这样一个后发大国里，本土企业整合国内资源，集合本国网络节点对于迅速提高企业国际竞争力、增强企业生产网络跨国拓展能力和提升

第六章 推动我国先进制造企业 GPNs 构建式成长的对策建议

我国制造产业整体发展水平都具有重要的战略意义。

我们在上文谈到了，由于我国制造企业不同发展路径的选择，在我国制造企业中形成了较强的资源、能力互补性。这种互补不仅存在两类不同 GPNs 构建式成长模式的企业间，也存在目前已经形成的国内产业中相对完整的专业分工体系中。目前，在国内，许多行业都形成了大量长期以专业环节代工方式发展的企业，它们在价值链不同环节拥有较高的专业化专有能力优势。对于发展自主生产网络的本土企业来说，这些专业化的配套企业和能力互补企业是支撑自己转变垂直一体化发展方式，集中力量培育高层次专有能力和构筑网络优势的有力支持者。对这些国内节点的整合是实现自身制造能力提升和获取规模经济效应的重要手段。

除此之外，从政府和国家的角度来说，推动制造企业 GPNs 建设的重要目标是通过有全球竞争力的本国跨国企业的 GPNs 建设，产生一批能够带动国内产业整体升级和区域产业协调发展的龙头企业。从这个角度来说，推动先进制造企业以国内生产网络建设的方式拉动一批本土行业配套企业、供应商的发展，提升整个产业的制造能力和技术水平是重要途径。而我国广阔的国土、差异化的地区资源比较优势和区域制造业发展的阶段性差异，一方面为企业跨区域整合资源，实现生产能力布局优化创造了条件、提供了必要；另一方面，这种跨区域的国内生产网络建设，对推动以价值链功能环节跨区域协调发展为途径的区域产业合理布局和协调发展，从而带动国内欠发达地区制造业发展具有重要意义。因而，无论从企业角度还是国家角度来说，支持企业建设国内生产网络都有积极意义。

从理论上说，国内企业之间语言、文化、制度环境相近，使彼此更容易沟通和建立相互理解与信任，进行国内网络建设和要素整合应该相对更容易。但在我国制造企业国内生产网络建设中，由于市场机制不完善、法律法规不健全、政府职责不明确等问题，国内生产网络建设成本在一些时候甚至高于跨国生产网络发展。刘志彪和张杰的研究指出，包括信用体系缺位在内的制度因素以及地方政府的竞争行为和设置的区域壁垒阻碍了我国制造企业国内生产网络的建设。[①] 鉴于此，推进相关体制、机制改革和制度建设成为国家应有之举。

在我国本土企业国内生产网络建设过程中，跨区域资源整合时面临的地方保护和市场分割以及企业间并购重组时面临的不合理的体制、机制，是阻碍其扩展国内生产网络的两大主要障碍。

从第一点来说，当企业要进行跨区域价值链和生产力布局的调整时，必然对原地区的就业和财税收入带来影响。在当前财政分权体制和对地方政府的考核机制下，地方政府必然从本地和本人的利益出发，对不利于本地和本人利益的网络构建行为进行阻挠。从当前我国各区域要素比较优势和产业发展情况看，企业将生产制造环节从东部转移到西部将有利于利用西部相对低廉的生产成本。但这种价值环节的跨区域转移将对东部劳动力就业和消费性服务业发展造成影响。在东部短期内还不能迅速以价值链升级的获利来弥补价值链转移造成的财政收入减少时，这种跨区域的转移就必然遭到地方政府的阻碍。邓明采用1992—2010年省际面板数据进行的实证研究表明，财政分权促使我国地方政府为政治晋升展开GDP竞争，并且当一地采取市场分割政策时，另一地要实现更快的经济增长和提高当地经济相对水平，就必须也采取市场分割的政策，这使中国地区间市场分割陷入一种"囚徒困境"的策略互动状态。[②] 在这种财政分权和政绩考核制度下，因为跨财政层级和跨地区的企业间重组可能造成某地区财政收入和GDP的减少，地方政府往往会对其进行阻挠。动用行政权力设置障碍，阻碍企业间强强联合。[③] 除此之外，政府在产业发展规划和产业政策制定上的不科学也在一定程度上影响了国内生产网络的发展。当前，我国地方政府的产业规划制定基本是从"竞争"角度考虑问题，对于区域间产业的关联互动性考虑不足。我国各个地区在制定区

[①] 刘志彪、张杰：《全球代工体系下发展中国家俘获型网络的形成、突破与对策——基于GVC与NVC的比较视角》，《中国工业经济》2007年第5期。

[②] 邓明：《中国地区间市场分割的策略互动研究》，《中国工业经济》2014年第2期。

[③] 胡鞍钢、魏星、高宇宁：《中国国有企业竞争力评价》，《现代国企研究》2014年第9期。

第六章　推动我国先进制造企业 GPNs 构建式成长的对策建议

域经济发展规划时,具有明显的"潮涌"现象。特别是在新兴产业的发展上更是趋同严重,全国大部分地区都会把某些新兴产业作为地区主导产业,并且各地政府在确立了主导产业后很少从跨地区产业联合发展角度制定相应的引导政策和促进地区间企业开展合作,使这些产业在各地区呈现出独立发展的态势。在地方保护主义的刺激下,各地区间在相同或相似的产业展开全价值链的竞争,导致地区间资源禀赋优势没有通过价值链分工得到很好的发挥。因此,这种区域产业同构带来的是整条价值链的重复建设,分散了稀缺资源和市场份额,与价值链空间优化布局是相悖的,也不利于各地区企业间展开价值链分工合作。

为了更好地推动我国本土企业在国内进行跨区域的网络合作和资源整合,对于地方政府来说,应该改变区域产业发展理念,充分认识到,在分工深化条件下,合作将比竞争更重要。地方保护主义可能给当地政府带来短期经济利益,但是,从长远来看,地方保护和市场分割必将提高企业成本支出,限制跨区域的企业优势互补和企业价值链的空间合理布局,不利于当地企业发挥资源和能力优势,利用区域外发展动力推动自身发展,从而最终将在网络竞争中败下阵来。为此,地方政府在制定地区产业发展规划时可以加强交流和沟通,从更大范围的跨区域价值网络构建视角,根据价值链不同环节要素需求和规模经济要求,合理布局各地重点发展的价值链环节,突破产业间分工的局限,思考跨区域产品间分工合作的空间布局。[①] 从发挥大国市场优势、推动跨区域企业合作和国内生产体系优化的角度出发制定地方产业发展政策。中央政府则需要改革对地方官员的政绩考核制度和激励模式,破除唯 GDP 的政绩观,引入和提高其他诸如生态效益、科技创新、社会保障等有利于地区长期发展的考核指标权重。推动政府职能改革,弱化政府直接干预资源配置的能力。进一步改革和完善财税制度,适度加强中央集权,通过中央政府转移支付弱化地区间市场分

---

① 蒙丹:《产品内分工下发展中国家产业升级——基于企业能力与构建自主生产网络的视角》,中国经济出版社 2014 年版。

割效应。

　　从第二点来说,并购是企业组建生产网络的一种重要手段,特别对一些拥有战略性资源和能力的优质网络节点,以并购方式纳入生产体系可以实现对这些资源更大限度的控制和利用。但在我国国内企业的并购活动中,一些不合理的制度安排和政策取向使国内企业间的并购重组常常异常困难或非情所愿。擅长海外并购的万向集团董事长鲁冠球就曾经谈到,国内并购与国外有很大不同,在国外,影响并购的主要是彼此的技术能力、管理水平和市场竞争力,而在国内,很多非市场因素成为并购整合中的主要影响因素。这些非市场因素很多是政府职能不明确、管理制度不合理、法律法规不完善等造成的。作为转型国家,我国仍然存在着政府双重身份产生的职能混淆和行为越位现象,反映在国内企业间资源整合过程中,就产生了一些违反市场规律的扭曲现象。从市场经济的角度来说,企业间并购重组和网络购进企业纳入网络节点是从自身资源、能力互补性需要和网络优化出发,在彼此自愿的基础上通过市场竞争确定重组价格,完成整合活动。但在我国国内企业的兼并重组中,很多并不是建立在这样一种市场选择基础之上,而是一些政府的强制行为所致。为了快速出政绩,一些地方政府强迫优势企业去并购严重亏损企业,结果不仅未能挽救亏损企业,反而拖垮了优势企业。[1] 而在不少企业并购,特别是涉及国企的并购活动中,政府的强势和干预更是表现得突出。为了保证地方财税收入,地方政府往往要求本地国企进行跨区域重组时维持控股权,使跨区域并购难以成功(陈清泰,2014)[2],使民营企业对国有企业进行重组困难重重。许多地方政府以担心"国有资产流失"为名限制民营企业并购国有企业。在我国汽车行业,不少民营车企具有机制灵活、盈利能力较强的优势,它们也是自主品牌和新能源汽车发展的重要推手,国有车企则具有规模大、技术能力强的特点。民营车企与国

---

[1] 胡鞍钢、魏星、高宇宁:《中国国有企业竞争力评价》,《现代国企研究》2014年第9期。

[2] 陈清泰:《国有企业"再改革"八论》,《现代国企研究》2014年第7期。

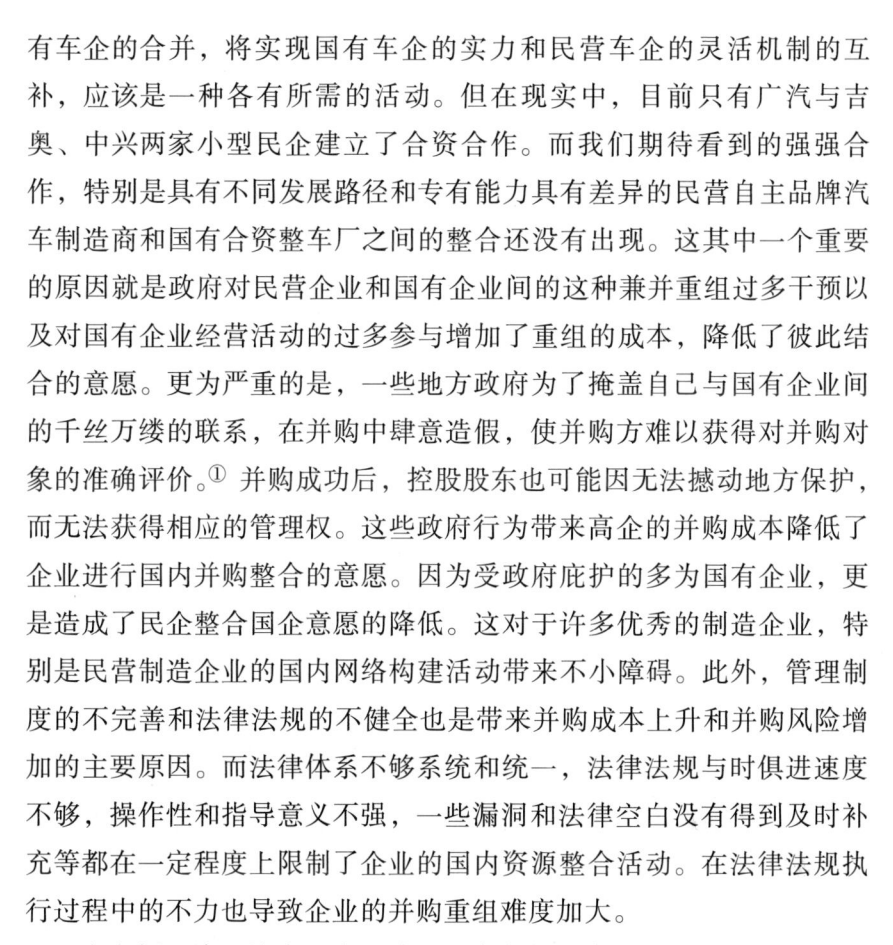

第六章 推动我国先进制造企业 GPNs 构建式成长的对策建议

有车企的合并,将实现国有车企的实力和民营车企的灵活机制的互补,应该是一种各有所需的活动。但在现实中,目前只有广汽与吉奥、中兴两家小型民企建立了合资合作。而我们期待看到的强强合作,特别是具有不同发展路径和专有能力具有差异的民营自主品牌汽车制造商和国有合资整车厂之间的整合还没有出现。这其中一个重要的原因就是政府对民营企业和国有企业间的这种兼并重组过多干预以及对国有企业经营活动的过多参与增加了重组的成本,降低了彼此结合的意愿。更为严重的是,一些地方政府为了掩盖自己与国有企业间的千丝万缕的联系,在并购中肆意造假,使并购方难以获得对并购对象的准确评价。① 并购成功后,控股股东也可能因无法撼动地方保护,而无法获得相应的管理权。这些政府行为带来高企的并购成本降低了企业进行国内并购整合的意愿。因为受政府庇护的多为国有企业,更是造成了民企整合国企意愿的降低。这对于许多优秀的制造企业,特别是民营制造企业的国内网络构建活动带来不小障碍。此外,管理制度的不完善和法律法规的不健全也是带来并购成本上升和并购风险增加的主要原因。而法律体系不够系统和统一,法律法规与时俱进速度不够,操作性和指导意义不强,一些漏洞和法律空白没有得到及时补充等都在一定程度上限制了企业的国内资源整合活动。在法律法规执行过程中的不力也导致企业的并购重组难度加大。

在市场经济环境中,为了维护正常交易秩序和为所有市场经济主体创造良好的竞合环境,政府对经济活动实施干预和控制是必要的。但过多的不当干预不仅没有提供企业所需的市场环境,反而限制了企业正常的市场交易活动,增加了交易成本,制约了企业进行资源整合的积极性。从总体来看,我国政府需要进一步减少对微观主体行为的行政性干预,真正实现由生产性政府向服务型政府转变,在尊重和主要依靠市场调节经济的基础上,通过法律法规的引导来提高资源流动的效率。对于现行不合理、不必要的审批制度进行相应改革,通过减

---

① 叶檀:《制造业一场并购重组的盛宴正在来临》,http://opinion.hexun.com/2014-09-19/168625966.html。

少行政审批，降低企业合作门槛，推动企业联盟和并购活动的开展。同时，对政府审批权实行规制，建立审批责任追究制度，限制政府不当行为对市场的无序干预。政府应该尊重微观主体的行为选择，既不能将没有合作意愿的企业强行拼凑在一起，也不能设置障碍阻止具有联合意愿的企业进行资产重组。特别要减少和消除对民营企业在融资、税收、土地、贸易等各方面的歧视和限制，给予这些制造业主力军更多国内资源整合的空间和能力。进一步打破地区封锁，消除各种不利于企业跨区域合作的地方垄断行为。在降低行政性干预的同时，政府还应该强化相关法律法规建设、提高法律执行力、抑制恶性竞争和非诚信的合作行为，以保障网络合作双方利益，为企业合作及资产交易行为创造良好的环境。只有政府明确了自己的职能范围，有所为有所不为，不断提高管理水平，才能为国内企业的竞争合作创造良好的外部环境，引导和推动本土企业通过国内生产网络建设推动国内资源有效配置、提高企业国内生产网络运行效率和推动国内制造业整体升级。

四 引导国内需求，规范市场竞争环境，发挥国内市场对企业自主 GPNs 构建的支持力

拥有广大和最具潜力的国内市场是我国制造企业在构建 GPNs 时可以依托的一个重要的大国优势。从先发国家和企业的成长经验看，国内市场对本国企业提升网络位势、培育创新能力和发展高层次专有能力起到了重要作用。美国跨国公司的成长经历了面向本地市场、面向国内市场、面向海外市场和面向世界市场四个阶段。[①] 作为一个同样拥有广阔的国内市场的大国，美国跨国公司不仅利用国内市场进行产品培育和创新驱动，还很好地利用了国内市场实现对他国网络节点，甚至国家和地区经济发展的控制。20 世纪 90 年代以来，美国跨国公司致力于渗透未开发的市场，利用国内形成的能力去开发国际差

---

① 宋培林：《试析美国和日本企业的跨国成长轨迹——兼论我国企业的国际扩张战略》，《国际经贸探索》1995 年第 2 期。

第六章 推动我国先进制造企业 GPNs 构建式成长的对策建议

异化的要素，形成了国际化生产的特殊模式。① 这一模式的典型表现就是随着美国的大购买商和大制造商将东亚众多制造企业纳入自己的 GPNs，形成了一种东亚制造、美国消费的生产体系格局。因为握有可以驱动生产网络运行的关键资源——市场，美国跨国公司利用国内巨大消费能力，以订单控制的方式，左右着包括中国在内的东亚广大代工企业，特别是消费品代工企业的生存和发展。日本虽然没有广阔的国内市场，但它们通过国内市场保护有效地推动了本国制造业的发展。通过限制国外产品进入，日本在汽车产业、电子、电器产业发展初期以相对封闭的国内市场创造出足够的市场空间，对其产业自主发展和自主创新起到了重要作用。瞿宛文在谈到中国台湾企业创建自主品牌的困境时指出，先进国家的先进厂商在建立起它们的地位和品牌时几乎都得到了各自国家当时相对封闭的国内市场的支持。中国台湾的后进厂商，一方面在技术上与先进企业相差较远，另一方面，国内市场水平落后和规模过小，难以成为本国厂商发展的基础。② 这些说明一国国内市场的重要性以及把握和利用好国内市场对产业发展的重要意义。

在我国先进制造企业 GPNs 构建式成长中，国内市场至少可以从两个方面发挥重要作用：为自主发展模式企业吸引跨国合作伙伴和提升其在网络合作中的地位提供支持；为嵌入—突破模式企业降低对国外市场和嵌入网络领导者的渠道依赖提供帮助。对自主发展模式的企业来说，已经建立起来的国内渠道关系和拥有的国内市场资源是其与发达国家跨国公司建立合作关系时可以利用的一大互补性优势资源。这一资源的重要性和吸引力的大小取决于企业对资源的控制力和国内市场的规模、层次潜力。作为世界人口第一大国，我国经济一直保持较为稳定的增长，近年国内消费也以较快速度上升，中国国内市场，特别是消费品市场的规模潜力将不断释放。而随着收入水平和消费能

---

① Dunning J., *International Production and the Multinational Enterprise*, London, George Allen & Unwn, 1981, pp. 175 – 176.
② 瞿宛文：《中国台湾后起者能借自创品牌升级吗？》，《世界经济汇文》2007 年第 5 期。

力的增加，中国市场对于高端商品和创新产品的需求也越来越大。中国市场也由此成为全球领先企业争先抢夺的战场。这些转变对于熟悉国内消费者，并建立了自己的国内销售渠道和拥有市场信息资源的本土制造商来说，无疑是发展网络关系和吸引优质节点的宝贵资源。用国内市场资源交换跨国公司的技术资源和国外市场资源对推动本土企业GPNs建设将起到积极作用。对嵌入—突破模式的企业来说，开拓国内市场是弥补其缺乏市场资源而陷入对嵌入网络的依赖的一条途径，拓展国内市场也是其平衡网络关系和调整网络结构的一种方式。奥康集团与意大利的GEOX由最初的代工关系发展到战略联盟，这种网络合作关系的转变和奥康在网络合作中地位的提升就是因为奥康在为GEOX代工的同时积极开拓国内市场。它用自己在国内建立的庞大的销售渠道和连锁网络与GEOX交换后者在全球的专卖店，依托GEOX的全球市场资源推广自己的产品，在双方共赢的基础上实现相对对等的互补合作，在网络关系的优化中获得了成长动力。全国最大的儿童用品分销商和零售商——好孩子集团因为在成立之初就立足国内市场，建立了庞大的国内销售网络，使它利用这种国内市场终端优势与COSCO、耐克、迪士尼、飞利浦新安冶等国际大购买商和制造商建立了网络关系，以自己的国内市场资源换取合作方在全球的市场渠道，成功推进自己的跨国网络，成为全国乃至全球玩具行业的佼佼者。刘志彪等（2014）也指出，"吸收全球优质的创新要素，利用本国的市场规模来加速发展自己"是中国在以内需为基础的第二波全球化中获取更多红利的重要条件[①]，是中国制造企业建立具有全球竞争优势的GPNs的关键。

尽管市场空间最终要依靠企业针对消费者需求提供满足其需要的产品，通过市场竞争性选择来创造，但从推动和支持本国产业发展的角度来说，一国政府仍然需要在本国产业发展初期和对关系国计民生的重要产业给予包括市场空间在内的一定程度的支持和保护，同时创

[①] 苏明：《全球价值链视野下的中国产业发展——刘志彪教授访谈》，《南京社会科学》2014年第6期。

造良好的市场环境，为企业利用国内市场发展提供条件。这一点在各先发国家的实践中也都可以看到。美国对重点行业和企业会给予政府采购的支持，美国的飞机、电子、电信、光伏等行业的发展都得到过政府这种资助。如在本国半导体产业发展初期的 20 世纪 50 年代，美国政府对此类产品的采购达到了 33%。直到 20 世纪 80 年代，美国政府仍然是国内装备制造最大的买家，购买了本国装备制造业中大型公司至少一半以上的产品和服务。对于一些"高、精、尖"的产品，政府甚至采用高价采购的办法补偿其研发支出。[①] 这些行为不仅直接支持了产业发展，也对国内消费产生了示范效应。在国内市场狭小的日本，为了尽可能创造出对本国光伏产业支持的市场空间，日本政府大力启动了以屋顶计划为主的示范性项目。在居民住宅、公共设施、工业厂房和商业建筑等领域大规模进行产品初始市场化开发，是目前在公众中普及光伏应用最有效的国家（包海波、余杨，2013）。[②] 这些示范性项目对支撑本国光伏产业发展，推动产品创新市场化起到了非常重要的作用。在奇瑞汽车的初期发展过程中，地方政府为其创造的市场需求也起到了关键作用。2000 年，当时还是安徽汽车零部件有限公司的奇瑞前身，生产出了第一批 2000 多辆汽车。为了让这个当时还没有汽车生产许可证的企业能够生存下去，安徽省和芜湖市两级政府指定奇瑞汽车为芜湖市出租车用车，并为其提供上牌服务。试想，如果当初没有地方政府的大力支持，一个没有资质的企业如何能够开拓市场，如果没有最初芜湖出租车市场提供的生存空间，奇瑞也不可能发展起来。国外和国内的实践都表明，政府的市场支持对企业发展的重要性。

值得注意的是，在我国主要的问题不是政府对市场需求的支持不够，更主要的是政府支持的方式存在问题，造成不仅没有达到利用好国内市场推动企业发展的目的，相反因为政府对市场需求的过度干预

[①] 王群：《基于全球价值链视角的辽宁装备制造业集群发展模式研究》，博士学位论文，辽宁大学，2009 年。

[②] 包海波、余杨：《光伏产业发展模式研究：以浙江为例》，《科技进步与对策》2013 年第 11 期。

抑制了企业竞争力的提高。最典型的就是政府采购的偏好性造成的市场扭曲弱化了市场竞争，使政府创造出来的市场需求助长了采购企业依赖思想，降低了其创新动力和真正的市场竞争力，挤压了其他企业可以用来发展的市场空间，抑制了其他企业的成长。因此，我们更应该关注的是政府如何有效地创造市场需求和规范市场竞争，以更好的国内市场环境和被有效保护的市场来推动本国企业的生产网络建设。

首先，政府应该科学地选择支持对象，并根据行业和企业发展需要适时调整支持政策。一般来说，政府只应该对关系国计民生和对其他产业发展有重要影响的基础性产业、战略性产业进行干预，在支持对象的选择上也应该以具有较强创新能力和发展潜力的企业为重点。特别重要的是，政府的采购性支持应该是动态的。在产业发展初期和企业开展重要创新的阶段，企业需要一定的市场空间和有保证的市场需求来降低在位企业和成熟技术的竞争，降低技术创新的市场风险。因此，这时如果企业的创新是对整个产业发展有重要影响，对本土企业建立具有国际竞争力的高层次专有能力有重要影响的，政府就应该承担起提供这一先导市场的作用。对我国制造业来说，国内市场规模使企业通过技术创新和产品创新在国内市场培育起可以拓展全球市场的专有能力是一条可行的路径。在这个过程中，较早实现创新技术的市场化是降低创新风险最有效的方式。在国内消费者对新产品接受能力有限的情况下，以政府政策的强制性、采购的规模性和稳定性，由政府采购来创造出一个独立的创新需求市场将成为支持企业创新的一种有效途径。同时，政府的这种采购行为实际上也会产生一种强大的示范效应和引导作用，推动市场需求快速形成。同时，政府的采购政策应该是与时俱进的，当企业和产业拥有一定竞争力后，政府就应该放手让市场竞争去激励企业自主开拓市场。

其次，政府更应当将需求创造的重心放在市场环境的创造上。在我国，不是市场本身不够大，而是人为干预使市场变得狭小了。仅从我国区域市场分割来看，地方政府的地区市场保护、引资政策在相当程度上将广阔的国内市场分割成一个个狭小的地区市场，国内企业实际面对的并不是一个统一的全国市场，使国内企业为争夺这些分割的市场消耗资源。尽管在中央政府的政策引导和地方政府不断转变的经济发展思维下，一些地方政府开始加强省际间的合作，以税收和土地等优惠政策吸引国内其他地区的企业到本地投资，但这些政策有时候是名不副实，或者说由于配套政策的不健全和政府在引资过程中的附加条件，使这些貌似打破市场分割的措施并没有达到实际破除区域障碍的作用。越来越多的进行跨区域横向整合的企业感到，地方政府的吸引政策更像是一个"陷阱"，为了使当地政府兑现所承诺的优惠和获得与当地企业同等的公平待遇，企业需要付出增加分支机构、增加总部控制难度的牺牲。这种成本的上升使企业难以从跨区市场发展中收获规模经济和范围经济效益。中国的市场仍然是一个"联邦制"的市场。[①] 而地方政府的引资竞争也成为帮助跨国公司与本土企业争夺国内市场，从而将国内市场拱手送出的"元凶"。以我国汽车行业的发展为例，我国政府采取"以市场换技术"的战略初衷是想通过引入技术先进的跨国公司，使其与国内企业建立合资企业推动我国国内汽车制造商技术水平的提高。最后这一战略不仅没有换来技术，还使跨国公司在国内市场长驱直入，挤压了自主品牌制造商的发展空间。这虽然与合资企业中，中方的惰性和嵌入发展本身具有的强大的"网络陷阱"模式局限性有关，但地方政府的行为也在一定程度上促成或强化了这一模式的负面效应。对于跨国公司来说，在中国布局生产网络就是为了接近和进入中国市场，从维护其技术优势的角度来说，越少的技术转移越有利。它们在与地方政府的谈判中，谁给的市场越多，谁对技术转移的要求越少，跨国公司就越愿意与谁合作。为了引来外资和增加地方税收收入，地方政府相互竞争，只要能引来外资和提高政府税收，即使牺牲本土企业市场发展空间也在所不惜。在这样的政策环境下，跨国公司轻易地拿下了中国广大的市场资源，国内本土企业从国内市场中获得的支持力大大减弱。此外，国内市场混乱的竞争状态、企业间信用缺失、不正当竞争等情况较为普遍，增加了企业开

[①] 蓝海林、皮圣雷：《经济全球化与市场分割性双重条件下中国企业战略选择研究》，《管理学报》2011年第8期。

拓国内市场的成本。在玩具制造行业，由于国内玩具市场产品仿制、抄袭现象严重，假冒伪劣产品充斥市场，使依靠技术创新和自主品牌建设的企业的收益得不到保障，在国内行业品牌和商标评价体系、品牌融资制度缺乏的情况下，企业品牌传播成本较高，限制了一些有较强生产能力和一定产品创新能力的玩具代工企业开拓国内市场和在国内市场培育自主品牌，从而阻碍了这些企业走出对国际大购买商的依赖，实现成功突破的道路。

对于政府来说，创造一个统一、健康的国内市场环境将是发挥市场机制，利用国内市场推动本土企业自主GPNs建设的重要策略。为此，应改革相应的体制、机制，降低以GDP、税收和就业等指标作为地方政府政绩考核的主要依据，减少他们为追求政治晋升而滥用引资政策和设置地区市场分割障碍的动力，减少政府直接干预要素配置的能力，打破地区封锁，减低地区间市场分割，推动全国统一大市场的建立。同时，加强相关法律法规建设，增加市场竞争的公平性、减少因信息不对称和不正当竞争造成的逆向选择。

五 建立健全跨国投资政策支持体系和服务体系，助力本土企业跨国生产网络建设

对我国制造企业来说，必须要通过跨国生产网络建设才能完成全球生产体系的布局，这个过程对于国际化经验不足和自身国际竞争力不强的本土企业来说，是一个相对困难的过程。尽管我们在企业层面的对策中提出了一些诸如利用国内市场资源和企业已经建立的跨国网络关系推进国际化网络发展的建议。但在企业自身跨国经营能力较弱的情况下，政府的支持仍然是需要的，特别是在当前我国跨国投资制度、政策还不完善的情况下，企业跨国投资不仅受限于自身的经营能力，还因为这些制度和政策带来的跨国投资成本上升，进一步削弱了企业的竞争力。因此，从政府层面完善相关制度和政策，提高政府在企业跨国投资中的服务功能，对推动我国制造企业的生产网络国际化发展非常重要。

政府对企业跨国投资的制度安排和政策措施直接影响着企业对外资源整合能力与成本。特别是对于我国这样一个转型经济体来说，政

第六章　推动我国先进制造企业 GPNs 构建式成长的对策建议

府对经济活动的影响力更大，制度对我国企业境外 FDI 的影响已经得到大量检验。Buckley 等对 1984 年到 2001 年中国境外投资进行了研究，发现传统的 FDI 理论只能部分解释中国的对外投资情况，要对中国企业对外投资特征的解释还需要一个包含内部体制在内的特殊理论，因为国内体制在一定程度上可以决定企业的投资行为。[①] 郭宏也认为，中国企业对外投资决策深受制度转型的影响，特别是中国公有制经济制度以及强国家的国家—市场关系，使中国对外直接投资在更大意义上可能体现为一种国家行为，而非独立的企业商业行为。[②]

近年来，我国政府加大了对企业对外投资的支持力度，特别是 2009 年商务部通过新规，从监管和金融方面对我国企业的对外直接投资给予了很大支持，从总体上推动了中国对外直接投资（CODI）的规模。但这些制度仍存在很多问题，波士顿大学国际关系助理教授，东亚研究项目主管 Min Ye[③] 利用 2003—2010 年的数据揭示了我国制造业对外直接投资份额在总对外投资额中的下降趋势。从 2003 年至 2008 年，我国制造业对外投资份额在总对外投资份额中的比重不断降低，特别是 2008 年，中国政府投入了更多资金用于推动对外投资，但中国制造业的对外投资份额却降到了最低。Min Ye 认为，造成这一现象的重要原因在于我国现行的对外直接投资政策过于偏向对资源获取性对外直接投资和国有企业跨国投资的支持，弱化了对以市场和技术获取为主要目标的对外投资活动，以及对私有企业跨国投资行为的支持。2004 年，中国政府将对外直接投资的支持重点由"扩大出口市场、获取先进技术、获得原材料和自然资源"这三个目标缩减为最后一个目标。2010 年的政府工作报告列举出来的对外直接投资动力只有"获取原材料"一项，获取技术并没有被提到。政策偏好造成了我

[①] Peter J. Buckley, L. Jeremy Clegg, Adam Cross, Xin Liu, Hinrich Voss, Ping Zheng, "The Determinants of Chinese Outward Foreign Direct Investment", *Journal of International Business Studies*, 2007, Vol. 38, No. 4, pp. 499 – 518.

[②] 郭宏：《公共政策与中国企业的跨国投资》，《外交评论》2012 年第 4 期。

[③] Min Ye：《中国海外投资：内部制度如何影响对外直接投资》，*ENI Working Paper*, 2013, Vol. 39。

国对外直接投资向资源获取型集中,而以寻求技术和市场为主要目标的制造业投资行为明显不足。目前,我国制造企业主要的竞争优势仍然是低成本制造能力,这种能力在很大程度上建立在国内低成本生产要素的基础上,对它们来说,最为缺乏的技术创新能力和高端市场竞争能力以及品牌全球影响力的培育都需要通过知识寻求和战略资产寻求型跨国投资来实现。从企业对外投资活动看,即使是近年随着我国制造成本的上升,我国制造企业开始向更低成本国家转移生产力,但也并非以自然资源寻求为主的投资。虽然资源、原材料对我国经济发展很重要,但中国制造要真正成为中国创造不是靠加工初级产品来实现的,中国产业转型需要更多通过对知识、技术等战略资源的全球整合来实现,中国品牌的建立需要通过对更多高端市场份额的占领来实现。因此,对我国大部分制造企业的跨国生产网络建设来说,更加需要的是得到知识、技术和市场投资方面的政策支持。由于政策导向偏差,对我国制造企业,特别是寻求技术和市场的制造企业跨国投资活动造成了不利影响。为此,政府应该调整相应的政策、改革不合理的制度,根据制造企业开展跨国生产网络建设的政策需要提供有效的政策支持。

此外,管理制度不合理也是制约我国制造企业进行跨国网络构建的主要因素之一。从2004年至今,我国对外直接投资的管理制度都是"核准制",总体来看,核准制比2004年之前的审批制对企业投资行为的管理更加宽松。但在具体的细则和操作上,核准制明显利于国有企业,存在对国有和私有、资源与非资源类投资的事实不平等。相较来说,在核准制中,对国有企业的对外投资管制被放宽了,而私有企业对外直接投资仍面临严厉的管制准则。并且在执行过程中,对于缺乏政府联系的私有企业来说,实行起来也更繁杂。我国制造企业大部分是民营企业,这种制度缺陷客观上造成了我国制造企业对外投资的低水平和低效率。因此,从中国制造发展角度来说,我们需要更多支持制造企业跨国投资的制度、政策,需要给予制造业主要组成部分——民营企业对外投资更大空间和更多支持。2014年9月,商务部出台了《境外投资管理办法》,其核心内容是希望通过简政放权和简化审批程序来提高企业对外投资的便利化水平。[1]

鉴于当前国内企业对外投资信息渠道杂乱、信息可靠程度低、时效性差和共享程度低等一系列问题,为了增强企业对投资国政治、经济环境的了解,减少企业跨国网络建设中的风险,降低企业开展对外投资活动的成本,政府还应该做好相关的服务工作。可以由政府组建或牵头成立专门的对外投资信息咨询和服务部门,负责收集、整理、发布与对外投资相关的各类信息和统计数据,通过对外投资数据库建设,为企业提供及时、准确、可靠的跨国投资信息;为企业对外投资提供政策、制度、审批手续办理等信息咨询服务;向企业提供包括东道国的投资门槛、外商投资法律法规和契约规则等信息服务;帮助企业进行对外投资环境分析,指导企业制定对外投资计划和拟订与外国企业的网络合作协议等。

六 积极推动区域一体化和全球一体化建设,为企业跨国网络发展创造良好国际环境

GPNs 的形成和发展是在贸易自由化制度的推动下进行的,企业跨国生产网络建设的机会和成本在很大程度上取决于国际投资环境。在建立国际经济合作关系、降低企业跨国网络建设壁垒和建设成本上,各国政府扮演着重要角色。GPNs 的迅速发展很大程度上就是各国政府积极推行开放政策和鼓励国家间经济合作的结果。强化国际合作,支持跨境整合,通过政府层面的国际关系建立来推动各国经济合作,在各类跨国经济合作组织规则制定中为本国企业争取更有利的国际竞合环境也是政府可有作为之处。

在当今全球竞争环境下,各国在微观层面竞争的同时也在积极通过宏观层面的政府力量对一些国际性制度、规则进行影响,为本国企业争取利益。从发达国家实践来看,在国际制度安排和实施中为本国企业赢得有利条件,成为政府服务本国跨国企业的重要举措。

近年来,我国政府在这方面的意识和作用力正在增强。我国政府积极推进双边、多边和地区经济合作,中国在区域协定、双边投资协

---

[1] 商务部:《大幅度简化企业对外投资审批流程》,新华网,2015 年 9 月 17 日。

定、避免双重征税协定以及特殊区域合作安排等多层面的国际合作方面取得了重大进展,也为我国企业"走出去"开辟了广阔空间,创造了更好的外部环境。2014年11月在北京召开的APEC峰会,被媒体称为"中国第一次在经济上主导亚太规则的一次会议",可能成为中国真正主导世界经济游戏规则的开始。目前,中国—东盟自贸区的合作水平不断提高,中日韩自贸区的谈判和RCEP的建设正紧锣密鼓地进行,在建的自贸区和多边、双边经贸关系的开展将为我国企业发展跨区域生产网络建设和推进全球生产网络布局创造有利的国际环境,为我国企业开展与他国企业的网络合作扫除许多障碍。2013年,我国提出"一带一路"的发展倡议,这一经济带中,既有相对发达的欧洲国家,也有大部分处于不同层次的发展中国家,这些发展中国家在资源、能力上存在较强的互补性,可以形成较好的价值链分工合作关系。[①]更为重要的是,这些国家对我国企业发展区域生产网络,进而提升GPNs竞争力具有重要作用。我国制造企业既可以向中、西亚等资源、能力和原材料丰富的地区进行价值链延伸,利用它们的资源、能力优势结合我们的加工能力,降低我国资源能源压力带来的成本上升;也可以向印度尼西亚、越南、柬埔寨、斯里兰卡等劳动力资源丰富的地区转移劳动密集的制造环节,保持价值链制造成本优势;还可以与菲律宾、泰国等技术能力相对发达和较早融入GPNs的国家合作,共同进行技术创新和开展GPNs拓展合作。实证研究已经表明,"一带一路"倡议实施以来,中国与"一带一路"沿线国家的生产关联性增强趋势显著强于发达国家。"一带一路"倡议和建设不仅为沿线国家融入价值链分工体系提供了重要机遇,同时也为中国构建区域价值链从而实现全球价值链分工地位的转型带来了可能机遇。[②]

七 助力企业国际标准权建立,增强企业自主 GPNs 竞争力

在GPNs中,标准制定已经成为企业建立和强化专有能力优势的

---

① 孟琪:《基于"一带一路"的制造业全球价值链构建》,《财经科学》2016年第2期。
② 戴翔、宋婕:《"一带一路"有助于中国重构全球价值链吗?》,《世界经济研究》2019年第11期。

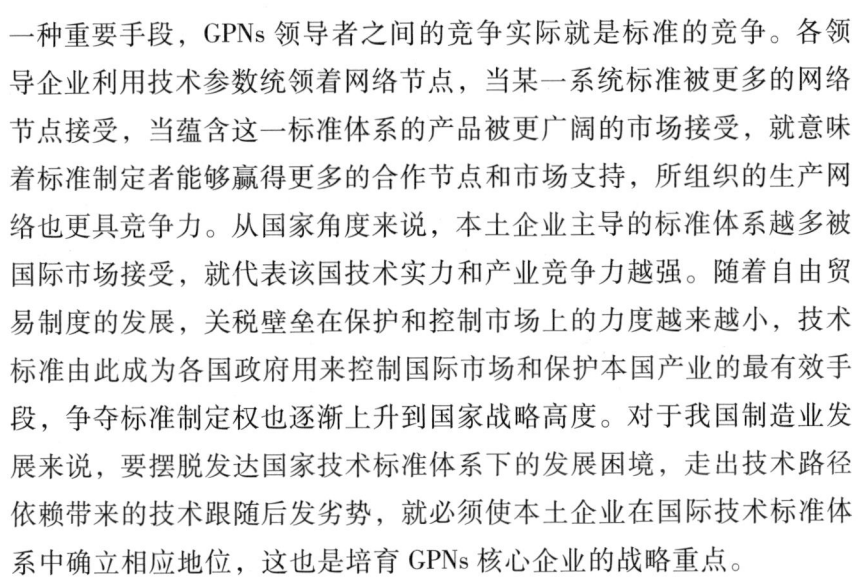

一种重要手段，GPNs领导者之间的竞争实际就是标准的竞争。各领导企业利用技术参数统领着网络节点，当某一系统标准被更多的网络节点接受，当蕴含这一标准体系的产品被更广阔的市场接受，就意味着标准制定者能够赢得更多的合作节点和市场支持，所组织的生产网络也更具竞争力。从国家角度来说，本土企业主导的标准体系越多被国际市场接受，就代表该国技术实力和产业竞争力越强。随着自由贸易制度的发展，关税壁垒在保护和控制市场上的力度越来越小，技术标准由此成为各国政府用来控制国际市场和保护本国产业的最有效手段，争夺标准制定权也逐渐上升到国家战略高度。对于我国制造业发展来说，要摆脱发达国家技术标准体系下的发展困境，走出技术路径依赖带来的技术跟随后发劣势，就必须使本土企业在国际技术标准体系中确立相应地位，这也是培育GPNs核心企业的战略重点。

尽管在标准的形成和确立过程中，企业是主体，起着主导作用，但它也是集体参与的社会过程。技术标准形成是在特定社会文化环境和市场环境中，企业（企业联盟）、消费者、政府与标准化组织等社会实体在技术标准的制定、实施、扩散过程中承担责任以及产生影响的结果。[①] 在这个过程中，政府不仅能以管理者、需求者身份，通过法规、条例的制定以及采购行为，直接影响标准的形成和推广，还会影响其他相关主体行为（如消费者和标准化组织的行为），从而间接作用于标准的确立。正是由于标准对国家产业竞争力的重要性以及政府在标准形成中的重要影响力，政府有动力也有能力参与技术标准的制定。

从当前国际标准拥有情况看，发达国家跨国公司作为主要的GPNs领导者在大部分产业中垄断着标准制定权，这些国家的政府也较早就开始部署标准化战略。1999年，欧盟理事会提出了《关于标准化在欧洲的角色决议》，建立了欧洲标准化体系，并着力将欧洲标准化推广到国际标准化，并于2001年发布了《国际标准化的欧洲政

---

① 姜红、陆晓芳、余海晴：《技术标准化对产业创新的作用机理研究》，《社会科学战线》2010年第9期。

策原则》。各欧洲国家更是积极推动本国标准国际化。德国政府发布了《德国标准化战略》，指出"德国要在发展欧洲和国际标准化体系以及推动全球运用欧洲标准化模式上发挥积极的作用"，法国和英国也分别提出了自己的标准化战略和标准化战略框架。美国、日本则在欧洲的压力下，加强了本国的国际标准化战略部署。2004年，美国对原有的《美国国家标准战略》进行了修订，更名为《美国标准战略》，日本政府大幅提高标准化支出。在高度重视标准权争夺的同时，发达国家政府也通过积极参与标准确立活动来支持本国企业的标准制定和国际化。《美国标准战略》和《日本标准化战略》都明确指出政府在推进本国标准国家化中的应有举措。《英国标准化战略框架》指出："政府和国家标准机构将合作制定政策与指南，通过协调利用专利、许可、标准和其他知识产权管理手段帮助企业，使创新的商业利益最大化……执行工作将增加协调性，使标准化活动与英国商业利益和公共政策目标相一致。"[1]

在 GPNs 的竞争环境下，发达国家跨国公司自身技术能力较强，又得到本国政府的大力支持，在全球标准制定权的争夺中占据上风。从它们的经验看，在坚持企业标准制定主导地位的前提下，政府作为标准确立的重要影响者发挥积极作用是非常必要的。作为后发国家，使用国外成熟的技术标准，企业需要支付大量的专利费用。我国企业要在已经存在国际标准的领域进行标准制定较为困难。一方面企业自身创新力不足，另一方面，以新技术标准代替旧有标准必然面临来自既定标准获利者的阻挠。因此，在标准制定中缺乏先天条件的情况下，如果我们不利用一切有利因素，团结各标准形成过程中的相关主体来支持本土制造企业的标准权竞争，推进我们的标准化战略，就只能在既有标准垄断者的统治下沿技术跟随的路径越陷越深。

从 GPNs 中标准形成特点、我国企业技术标准化过程中面临的问题出发，借鉴先进国家政府标准推行的经验，我国政府可以通过以下

---

[1] 程如烟、罗晖：《制定国家标准化战略抢夺标准控制权——对〈世界主要国家的标准化战略〉报告的述评》，《中国软科学》2007 年第 7 期。

第六章 推动我国先进制造企业 GPNs 构建式成长的对策建议

途径提升我国制造企业在国际标准制定中的竞争力。

第一,直接介入,推动标准形成。政府直接干预技术标准设立包括政府组织人员参与标准体系中的关键技术研发、产品试制、组织并参与技术标准联盟,以及通过政策强行推广相关技术,使技术上升为标准等。技术标准的形成是从技术创新到被市场广泛接受成为事实标准的过程。技术创新的主体是企业,但在分工深化条件下,创新越来越需要相关技术拥有者的合作共同完成,一项能够成为生产网络标准体系的关键技术创新,更是需要各相关主体的知识共享和技术沟通。政府对技术标准的投入可以使国家科研机构加入技术研发,协助企业创新,以及对创新及技术推广活动给予资金支持。更重要的是,政府可以作为技术标准联盟的一员组织和协调其他参加者。在国外,技术标准联盟已成为普遍现象,技术标准联盟成员之间通过技术协调互补、协作研发、解决产权矛盾等,可以更早更快地使技术得以成熟,获取技术标准战略的先动优势。但技术联盟的能力和联盟稳定性取决于主导企业的影响力和号召力,当主导企业自身实力较弱时,难以吸引强有力的参加者和保证联盟的稳定性。由于联盟涉及同业竞争对手之间的知识产权管理与利益分配等矛盾和争端,将存在竞争关系的企业组织到一起从事共同研究开发,存在很多困难。此时,就需要政府的引导和推动。李大平等认为,技术标准联盟是企业、市场和政府三者相互融合的网络组织形式。[①] 政府的适当介入可以增加相关主体对技术标准联盟稳定性和标准发展的正面预期,促使相关主体积极主动地参与联盟并贡献出对标准制定和推广有利的资源,推动技术标准战略实施。[②] 政府通过引导相关企业形成技术标准联盟,集中力量开展联合创新、设立研发配套支持、为人才引进和培训提供服务,加强企业、科研机构和国家创新体系的互动,加速相关技术市场化扩散,从而推动产品标准的实现。

[①] 李大平、曾德明:《高新技术产业技术标准联盟治理结构和治理机制研究》,《科技管理研究》2006 年第 26 期。

[②] 李薇、李天赋:《国内技术标准联盟组织模式研究——从政府介入视角》,《技术进步与对策》2013 年第 4 期。

此外，在新的标准体系正在形成，各国企业都在争夺新体系中的技术领导地位时，政府介入本国相关标准形成过程，理顺各利益主体间的关系，甚至代替市场进行标准选择，对确立本国技术在国际标准中的地位是有必要的。一个较典型的例子就是欧美政府在移动通信技术标准中的行为模式和不同结果。在1G时代，北欧国家比美国更早推出第一代移动通信网络，但各运营商在网络运营上各自为政，欧洲市场四分五裂，难以形成统一的区域通信标准。美国在标准委员会推动下采用AMPS（高级移动电话系统）标准，在广大市场支持下，美国AMPS成为1G时代的全球标准。到了2G时代，情况完全倒过来了，欧盟协调各成员国利益，在成员国内实施共同管制，制定成员国通用通信协议政策来规范和引导整个欧盟的通信行业发展，使GSM迅速被欧盟以至全球大多数国家接受，占领了75%的全球市场。相反，美国政府在这一阶段却坚持多个标准竞争，认为依靠市场会选择出一个最好的标准。但事实是，尽管美国高通的CDMAOne确实在许多方面比欧洲的GSM先进，但却因为缺乏足够多的支持者而难以跨越由技术到事实标准的"临界容量"，最终败给GSM。这个案例说明，在标准形成中，尊重市场选择固然是重要的，但有时市场选择并不一定尽如人意。在国际标准争夺战中，如果政府不在关键时刻采取积极措施推动本国标准的主导地位，就可能丧失在国际标准制定权中的有利地位。事实上，当多项竞争性技术争夺技术标准时，相关主体出于自身利益作出的选择，可能会使一项更为先进的国家标准无法升级为国际标准。我国推出的WAPI标准安全性优于WIFI标准，却无法推广，已有标准获利者的阻碍就是主要原因。这其中除了国外相关利益主体的阻挠外，一些本国企业，包括华为、中兴、联想等具有大量国际业务的中国网络设备和终端产品供应商，出于国际业务考虑采取"两边下注"策略，使WAPI在国内市场难以形成抵制WIFI的规模优势。可见，从国家利益出发，为了国家标准长期发展的战略考虑，政府应该，也可以利用管理者的身份，积极介入标准的形成过程。

第二，间接参与，助力标准确立。除了直接参与技术标准的形成

第六章 推动我国先进制造企业 GPNs 构建式成长的对策建议

过程,更多情况下政府对标准设立的干预应采取间接影响手段。这是为了尽可能避免标准形成过程中政府的强势行为产生政府失灵。在欧美各国政府推行标准化战略的过程中也都强调要尊重市场、尊重各利益相关主体的选择。政府间接影响标准形成是指政府通过政府采购、在国际标准权争夺中充当本国标准代言人,倡导、推广本国标准,甚至向国外相关主体施压,推动本国企业技术标准的国际化。

正如夏皮罗和瓦里安所言,采用新标准的步骤取决于对新标准兴趣最小的组件供应商。在这个正反馈机制的引发过程中,政府是可以起到相当大作用的。[①] 政府是市场需求的重大影响者,政府对于具有标准化潜力的技术产品的购买可以对其他消费主体起到很好的示范作用。以政府购买的方式扶持具有标准化潜力的技术产品,既是直接的需求支持,同时也可以利用政府影响力、示范效应影响其他消费主体的购买行为,对相关行业、价值环节生产者的选择行为产生影响,从而加快该项技术正反馈临界规模的实现。

此外,本国政府也可以积极参与和影响各类国际技术标准制定机构的决策来支持本国企业的技术标准化。当本国技术标准面临挑战时,政府可以充当本国标准维护者从中积极斡旋,维护本国企业利益和争取国际标准制定权。仍以 WAPI 与 WIFI 的标准争夺战为例。2001 年,中国提出要推行自主标准 WAPI,并在 2003 年决定强制实施 WAPI 国家标准。这一举动立即遭到 WIFI 联盟的抵制,在产业界的游说下,美国政府站在维护本国企业利益的立场上开始向中国政府施压,强烈要求中国政府改变对 WAPI 国家标准的强硬政策。最终在美国的高压下,中国政府作出妥协,暂缓执行 WAPI 国家标准。而在后续 WAPI 争取国际标准的过程中,美国政府更是利用美国在相关国际标准机构中的有利地位横加干涉,导致 WAPI 在国际标准的冲击中连连受挫。此案例说明在国际标准的争夺中,本国政府应当积极发挥本国企业和产业发展支持者的作用,在努力提升自身国际影响力的同

[①] 卡尔·夏皮罗、哈尔·瓦里安:《信息规则:网络经济的策略指导》,张帆译,中国人民大学出版社 2000 年版。

时积极与相关国家和机构进行斡旋，为本国企业的标准化活动提供支持。

需要指出的是，政府在发挥标准化推动作用的时候需要注意各相关部门的协调活动。一项标准的设立往往涉及多个管理部门，如果这些政府部门的态度不统一、行动不一致就有可能削弱对技术标准化的推动力。

参考文献

安娜·格兰多里主编：《企业网络：组织和产业竞争力》，中国人民大学出版社 2005 年版。

波特：《竞争优势》，华夏出版社 1997 年版。

卜国琴：《全球生产网络与中国产业升级研究》，暨南大学出版社 2009 年版。

曹红军、王以华：《西方企业能力理论研究：演进历程、前沿主题与当前困境》，《清华大学学报》（哲学社会科学版）2008 年第 6 期。

大卫·波维特、约瑟夫·玛撒、R.柯克·克雷默：《价值网——打破供应链，挖掘潜利润》，仲伟俊等译，人民邮电出版社 2001 年版。

董洁林、李晶：《企业技术创新模式的形成及演化——基于华为、思科和朗讯模式的跨案例研究》，《科学学与科学技术管理》2013 年第 3 期。

龚宜君：《半边陲之中国台湾企业在世界体系的镶嵌》，《中国台湾东南亚学刊》2005 年第 4 期。

韩炜、杨俊、张玉利：《创业网络混合治理机制选择的案例研究》，《管理世界》2014 年第 2 期。

韩炜、杨婉毓：《创业网络治理机制、网络结构与新企业绩效的作用关系研究》，《管理评论》2015 年第 12 期。

黄烨菁：《何为"先进制造业"？——对一个模糊概念的学术梳理》，《学术月刊》2010 年第 7 期。

姜红、陆晓芳、余海晴：《技术标准化对产业创新的作用机理研究》，

《社会科学战线》2010年第9期。

瞿宛文:《中国台湾后起者能借自创品牌升级吗?》,《世界经济文汇》2007年第5期。

凯斯·G.普罗文、谢里·E.休曼:《组织学习和网络中介在小型制造企业网络中的作用》,安娜·格兰多里主编:《企业网络:组织和产业竞争力》,中国人民大学出版社2005年版。

李放、林汉川、刘扬:《向全球价值网络的中国先进制造模式构建与动态演进——基于华为公司的案例研究》,《经济管理》2010年第32期。

李焕荣、林健:《企业战略网络管理模式》,经济管理出版社2007年版。

李健、宁越敏:《全球生产网络的浮现及其探讨——一个基于全球化的地方发展研究框架》,《上海经济研究》2011年第9期。

李龙一、张炎生:《基于主导设计的技术标准形成研究》,《科学学与科学技术管理》2009年第30期。

李垣、刘益:《基于价值创造的价值网络管理:特点与形成》,《管理工程学报》2001年第15期。

林润辉:《网络组织与企业高成长》,南开大学出版社2004年版。

刘志彪:《以国内价值链的构建实现区域经济协调发展》,《广西财经学院学报》2017年第10期。

卢福财、胡平波:《全球价值网络下中国企业低端锁定的博弈分析》,《中国工业经济》2008年第10期。

罗党论、刘晓龙:《政治关系、进入壁垒与企业绩效——来自中国民营上市公司的经验证据》,《管理世界》2009年第5期。

罗珉:《价值星系:理论解释与价值创造机制的构建》,《中国工业经济》2006年第1期。

罗珉、赵红梅:《中国制造的秘密:创新+互补性资产》,《中国工业经济》2009年第4期。

马克思:《资本论》(第1卷),人民出版社1976年版。

迈克尔·迪屈奇:《交易成本经济学》,经济科学出版社1999年版。

毛蕴诗、吴瑶：《企业升级路径与分析模式研究》，《中山大学学报》（社会科学版）2009年第1期。

蒙丹：《竞争优势、跨国并购与全球价值网络的关联度》，《改革》2013年第1期。

蒙丹、姚书杰：《全球生产网络下后发企业构建式成长机制研究》，《湖北社会科学》2016年第4期。

孟琪：《基于"一带一路"的制造业全球价值链构建》，《财经科学》2016年第2期。

尼古莱·J. 福斯、克里斯第安·克努森：《企业万能——面向企业能力理论》，东北财经大学出版社1998年版。

邵朝对、李坤望、苏丹妮：《国内价值链与区域经济周期协同：来自中国的经验证据》，《经济研究》2018年第3期。

盛建明、丁晓雨：《关于华为参与全球行业标准制定与实施经验与案例之剖析》，《中国标准化》2017年第11期。

石海瑞、孙国强：《网络组织流程协同效应的生成机理研究》，《技术经济与管理研究》2015年第4期。

斯莱沃斯基：《发现利润区》，凌晓东译，中信出版社2007年版。

孙国强、范建红：《网络组织治理绩效影响因素的实证分析》，《数理统计与管理》2013年第31期。

王玲：《租金视角下供应链竞合的价值创造途径》，《商业经济与管理》2010年第4期。

王琴：《基于价值网络重构的企业商业模式创新》，《中国工业经济》2011年第1期。

王晓红、谢兰兰：《金融危机后全球跨国直接投资的主要特征及趋势研究》，《宏观经济研究》2017年第3期。

王湛、吴汉东：《为什么说超一流企业卖"标准"》，《钱江晚报》2017年8月6日。

威尔玛·苏恩：《避开合作的陷阱》，刘建民等译，中国劳动社会保障出版社2007年版。

邬爱其：《集群企业网络化成长机制：理论分析与浙江经验》，中国社会科学出版社 2007 年版。

吴海平、宣国良：《价值网络的本质及其竞争优势》，《经济管理》2002 年第 16 期。

吴昊、杨梅英、陈良猷：《合作竞争中的关系性资产与关系性租金》，国家自然科学基金项目"超竞争环境下的企业合作竞争模式研究"报告之二，2002 年。

吴晓波、约翰·彼得·穆尔曼等：《华为管理变革》，中信出版社 2017 年版。

武文光：《汽车整车和零部件产业共聚的理论及实证研究——基于我国乘用车市场的研究》，博士学位论文，上海社科院，2015 年。

肖高：《先进制造企业自主创新能力结构模型及与绩效关系研究》，博士学位论文，浙江大学，2007 年。

谢富胜：《马克思主义经济学中生产组织理论的发展》，《经济评论》2005 年第 4 期。

谢富胜：《新福特主义和后福特主义》，《教学与研究》2005 年第 8 期。

邢小强、仝允桓：《网络能力：概念、结构与影响因素分析》，《科学学研究（增刊）》2006 年第 12 期。

徐爱乐：《跨国公司进入企业群的协同竞争效应》，《经济理论与经济管理》2004 年第 4 期。

徐金发、许强、王勇：《企业的网络能力剖析》，《外国经济与管理》2001 年第 23 期。

徐进钰、郑陆霖：《全球在地化的地理学：跨界组织场域的统理》，《都市与计划》2001 年第 4 期。

徐礼伯、施建军：《联盟动态稳定：基于互依平衡的理论研究》，《中国工业经济》2010 年第 3 期。

亚当·斯密：《国民财富的性质和原因的研究》，商务印书馆 1997 年版。

杨晓玲：《垄断势力、市场势力与当代产业组织关系》，《南开经济研究》2005 年第 4 期。

杨晓玲：《垄断势力、市场势力与当代产业组织关系》，《南开经济研究》2005年第4期。

杨友仁：《产业网络之领域化与组织治理的对话：以PC产业台商跨界生产网络为例》，《台大城乡学报》2006年第14期。

姚婧姣、谢玉梅：《华为与思科国际化路径比较分析》，《江南大学学报》2010年第3期。

殷群：《"世界级"创新型企业成长路径及驱动因素分析——以苹果、三星、华为为例》，《中国软科学》2014年第10期。

于明超、刘志彪、江静：《外来资本主导代工生产模式下当地企业升级困境与突破——以中国台湾笔记本电脑内地封闭式生产网络为例》，《中国工业经济》2006年第11期。

俞海宏、黄志伟：《先进制造业基地的先进性因素分析》，《中国水运》（理论版）2006年第8期。

詹姆斯、S. 科尔曼：《社会理论的基础》，邓方译，社会科学文献出版社1999年版。

赵爽、肖洪钧：《基于网络能力的企业绩效提升路径研究》，《科技进步与对策》2010年第27期。

郑江淮：《企业家禀性、内生的贸易中介及其网络化——全球化竞争中万向集团企业家职能及其变迁的研究》，《管理世界》2003年第2期。

中国企业联合会、中国企业家协会：《2017中国500强企业发展报告》，企业管理出版社2017年版。

周素卿、陈东升：《后进者的全球化：东南亚中国台湾企业地域生产网络的建构与对外投资经验》，《都市与计划》2001年第4期。

Andersson U., Forsgren, M. and Holm U., "The Strategic Impact of External Networks: Subsidiary Performance and Competence Development in the Multinational Corporation", *The Strategic Management Journal*, 2002, Vol. 11, pp. 979.

Ansoff H. I., *Strategy Management*, London: Macmillan, 1979.

Barney J. B., "Firm Resources and Sustained Competitive Advantage",

Journal of Management, 1991, Vol. 17, pp. 99 – 120.

Bartlett C. A., Ghoshal S., *Managing Bcross Borders: The transnational solution*, Boston: Harvard Business School Press, 1989.

Bikrinshaw J., Hood N. and Jonsson S., "Building Firm – specific Advantages in Multinational Corporations: The Role of Subsidiary Initiative", *Strategic Management Journal*, 1998, Vol. 19, No. 3.

Birkinshaw J., "Corporate Entrepreneurship in Network Organizations: How Subsidiary Initiative Drives Internal Market Efficiency", *European Management Journal*, 1998, Vol. 16, No. 3, pp. 355 – 365.

Boyer K. K., "Evolutionary Patterns of Flexible Automation and Performance", *Management Science*, 1999, Vol. 45, No. 6, pp. 827 – 842.

Brass D. J., Galaskiewicz J., Greve H. R., "Taking Stock of Networks and Organizations: A Multilevel Perspective", *Academy of Management Journal*, 2004, Vol. 47, No. 6, pp. 796 – 817.

Brikinshaw J., "Entrepreneurship in Multinational Corporations: The Characteristics of Subsidiary Initiative", *Strategic Management Journal*, 1997, Vol. 18, pp. 207 – 229.

Burt R., *Structural Holes: The Social Structure of Competition*, Cambridge: Harvard University Press, 1992.

Child J., Faulkner D. *Strategies of Cooperation, Management Alliances, Networks, and Joint Ventures – Partner and Form Selection of Cooperation*, Oxford UK: Oxford University Press, 1998.

Clark. J. M., "Toward a Concept of Workable Competition", *American Economic Review*, 1940, Vol. 30.

Coe N. M., Dicken P., Hess M., "Global Production Networks: Realizing the Potential", *Journal of Economic Geography*, 2008, Vol. 8, pp. 272 – 295.

C. K. Prahalad, Gary Hamel, "The Core Competence of the Corporation", *Harvard Business Review*, 1990, Vol. 66.

Das T. K., Teng B. S., "Instabilities of Strategic Alliances: An Internal

Tensions Perspective", *Organization Science*, 2000, Vol. 11, No. 1.

Dicken P., Malmberg A., "Firms in Territories: A Relational Perspective", *Economic Geography*, Vol. 77, 2001, pp. 345 – 363.

Doz Y. L., Hamel G., *Alliance Advantage*, Boston: Harvard Business School Press, 1998.

Doz Y., Prahalad C. K., "Controlled Variety: A Challenge for Human Resource Management in the MNC", *Human Resource Management (1986 – 1998)*, 1986, Vol. 25, No. 1, pp. 55 – 71.

Dyer J. H., Kale P., Singh H., "How to Make Strategical Alliances Work", *Sloan Management Review*, 2001, pp. 37 – 43.

Dyer J. H., Singh H., "The Relational View: Cooperative Strategies and Sources of Inter – organizational Competitive Advantage", *Academy of Management Review*, 1998, Vol. 23, No. 4, pp. 660 – 679.

Dyer J. H., "Effective Interfirm Collaboration: How Firms Minimize Transaction Costs and Maximize Transaction Value", *Strategic Management Journal*, 1997, Vol. 18, No. 7, pp. 535 – 556.

Ernst D., Kim L., "Global Production Networks, Knowledge Diffusion, and Local Capability Formation", *Research Policy*, 2002, Vol. 31, pp. 1417 – 1428.

Ernst D., "Global Production Networks and Industrial Upgrading – A Knowledge – Centered Approach", http://www.eastwestcenter.org, 2001.

Ernst D., "Global Production Networks and the Changing Geography of Innovation Systems: Implications for Developing Countries", *Economies of Innovation and New Technology*, 2002, Vol. 11, No. 6, pp. 497 – 523.

Foss N. J., "Networks, Capabilities, and Competitive Advantage", *Scand. Journal Management*, 1999, Vol. 15, pp. 1 – 15.

Gassmann O., "Opening Up the Innovation Process: Towards an Agenda", *R&D Management*, 2006, Vol. 36, No. 3, pp. 223 – 241.

Gencturk E. F., Aulakh P. S., "The Use of Process and Output Controls in Foreign Markets", *Journal of International Business Studies*, 1995, Vol. 26, No. 4, pp. 755 – 786.

Gereffi G., Humphrey J., Sturgeon T., "The Governance of Global Value Chains", *Review of International Political Economy*, 2006, Vol. 12, No. 1, pp. 78 – 104.

Gerry McNamara G., David L. Deephouse D. L., Rebecca A. Luce R. A., "Competitive Positioning within and across a Strategic Group Structure: The Performance of Core, Secondary, and Solitary Firms", *Strategic Management Journal*, 2003, Vol. 24, No. 2, pp. 161 – 181.

Giuseppe Labianca, Daniel J. Brass, "Exploring the Social Ledger: Negative Relationships and Negative Asymmetry in Social Networks in Organizations", *Academy of Management Review*, 2006, Vol. 31, No. 3, pp. 596 – 614.

Gorg H., Hanley A., Strobl E., *Outsourcing, Foreign Ownership, Exporting and Productivity: an Empirical Investigation with Plant Level Data*, University of Nottingham Researcher Paper, 2004, No. 181.

Grandori A., "An Organizational Assessment of Interfirm Coordination Modes", *Organization Studies*, 1997, Vol. 18, pp. 897.

Granovetter M. S., "Economic Action the Problem of Embeddedness and Social Structure", *American Journal of Sociology*, 1985, Vol. 9, pp. 481 – 510.

Grant R. M., "The Resource – based Theory of Competitive Advantage: Implications for Strategy Formation", *California Management Review*, 1991, Vol. 33, No. 3, pp. 114 – 135.

Grant R. M., "Toward a Knowledge – based Theory of the Firm", *Strategic Management Journal*, 1996, Vol. 17, pp. 109 – 122.

Grergory Tassey, "Standardization in Technology – based Markets", *Research Policy*, 2000, Vol. 29, pp. 587 – 602.

Greve A., Salaff J. W., "Social Networks and Entrepreneurship", *Entre-*

preneurship: *Theory and Practice*, 2003, Vol. 28, pp. 1 – 22.

Gulati R., Nohria N., Zaheer A., "Strategic Networks", *Strategic Management Journal*, 2000, Vol. 21, pp. 203 – 215.

Gulati R., Sytch M., "Does Familiarity Breed Trust? The Implications of Repeated Ties for Contractual Choice in Alliances", *Academy of Management Journal*, 2007, Vol. 38, No. 1.

Gupta A. K., Govindarajan V., "Knowledge Flows and the Structure of Control with in Multinational Corporations", *Academy of Management Review*, 1991, Vol. 16, No. 4, pp. 768 – 792.

Hakansson H., Snehota I., *Developing Relationships in Business Networks*, Rutledge, 1995.

Hame Ll. G., Doz Y. L., Prahalad C. K., "Collaborate with Your Competitors and Win", *Harvard Business Review*, 1989, Vol. 89, No. 1, pp. 133 – 139.

Hamel G., Prahalad C. K., "Corporate Imagination and Expeditionary Marketing", *Harvard Business Review*, 1991, No. 69, pp. 81 – 92.

Hammer M., Champy J., *Reengineering the Corporation*, London: Nicholas Break, 1993.

Hansen M. T., Lovas B., "How do Multinational Companies Leverage Technological Competencies? Moving From Single to Interdependent Explanations", *Strategic Management Journal*, 2004, Vol. 25, No. 8 – 9, pp. 801 – 822.

Henderson J., Dicken P., Hess M., Coe N., Yeung H. W. C., "Global Production Networks and the Analysis of Economic Development", *Review of International Political Economy*, 2002, Vol. 9, pp. 4436 – 4464.

Hitt M. A., Ireland R. D., Camp S. M., Sexton D. L., "Strategic Entrepreneurship: Entrepreneurial Strategies for Wealth Creation", *Strategic Management Journal*, 2001, Vol. 22, pp. 479 – 492.

Inkpen A. C., Dinur A., "The Transfer and Management of Knowledge in the Multinational Corporation: Considering Context", Carnegie Bosch Institute Working Paper, 1998.

Jarillo C. J., "On Strategic Networks", *Strategic Management Journal*, 1988, Vol. 9, pp. 31 –41.

Jarillo J. C., Martianez J. I., "Different Roles for Subsidiaries: The Case of Multinational Corporations", *Strategic Management Journal*, 1990, Vol. 11, No. 7, pp. 501 –512.

Kaplinsky R., Morris M., Handbook for Value Chain Research, Institute of Development Studies, 2001.

Kim C., Park J. H., "The Global Research and Development Network and Its Effect on Innovation", *Journal of International Marketing*, 2010, Vol. 18, No. 4, pp. 43 –57.

Kirzner I. M., *The Driving Force of the Market: Essays in Austrian Economics*, London and New York: Routledge, 2000.

Kogut B., "Joint Ventures: Theoretic and Empirical Perspectives", *Strategic Management Journal*, 1988, Vol. 12, pp. 319 –332.

Kotzab H., Teller C., "Value – adding Partnerships and Coopetition Models in the Grocery Industry", *International Journal of Physical Distribution and Logistics Management*, 2003, Vol. 33, No. 3, pp. 268 –281.

Lado A. A., Boyd N. G., Hanlon S. C., "Competition, Cooperation and the Search for Economic Rents: A Syncretic Model", *Academy of Management Review*, 1997, Vol. 22, No. 22, pp. 110 –141.

Lambert D. M., Cooper M. C., "Issues in Supply Chain Management", *Industrial Marketing Management*, 2000, Vol. 29, pp. 65 –83.

Lazzarini S. G., Miller G. J., Zenger, T. R., "Order with Some Law: Complementarity Vs. Substitution of Formal and Informal Arrangement", *Journal of Law, Economic and Organization*, 2004, Vol. 20, pp. 261 –298.

Levinson N. S., Asahi M., "Cross National Alliances and Interorganizational Learning", *Organizational Dynamics*, 1996, Vol. 24, No. 7, pp.

50 - 53.

Lier D. , "Places of Work, Scales of Organising: A Review of Labour Geography," *Geography Compass*, 2007, Vol. 1, pp. 814 - 833.

Lorenzoni G. , Lipparini A. , "The Leveraging of Interfirm Relationships as a Distinctive Organizational Capability: A Longitudinal Study", *Strategic Management Journal*, 1999, Vol. 20, pp. 317 - 338.

Lyles M. A. , Salk J. , "Knowledge Acquisition from Foreign Parents in International Joint Ventures: An Empirical Examination in the Hungarian Context", *Journal of International Business Studies*, 2007, Vol. 38, No. 1, pp. 3 - 18.

Madalena Fonseca, "Global Value Chains and Technological Upgrading in Peripheral Regions: The Footwear Industry in North Portugal", Paper presented for Regional Studies Association International Conference, 2005.

McGee J. E. , Dnowling M. J. , Megginson W. L. , "Cooperative Strategy and New Venture Performance: The Role of Business Strategy and Management Experience", *Strategic Management Journal*, 1995, Vol. 16, No. 7, pp. 565.

Mesquita L. F. , Anand J. , Brush T. H. , "Comparing the Resource - based and Relational Views: Knowledge Transfer and Spillover in Vertical Alliances", *Strategic Management Journal*, 2008, Vol. 29, pp. 913 - 941.

Miles R. E. , Snow C. C. , "Organization: New Concepts for New Forms", *California Management Review*, 1986, Vol. 28, pp. 62 - 73.

Moller K. K. , Halinen A. , "Business Relationships and Networks: Managerial Challenge of Network Era", *Industrial Marketing Management*, 1990, Vol. 54, pp. 36 - 51.

Neil M. Coe N. M. , Peter Dicken P. , Martin Hess M. , "Global Production Networks: Realizing the Potential", Journal of Economic Geography, 2008, Vol. 8, pp. 271 - 295.

Nelson R. R. and Winter S. G. , *An Evolutionary Theory of Economic Change*, Cambridge, MA: Harvard University Press, 1982.

Nicholas Economides, "The Economics of Networks", *International Journal of Industrial Organization*, 1996, Vol. 16, No. 4, pp. 673 – 699.

Palpacuer F. , "Competence – based Strategies and Global Production Networks: A Discussion of Current Changes and Their Implications for Employment", *Competition and Change*, 2000, Vol. 4 , No. 4, pp. 353 – 400.

Park Seung Ho, "Managing an Inter – organizational Network: A Framework of the Institutional Mechanism for Network Control", *Organization Studies (Walter de Gruyter GmbH & Co. KG.)*, 1996, Vol. 17, No. 5, pp. 795 – 824.

Penrose E. T. , *The Theory of the Growth of the Firm*, Oxford: Blackwell, 1959.

Peppard J. , "Broadening Visions of Business Process Reengineering", *Omega*, 1996, Vol. 24, No. 3, pp. 255 – 270.

Peteraf M. A. , "The Cornerstones of Competitive Advantage: A Resource – Based View", *Strategic Management Journal*, 1993, Vol. 14, pp. 179 – 191.

Pfeffer J. , Salancik G. R. , *The External Control of Organizations: A Resource Dependence Perspective*, New York: Harper and Row, 1978, pp. 172 – 201.

Pike A. , "Editorial: Whither Regional Studies?", *Regional Studies*, 2007, Vol. 41, pp. 1143 – 1148.

Pillai K. G. , "Networks and Competitive Advantage: A Synthesis and Extension", *Journal of Strategic Marketing*, 2006, Vol. 14, pp. 129 – 145.

Powell. W. W. , "Neither Market Nor Hierarchy: Network Forms of Organization", *Research in Organizational Behavior*, 1990, Vol. 12, pp. 295 – 336.

Prabakar Kothandaraman, David T. Wilson, "The Future of Competition:

Value – Creating Networks", *Industrial Marketing Management*, 2001, Vol. 30.

Prahalad C. K., Hamel G., "The Core Competence of the Corporation", *Harvard Business Review*, 1990, Vol. 68, No. 3, pp. 117 – 123.

Prashant K., Dyer J. H., Singh H., "Alliance Capability, Stock Market Response, and Long – term Alliance Success: The Role of the Alliance Function", *Strategic Management Journal*, 2002, Vol. 23, pp. 747 – 767.

Ranjay Gulati, Nitin Nohria, Akbar Zaheer, "Strategic Networks", *Strategic Management Journal*, 2000, Vol. 21, No. 3, pp. 203 – 215.

Rikard Larsson, "The Handshake between Invisible and Visible Hands", *International studies of Management organization*, 1993, Vol. 23, No. 1, pp. 103.

Ritter T., Gemünden H. G., "Network Competence Its Impact on Innovation Success and its Antecedents", *Journal of Business Research*, 2003, Vol. 56, No. 97, pp. 745 – 755.

Seokwoo Song, Sridhar Nerur, James T. C. Teng, "An Exploratory Study on the Roles of the Network Structure and Knowledge Processing Orientation in Work Unit Knowledge Management", *Research contributions*, 2007, Vol. 38, No. 2, pp. 8 – 26.

Shipilov A. V., "Should You Bank on Your Network? Relational and Positional Embeddedness in the Making of Financial Capital", *Strategic Organization*, 2005, Vol. 3, No. 3, pp. 279 – 309.

Smitka M. J., *Competitive Ties: Subcontracting in the Japanese Automotive Industry* Competitive ties: subcontracting in the Japanese automotive industry, New York: Columbia University Press, 1991.

Sturgeon T. J., *Network – led Development and the Rise of Turn – key Production Networks: Technological Change and the Outsourcing of Electronics Manufacturing*, MIT Paper Table3, 1998.

Taggart J. MH., "Strategy shifts in MNC subsidiary", *Strategic Manage-*

ment Journal, 1998, Vol. 19, No. 7, pp. 663 – 681.

Teece D. J., Pisano G., Shuen A., "Dynamic Capabilities and Strategic Management", *Strategic Management Journal*, 1997, Vol. 7, pp. 509 – 533.

Thomas A. J., Barton R. A., "Characterizing SME migration towards advanced manufacturing technologies", *Proceedings of the Institution of Mechanical Engineers Part B Journal of Engineering Manufacture*, 2012, Vol. 226, pp. 745 – 756.

Thomas Ritter, Hans Georg Gemuenden, "Network Competence: Its Impact on Innovation Success and Its Antecedents", *Journal of Business Research*, 2003, Vol. 56, pp. 745 – 755.

Tsai W., Ghoshal S., "Social Capital and Value Creation: The Role of Intrafirm Networks", *Academy of Management Journal*, 1998, Vol. 41, No. 4, pp. 464 – 476.

Uzzi B., "Social Structure and Competition in Interfirm Networks: The Paradox of Embeddedness", *Administrative Science Quarterly*, 1997, Vol. 42, No. 7, pp. 35 – 67.

Victor Gilsing, Bart Nooteboom, Wim Vanhaverbeke, Geert Duysters, Ad van den Oord, "Network Embeddedness and the Exploration of Novel Technologies: Technological Distance, Betweenness Centrality and Density", *Research Policy*, 2008, Vol. 37, pp. 1717 – 1731.

Walter A., Auer M. and Ritter T., "The Impact of Network Capabilities and Entrepreneurial Orientation on University Spin – off Performance", *Journal of Business Venturing*, 2006, Vol. 21, pp. 541 – 567.

Wang Y. M., Chin K. S., "A New Approach for the Selection of Advanced Manufacturing Technologies: DEA With Double Frontiers", *International Journal of Production Research*, 2009, Vol. 47, No. 23, pp. 6663 – 6679.

Wernerfelt B., "A Resource – based View of the Firm", *Strategic Management Journal*, 1984, Vol. 5.

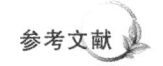

Williamson O. E., *Markets and Hierarchies: Analysis and Antitrust Implications: A Study in the Economics of Internal Organization*, New York: The Free Press, 1975.

Williamson O. E., *The Economic Institutions of Capitalism: Firms, Markets, Relational Contracting*, New York: The Free Press, Macmillan, 1985.